文獻情報學原論

文獻情報學原論

(第5改訂版)

鄭駬謨 著

南台祐 增補

KSI 한국학술정보㈜

개인의 저작전집은 대단히 훌륭하고 권위 있는 학자에 한해서 그분이 작고한 다음에 여러 해 지나서야 제자들이나 그 자손들이 뜻을 모아 편찬하는 것이 현재까지의 관행이라고 알고 있습니다. 그런데 본인의 저작은 그 내용이 허술하고 학술적 가치도 없어서 앞으로 나의 저작이 전집으로 출간되리라고는 전혀 꿈에도 생각하지 못했는데, 내가 죽기도 전에 우선 표면상으로나마 이와 같이 훌륭한 저작전집을 발행하게 되었으니 나는 운수가 대단히 좋은 사람이라고 스스로 생각합니다.

이 저작전집을 발행하게 된 과정을 간단히 말씀드리면 2001년 5월에 '한국학술정보(주)'라는 처음 듣는 출판사에서 한 청년이 집으로 찾아와서 자기소개를 한 다음, 내가 지금까지 저작한 책들을 모두 빠짐없이 연대순으로 작성한 목록을 내 앞에 제시하고, 이들 책들을 모두 전집으로 엮어서 발행하고자 하니 허락해 달라고 했습니다.

나는 처음에 그의 말이 전혀 납득이 되지 않아서 몇 가지 사항을 물었습니다. 그 목록에는 책을 발행한 지 30년이 지난 책도 여러 권인데 이제 이런 책을 다시 발행해서 누가 볼 것이며, 우선 출판사에서 이득이 없고 오히려 손해만 볼 터인데 왜 이런 책을 발행하려고 하는가?

그 젊은이가 말하기를 저희가 손해 보는 사업이야 하겠습니까? 저희들의 출판사 이름이 '한국학술정보(주)'입니다. 학술적 가치가 있다고 판단되면 아무리 오래된 책이라도 이들을 주로 '전자책'으로 복원해서 주로 대학도서관에 보급하고자 합니다. 전자책은 발행 비용도 적게 들고, 아무리 많은 독자가 있어도 CD 한 장으로 모두 동시에 볼 수 있습니다.

둘째로 우리나라의 도서관도 이제 장서가 포화상태에 이르러 동일한 책을 복본으로 소장할 수가 없고, 오히려 이미 소장된 문헌도 한 권씩만 남겨두고 복본은 폐기해야 할 처지입니다. 그리고 과거에 발행된 책들이 대부분 인쇄가 선명하지 못하고 지질이 불량해서 삭거나 좀먹은 책들이 많아서 앞으로 50년만 지나면 거의 쓸모없는 것이 더욱 많아질 것입니다. 반면에 CD는 아무런 손상이 없이 영구적으로 보존될 수 있다고 보고 있습니다.

나는 젊은이의 말을 듣고 부끄러운 생각에 얼굴이 붉어졌지만 많은 것을 깨달았습니다. 내가 대학에서 30여 년 동안 도서관과 직접 관련된 전공 분야의 교수였고 도서관장까지 지낸 사람인데 불과 10년도 안 되는 동안에 이렇게도 많이 변했는가? 전자공학과 컴퓨터공학이

이렇게도 빠르게 세상을 혁신시키고 있는가? 놀라지 않을 수가 없었
습니다.

　한편 이상과 같은 시대적 변화를 일찍이 예견하고 전자문헌출판에
앞장선 '한국학술정보(주)'의 채종준 대표이사님의 선견지명에 경의
를 표하는 동시에 나의 저작전집을 훌륭하게 발행해 주신 데 대하여
진심으로 감사의 말씀을 드립니다.

2010년 12월 10일

清浪 드림

제5개정판의 서언

본서의 제4개정판을 발행한 지도 벌써 6년이라는 세월이 지났다. 그동안 문헌정보학 분야에서 큰 변화는 없었으나 본서의 '제3편 문헌정보학' 부문에서 그 체계상 약간의 변화가 있어서 이 부분을 2편으로 나누어 제3편은 '도서관학과 도큐멘테이션'의 의의를 논하고, 제4편은 정보학과 문헌정보학을 논술하고, 제5편은 문헌정보학의 약사로 끝을 맺었다.

그리고 그다음에 부록으로 「文獻情報學의 形成論理」라는 제목의 논문 한 편을 수록하였다. 이 논문은 성균관대학교 도서관학과 창립 10주년 기념 논문집에 수록된 논문으로서 『文獻情報學原論』을 저술하는 데 기초로 삼은 논문이다. 그러므로 이 부록이 文獻情報學 전반을 체계적으로 파악하는 데 도움이 될 것이다.

이러한 관점에서 本書는 文獻情報學에 入門하는 학생들의 道標가 되기를 期待하면서 文獻情報學의 전모를 개관할 수 있도록, 이를 체계적으로 그리고 가급적 理解하기 쉽게 기술하고자 시도하였다. 그러나 일단 마무리를 짓고 보니 당초의 의도대로 실현되지 못하여 아쉬운 감이 있다.

2010年 12月 10日

清浪 적음

차 례

제1편 정보화 사회 / 15

제2편 도서관 / 71

제3편 도서관학과 도큐멘테이션 / 125

제4편 정보학과 문헌정보학 / 137

제5편 문헌정보학의 약사 / 207

부록 文獻情報學의 形成論理 / 307

제1편

정보화 사회

정보화 사회

문헌정보학은 정보와 정보자료 및 도서관에 관계된 사항이 기본적인 연구대상이며 핵심적 기초가 된다고 말할 수 있다. 그러므로 문헌정보학을 이해하기 위해서는 우선 정보나 문헌이나 정보자료가 어떠한 것이며, 이들이 인류사회에 있어서 어떠한 의의가 있고 어떠한 기능을 하는지를 먼저 이해해야 할 것이다. 그리하여 제1편에서는 정보의 의의와 종류, 정보자료의 의의와 종류, 정보화 사회의 현상, 정보의 가치와 효용, 정보자료의 생산자와 전달기관 등에 대해서 설명하고자 한다.

Ⅰ. 정보의 의의

정보라는 낱말의 의미가 다양하기 때문에 쉽게 정의될 수는 없다. 그러므로 이 장에서는 다음과 같이 '정보의 어원과 그 연원', '정보에 대한 여러 정의'를 설명하고, 이들을 다시 검토하여 본질적인 의미의 새로운 '정보의 정의'를 도출하고자 한다.

A. 정보의 어원과 그 淵源

정보라는 낱말은 동양에서는 1876(明治 9)년 일본에서 발행된 군사용어사전[1]에 최초로 나타났는데 이것은 불어의 'renseignement(통지, 조회, 정보)'를 번역한 낱말이었다. 다음으로 1903년에는 독일어의 'Nachricht'의 역어로서 '정보'라는 용어가 사용되었고, 1916년에는 『英和中辭典』[2]에서 'intelligence'의 역어로서 '정보'라는 용어가 사용되었으며, 1921년에는 『大英和辭典』에서 information의 역어로서 사용되었

---

1) 佛國步兵陣中要務實地演習軌典(발행기관 미상), 明治 9(1876).
2) 齊藤榮三郎, 熟語本位英和中辭典(출판사 미상), 大正 10(1916).

다.3) 일본에서 그 이전에 출판된 영화, 독화, 불화사전에는 information 을 ‘소식, 지식, 박식, 밀고, 고발’ 등으로만 번역되어 있고 ‘정보’라는 용어로 번역된 예는 찾아볼 수가 없다.

한편, 우리나라에서 1920년에 발행된 『朝鮮語辭典』4)에는 ‘정보’라는 낱말이 없으며, 1938년도에 발행된 文世榮 著 『우리말사전』5)에는 ‘정보’라는 낱말이 처음으로 나타났는데, ‘사정의 통지’라고 해석되어 있다. 이러한 사실로 미루어 보면, 정보라는 낱말은 동양에 있어서는 1920년대 초반부터 비로소 information을 번역한 낱말로 사용하기 시작되었다고 볼 수 있다.

서양의 문화가 본격적으로 東洋에 수입되기 시작한 것은 20세기 초기부터라고 볼 수 있는데, 서양문화를 가장 먼저 적극적으로 받아들인 나라는 日本이었다. 그들이 서양의 문화를 수용하는 데 있어서는 우선 서양의 언어를 익혀야 했기 때문에, 20세기 초기부터 日本에서는 서양의 주요한 언어를 익히기 위한 외국어 교육에 힘쓰는 한편, 이를 위해서 여러 가지의 辭典들이 출판되었던 것이다. 위에서 열거한 英和, 獨和, 佛和 등의 辭典들이 바로 그 所産이라고 볼 수 있다. 그리고 이러한 文化의 수입은 곧 우리나라와 중국에 전파되었던 것이다. 그리하여 위에서 말한 文世榮의 辭典에 ‘정보’라는 용어가 수록된 것을 보아서도 그 일면의 연유를 엿볼 수 있다.

Oxford영어사전에 의하면 information은 개요(outline), 개념(concept), 아이디어 등을 의미하는 라틴어의 information-en에서 유래한 낱말로

---

3) 上田修一・倉田敬子, 大英和辭典, 東京, 勁草書房, 1992, pp.1-2.

4) 朝鮮總督府 編, 朝鮮語辭典, 1920.

5) 文世榮 著, 우리말辭典, 서울, 三文社, 1938(단기 4271).

서 고대 프랑스어에서는 enformation 또는 information으로 통용되던 것이 그대로 영어에 채용되었으며, 이것이 16세기에 들어와서는 라틴어의 철자법에 따라서 information으로 철자하게 되었다.[6]

Information은 영어에 있어서는 일찍이 '알리는 행위, 정신이나 성격의 형성, 수련(training), 교수(instruction), 가르침(teaching), 유익한 지식의 전달, 신의 교시(divine instruction), 영감(inspiration)' 등의 의미로 사용되었다. 현재는 일반적으로 알리는 행위, 뉴스의 전달, 말하는 행위, 알려지는 지식, 통지, 알려지는 사실이나 사정, 문책이나 고발에 대해서는 알리는 행위 등의 의미로 사용되고 있다.

그러나 전술한 것은 정보라는 낱말이 통용되는 일반적인 의미에 대한 설명은 될 수 있으나 그것이 정보라는 낱말의 정의라고는 볼 수 없다. 그러므로 다음에는 종래의 정보에 대한 제 정의를 살펴보고자 한다.

B. 정보에 대한 제 정의

정보에 대한 정의는 매우 다양하고, 그 의미도 매우 다의적이다. 이것은 정보와 관련된 각 분야의 학자에 따라서 정보에 대한 관점이나 견해가 각기 다르기 때문에 아직 일반적으로 통용되는 정의가 없는 실정이라는 것을 의미한다. 그러나 현재까지의 정보에 대한 주요한 정의는 각각 그 관점의 공통성에 따라서 크게 세 가지로 구분할

---

6) *Oxford English Dictionary*, London, Oxford Univ. Press, 1933.

수 있다. 그 첫째는 전통적 정의, 둘째는 행동과학적 정의, 셋째는 정보이론적 정의이다.

1. 전통적인 정의

Oxford영어사전에 의하면, information을 해설하는 항목 가운데 "어떤 특수한 주제나 사건에 대해서 통용되는 지식"[7]이라고 한 해설이 있다. 이것이 정보에 대한 가장 오래된 전통적인 정의라고 볼 수 있다. 한편 Webster영어사전에 의하면, information을 "타인으로부터 전달되거나, 개인적인 연구나 발명으로 인하여 얻어지는 지식 또는 특수한 사건이나 상태 등에 관한 지식"[8]이라고 하였다. 이것도 역시 Oxford 영어사전에서의 정의와 거의 동일하다.

日本의 多田和夫에 의하면, "정보는 행위에 앞서 알아야 할 필요가 있는 모든 지식"[9]이라고 하였다. 이 정의도 정보를 '지식'이라고 보는 관점은 위에서 말한 두 정의와 동일하다.

미국의 정보과학자 Allen W. Dulles에 의하면, "정보란 행동의 방침을 결정하는 데 있어서 미리 알아두어야 할 일체의 사항을 망라한 것"[10]이라고 한다. 여기에서 '알아두어야 할……사항'이란 지적인 사항으로서 결국 지식을 의미할 것이다.

이상에서 보는 바와 같이 정보에 대한 전통적인 정의는 '정보'는

---

7) *Ibid*(Knowledge communicated concerning some particular subject or event).

8) *Wevster's New International Dictionary*. 2nd ed. Springfield, Meriam Webster, 1959(Knowledge communicated by others or obtained by personal study and investigation).

9) 多田和夫, 企業上情報, 東京, 培風館, 1963, p.16.

10) Allen Welsh Dulles. *The Craft of intelligence*. New American Library. 1965.

‘곧 새로운 지식’이라는 뜻으로 통할 수 있다.

2. 행동과학적인 정의

행동과학적인 정의란 주로 인간의 행위나 행태를 연구대상으로 하는 심리학, 정치학, 경영학 등의 분야에서 말하는 정보에 대한 정의를 의미한다.

이러한 관점에서 笠伸平은 “정보란 아는 것 또는 알리는 것을 목적으로 보내거나 받는 impulse”[11]라고 한다. 즉 정보란 그 수신자 측에서 보면, 무엇인가 알기 위해서 받는 impulse이며, 그 발신자 측에서 보면, 어떤 대상에게 알리기 위한 impulse라고 하는 것이다. 여기에서 impulse란 단순한 행동에 있어서는 자극이라고 볼 수도 있으나, 넓은 관점에서 보면, 영향력이라고 해석될 수도 있을 것이다.

한편, 片方善治는 “정보는 외계에서 인간에게 주어지는 다종다양한 자극”[12]이라고 한다. 이 정의도 笠伸平의 정의와 동일하다고 볼 수 있으나 이것은 주로 자연정보의 수신을 상정한 것으로 보인다.

이상의 두 정의는 인간만을 주안점으로 하고 있으나, 이와 같이 인간의 五官을 통한 모든 감각작용까지도 정보의 작용이라고 본다면, 이러한 정의는 동물이나 기타의 생물에도 적용될 수 있을 것이다. 다시 말하면, 인간이나 동물은 항상 각각의 생활환경 가운데서 여러 가지의 자극, 즉 기후나 계절의 변화, 온도의 변화, 상호 간의 대화나 언어전달에 의한 자극, 사건발생에 의한 자극 등을 받고, 그 자극을 판

---

11) 笠伸平, インフオメション とインテリゾンス, 情報科學, Vol.1, No.1, p.18.
12) 片方善治, 情報化社會事典, 東京, 每日新聞社, 1971, pp.6-7.

단하여 행동하게 되는데 이 모든 자극을 정보라고 보는 것이다.

이와 같이 이상의 두 가지 정의는 정보를 인간이거나 생물체이거나를 막론하고 그 '행동이나 동작의 원인이 되는 impulse'라고 보는 견해이다.

3. 정보이론적인 정의

정보이론에서는 통신에 있어서 전달되는 개개의 정보를 그 본질적 내용에는 하등의 구애 없이 그것을 수량적으로 파악하여, 통계적인 해석을 시도하는 것이다. 따라서 이러한 관점에서는 정보 자체의 의미는 불문하고 정보의 최소단위를 binary digit 또는 이를 축약하여 bit라고 명명하고 있는 것이다.

이 정보단위는 1928년에 Hartley가 개발한 것으로, 통신이론에 있어서 송신하고자 하는 정보를 표현하는 통신문의 숫자와 실제로 신호로 송신해야 할 부호의 symbol 수와의 관계를 나타내는 量으로서, 이 양은 통신문의 내용이 기쁜 것이든 슬픈 것이든 일체 무관하며, 다만 문장에 나타난 문자의 통계에만 관계한다.

이러한 관점에서는 梅棹忠夫의 "정보는 인간과 인간 사이에서 전달되는 일체의 기호계열을 의미한다"[13]라고 하는 정의를 그 예로 볼 수 있다. 일반적으로 기호계열이란 문자나 기호 등 정보의 미디어를 뜻하는 것으로 해석되나, 여기에서는 주로 통신에 있어서의 기호를 상정한 것이라고 볼 수 있다. 정보이론에서는 기호계열 또는 미디어는

---

13) 梅棹忠夫, 情報生業論, 東京, 放送鮮日, 1963, p.1.

언제나 어떠한 의미를 내포한 것이며, 반대로 문자나 기호 등의 미디어는 어떠한 '의미'를 전달하기 위한 수단으로 사용되고 있는 것이다. 그러므로 여기에서 '일체의 기호계열'을 '일체의 의미'로 해석함으로써 보편적인 의의를 찾을 수 있을 것이다.

한편, 田中靖政과 Henry Quastler의 정보에 대한 정의도 정보이론적인 정의라고 볼 수 있다. 田中靖政은 "정보란 불확실성을 제거하거나 감소시키는 것"[14]이라고 하였고, Henry Quastler는 "정보란 확실성을 증진시키는 것"[15]이라고 하였다.

이 양자의 정의는 논리적으로 서로 반대되는 것 같으나 사실상 동일한 것이다. "불확실성을 제거하거나 감소시킨다"고 하는 것은 '확실성을 증진시키기 위한 것'이기 때문이다. 이 두 사람의 정의에 대해서는 다 같이 '스무고개 게임'과 같은 예로 이를 해명하고 있다. 이것은 양자택일의 문제에서 추출하는 것으로, 동일하게 일어나는 가능성을 가진 몇 가지의 사항 가운데에서 어느 특정한 한 가지 사항만을 선택하는 것을 정보라고 생각하고 있는 것이다.

정보를 얻는 최소의 구성과정은 yes와 no로 대답하는 양자택일의 질문이다. 여기에서 정보의 단위를 결정하자면 어느 편인지 몰랐던 두 가지 사실 가운데에서 어느 편인지를 알았을 경우에 얻어진 정보가 정보의 최소단위인 bit가 된다는 이론이다. 예를 들어, '스무고개 게임'에서 A라는 사람과 B라는 사람 사이의 하나하나의 문답이 한 bit의 정보라는 것이다.

---

14) 田中靖政, 行動科學 情報時代の人間科學, 東京, 筑摩書房, 1969, p.142.

15) Henry Quastler(ed), *Information Theory in Psychology; Problems and Methods*, Illinois, Free Press, 1955, p.17.

C. 정보의 본질적 정의

이상에서 설명한 정보에 대한 제 정의를 면밀히 검토해 보면 본질적으로 모든 분야에 공통하는 정의를 찾을 수 있다.

첫째, "정보는 곧 지식이다"라는 전통적인 정의는 이론적으로 미흡하다. 정보는 단편적인 지식이라고는 말할 수 있으나 정보와 지식이 동일한 의미를 가지는 것은 아니다. 예를 들면 기차시간표, 강의시간표, 일기예보 등은 정보라고는 하지만 지식이라고는 할 수 없다. 또한 학자나 연구자들이 어떤 문헌에서 자기가 아직 알지 못했던 새로운 사실을 발견했을 때 그는 '좋은 정보를 얻었다'고 기뻐한다. 학자들은 이러한 정보를 하나하나 입수하고 이를 조직화하여 지식을 형성하며, 이를 체계화하여 자기의 학문(과학)을 발전시켜 나아가는 것이다. 그러므로 정보와 지식은 동일한 뜻이 아니며, 정보는 지식을 형성하는 요소 또는 학문(과학)을 형성하는 요인이라고 볼 수 있다.

둘째, "정보는 인간이나 생물체에 주는 자극(impulse)"이라고 하는 행동과학적인 정의는 타당성이 있다. 그러나 인간의 행위현상을 엄밀히 분석해 보면 모든 자극은 신경을 통해서 필연적으로 두뇌에 집중되며, 두뇌의 사령에 따라서 행위로 반영됨으로, "정보는 곧 두뇌의 사고활동을 유발시키는 요인"이라고 표현할 수 있다.

셋째, 정보이론에 있어서 "정보는 인간과 인간 사이에 전달되는 일체의 기호계열"이라고 하는 정의는 논리적인 모순을 야기하고 있다. 여기에서 '기호' 자체는 어떤 '의미'를 전달하기 위한 미디어이며, '의미'를 지각하고 인식하는 중추는 두뇌이기 때문에, 결과적으로 "정보는 인간의 두뇌와 두뇌 사이에 전달되는 의미 또는 지각이나 인식의 요인"이라고 표현할 수 있다.

넷째로, '정보'는 "불확실성을 제거하거나 감소시키는 것"이라고 하는 정의도 엄밀히 검토해 보면, 역시 논리적인 모순을 발견할 수 있다. '불확실성을 제거하거나 감소시키는' 그 주체는 정보 자체가 아니라, 인간의 기억부 또는 사령원으로서의 두뇌이다. 다시 전항의 예로 설명한다면, A와 B 사이의 문답 자체가 불확실성을 제거하는 것이 아니라 문답하는 사람의 두뇌가 불확실성을 제거해 나아가는 것이다. 이와 같이 인간은 정보의 입수와 동시에 두뇌의 판단작용(decision making)에 의하여 '불확실성을 제거하거나 감소'시키고 또한 '확실성을 증진'시킬 뿐만 아니라, 모든 문제의 대상을 파악하고 행동하는 것이다. 그러므로 "정보는 인간의 두뇌 또는 어떤 생체의 중추사령원에 어떤 판단의 요인을 제공하는 것"이라고 말할 수 있다.

이상의 4가지 정의에서 공통되는 것은 정보를 발신하고 수신하고 판단하고 제어하는 중추사령원은 두뇌라는 것을 알 수 있다. 그리하여 일본의 정보학자 關英男은 "정보란 유효한 행동이나 동작을 제어하는 사령원으로서 그들의 제어중추에 있는 기억부에 어떤 새로운 기여를 할 수 있는 원인이 되는 것"이라고 한다.[16]

이상의 제 정의를 다시 정리하여 결론적으로 말하면, '정보'는 인간의 사고활동을 유발시키는 요인인 동시에, 지식이나 기술이나 학문(과학)의 요인이 되는 것이다. 따라서 정보는 인간의 정신활동의 發現이라고도 볼 수 있다.

한편, 이상에서 설명한 정보의 정의는 인간의 문화적 생활 속에서

---

16) 關英男, 情報科學上五次元世界, 東京, 日本放送出版協會, 1971, p.50.

생성되고 전달되는 문화적 정보의 정의라고 할 수 있다. 그러나 이러한 문화적 정보와는 상대적인 것으로서 자연정보라는 개념이 있다. 자연정보는 인간의 능력이 미치지 못하는 자연발생적인 것으로서 유전정보나 생체정보, 본능정보 등을 의미한다. 그리하여 자연정보는 생체에 있어서의 '어떤 작용을 일으키는 인자'라고 정의될 수 있다.

Ⅱ. 정보의 종류와 그 분류

정보라는 말은 간단히 한마디로 표현되지만, 그 종류는 무한히 다양하게 구분될 수 있다. 정보의 발생에서부터 전달방법, 수신과 발신, 활용 분야, 표현형식 등 일정한 기준에서 유형화할 수 있다. 그리하여 여기에서는 정보의 유형에 따라서 그 종류를 살펴보고자 한다.

A. 정보의 발생형태에 따른 종류

인간의 의식구조를 기준으로 해서 볼 때, 인간과 인간 사이에 인위적으로 전달되는 정보가 있고, 인간의 의식 또는 의사와는 관계없이 인간의 능력이 미치지 못하는 곳에서 발생하여 전달되는 정보가 있다. 전자를 인공정보라고 하며 후자를 자연정보라고 한다.

1. 인공정보

인공정보는 인공적으로 전달하는 것으로서, 그 전달수단 또는 표

현수단에 따라서 행동정보, 구술정보, 기록정보, 기기적 정보 등으로
구분할 수 있다.

행동정보는 원시시대에 있어서 병란의 정보를 전달하던 봉화를 비
롯해서 손짓이나 몸짓, 호의를 표시하는 미소나 윙크, 눈이나 얼굴의
표정 등 인간의 행동이나 동작에 의해서 전달되는 정보를 의미한다.

구술정보는 인간의 언어가 발생된 이래 가장 기본적인 정보전달수
단이 되고 있는 일상생활에 있어서의 대화나 강의, 강연, 노래 등 입
을 통해서 전달되는 정보를 의미한다.

기록정보는 문자를 비롯해서 도형, 그림, 도표, 사진 등의 미디어를
통해서 전달되는 정보를 의미한다. 따라서 신문, 잡지, 서신, 일기, 장
부, 여러 가지의 서적, 필름, 마이크로필름, 마이크로피시, 슬라이드
등에 의해서 전달되는 정보는 주요한 기록정보인 것이다.

기기적 정보는 악기나 마이크, 전화, 전신, 텔레타이프, 라디오, TV
등 기계나 기구를 사용해서 전달되는 정보를 의미한다. 그러나 기기
적 정보 가운데 마이크나 전화나 라디오 등에 의해서 전달되는 것은
우선 구술정보가 제2차로 기기를 통해서 전달되는 것이며, 전신이나
텔레타이프 등은 기록정보가 제2차로 기기를 통해서 전달되는 것이
라고 볼 수 있다.

2. 자연정보

자연정보는 내적인 정보와 외적인 정보로 구분할 수 있다. 내적 정
보는 유전정보, 생체정보, 본능정보, 직감정보 등 생체 내부에서 발생
하여 전달되는 정보를 말하며, 외적 정보는 태양과 달, 별, 구름, 대기,

물, 山, 川, 草, 木 등 자연계 전체를 의미한다.

　여기에서 유전정보는 생체의 각 세대 사이에서 전달되는 유전인자 등을 의미하고, 생체정보는 신경계, 소화계, 혈액순환계 등 생물체의 정보처리 시스템에서 발생하여 전달되는 정보를 의미하며, 본능정보는 식욕이나 물욕 또는 반사신경이나 운동신경 등 신체가 본래부터 지니고 전달하는 정보를 의미하고, 직감정보는 六感이나 靈感 등에 의한 정보를 의미한다.

　외적 자연정보는 해, 달, 별, 구름, 물, 대기, 山, 川, 草, 木 등 자연계 자체가 정보라는 의미가 아니라, 이러한 자연계에서 인간에게 주는 또는 인간이 받는 정보를 의미한다. 이러한 자연정보는 자연발생적인 것으로 비의도적인 것이다.

　이상에서 설명한 발생형태에 따른 정보의 종류를 간단히 표시하면 아래의 도식과 같다.

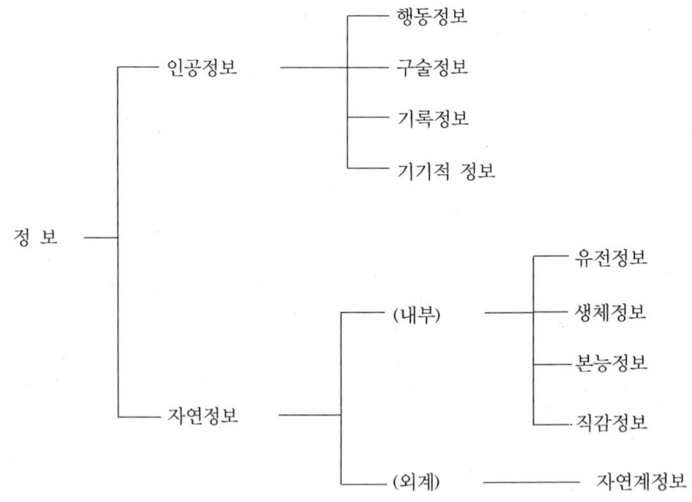

B. 정보의 수신기관에 의한 종류

전 장에서, 정보란 감각적이든 자각적이든 인간의 오관과 신경을 통해서 두뇌의 사고활동을 유발시키는 요인이라는 것을 설명하였다. 그리하여 여기에서는 우선 편의상 정보를 받아들이는 기관에 따라서 분류하기로 한다.

우선, 眼球에 반영되는 사물의 색채와 형태를 식별하여 얻어지는 정보를 시각적 정보라고 할 수 있다. 이 시각적 정보는 인간이 수신하는 정보의 대부분을 차지하는 가장 중요한 정보라고 볼 수 있다. 특히 인간의 정보 가운데 가장 가치가 있고 중요한 문자나 기호에 의한 정보, 즉 지적·학술적인 정보는 시각에 의하여 얻어지는 것이기 때문이다.

둘째로, 귀(耳)를 통해서 음성을 식별하여 얻어지는 정보를 청각정보라고 할 수 있다. 이 청각정보도 시각정보 다음으로 중요한 것이다. 이 시각과 청각을 통한 정보에 의해서 인간은 거의 모든 사물을 식별하고 깨닫고 인식하는 것으로서 지각적인 것이기 때문에, 이 두 가지를 지각적 정보라고도 할 수 있다.

셋째, 코(鼻)를 통해서 사물의 냄새를 맡는 것은 嗅覺정보라고 할 수 있으며, 입으로 味覺을 느끼는 것은 미각정보라고 할 수 있고, 皮膚로 감각을 느끼는 것은 촉각정보라고 할 수 있다. 그리고 이 후각이나 미각이나 촉각 등에 의한 정보는 느껴지는 것, 즉 감각적인 것이기 때문에 감각적 정보라고 할 수 있다. 다만 盲人들이 點字를 읽어 가는 것은 촉각에 의해서 정보를 얻게 되지만, 이러한 경우의 촉각은 다시 두뇌에서 知覺化한다고 볼 수 있다. 다시 말하면, 맹인들은 공통

기호에 의한 촉각을 통해서 두뇌에서 어떤 의미를 받아들이기 때문에 이러한 촉각도 우선은 감각적인 정보라고 볼 수 있을 것이다.

이상의 오관에 의한 정보의 종류를 간단히 표시하면 다음과 같다.

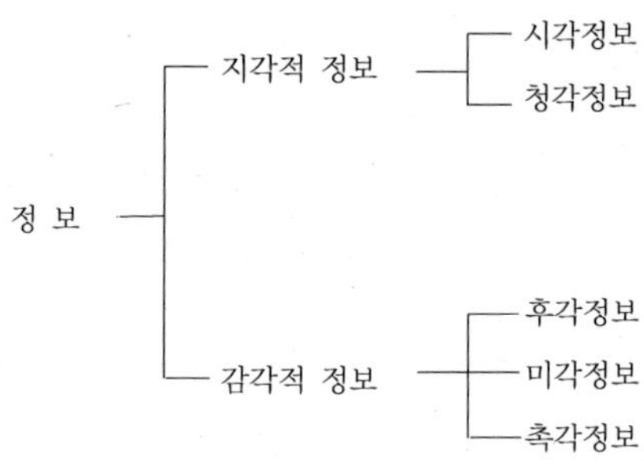

C. 정보의 전달형태에 따른 종류

정보가 하나의 個體 내에서 전달되는 경우와 개체와 다른 개체 사이에 전달되는 경우가 있다. 그리하여 전자는 체내정보 또는 내부정보 또는 개체 내 정보라고 한다. 이것은 정보학에 있어서 중요한 개념이다. 후자는 정보의 발신 측과 수신 측이 각각 다른 개체에 있어서 개체 상호 간에 전달되기 때문에, 이 경우의 정보를 체외정보 또는 외부정보 또는 개체 간 정보라고 한다.

인간은 그 자체가 전형적인 정보처리 시스템인 것이다. 인간이 정보처리 기능을 충분히 발휘하고 더욱 장구하게 생존하기 위해서는 외부에서 체외정보를 입수하고 다시 체내에서는 그 이상의 필요한 체내정보를 발생시켜서 신체의 모든 부문의 말단까지 전달해야만 한다.

인간은 오관을 통해서 외부에서 자극(체외정보)을 받아서 두뇌에 전달되면 두뇌에서는 신경계통을 통해서 그에 대한 반응을 지시하여 신체의 말단에 이르기까지 지령을 전달한다. 그리하여 아름다운 풍경을 보고 감격하고, 즐거운 음악을 듣고 도취하고, 위험에 직면했을 때 몸을 피한다. 경험과 지식, 즉 이미 두뇌 속에 축적되어 있는 정보로 판단하고 행동하게 된다. 이러한 인간의 움직임은 모두 생체 내의 정보처리 시스템이 체내정보와 체외정보를 잘 운용함으로써 비로소 이루어지는 것이다.

기계나 기업이나 사회도 각각의 개체가 하나의 정보처리 시스템으로 이루어져 있기 때문에 각각의 개체대로의 체내정보와 체외정보가 필요한 것이다.

하나의 기업에 있어서는 사내정보와 사외정보가 필요하다. 생산력, 상품과 재료의 재고, 매출고, 자금사정, 투자 상황, 인사문제, 연구개발 등 기업 내에서 발생하는 정보는 모두 체내정보 또는 사내정보이며, 동일한 업종의 각 기업체, 업계 전반, 시장, 경기, 국민경제, 기술혁신, 정치, 국제정세 등 기업을 둘러싸고 있는 사회 전반의 환경정보는 모두 체외정보 또는 사외정보이다.

체내정보와 체외정보는 상호 보충관계에 있기 때문에 어떠한 개체라 할지라도 쌍방의 정보가 필요한 것으로, 어느 한쪽의 정보가 부족하여도 지장을 초래하는 것이다.

현재 유행하고 있는 computerization(전산화)은 간단히 말하면 각각의 개체 내에 최초부터 지니고 있는 정보처리 시스템을 기계화하여 그 개체의 정보처리기구 전체를 더욱 과학적으로 효율화하기 위한 정보혁신이라고 볼 수 있다.

D. 정보의 입수형태에 의한 종류

　인간이 정보를 입수할 때, 직접적으로 입수하는 경우와 간접적으로 입수하는 경우가 있다. 전자는 정보의 입수에 있어서 어떠한 매체도 통하지 않고 정보를 발신하는 곳에서 직접 정보를 입수하는 것으로, 이 경우의 정보를 직접정보 또는 일차정보라고 한다. 이에 대해서 신문, 잡지, 서적, 서신, 라디오, TV 등의 어떤 매체를 통해서 입수하는 정보를 간접정보 또는 2차정보라고 한다.

　직접정보는 정보의 입수자가 자기의 직접적인 체험이나 경험에서 또는 어떤 현상을 보고 듣고 느껴서 얻는 생정보라고 볼 수 있다. 옛날에는 인간의 생활공간이 한정되어 있고 정보전달수단도 발달하지 못했기 때문에, 대부분의 정보가 이 직접정보였다. 물론 현재도 직접정보를 얻는 경우도 많다. 예를 들면 대자연이나 동식물들을 직접 관찰하거나 관광에서 얻는 것은 직접정보이며 또한 어떤 사건의 당사자이거나 목격자는 그 사건을 직접 체험했기 때문에, 그것에 대해서는 직접정보로서 얻은 것이 된다. 기타의 사람들은 구전으로 듣거나 신문이나 TV의 방송뉴스를 보아서 간접정보로 얻는 것이 된다.

　다시 말하면 타인의 이야기를 비롯해서 어떠한 형태의 매체를 통해서 입수하는 정보는 모두 간접정보인 것이다. 그리하여 현대와 같이 여러 가지의 매스커뮤니케이션이 발달하면 대부분의 정보는 간접정보로 얻게 되는 것이다.

E. 정보의 기능에 의한 종류

　정보의 기능에 의한 종류는 인간 활동의 어떤 특정한 분야에서 필요한 것이면, 어느 분야의 정보인가를 기준으로 하여 유별하는 것으로, 실은 이것이 가장 일반적으로 사용되고 있는 정보의 분류방법이라고 볼 수 있다.

　이에 따르면, 생활정보, 정치정보, 경제정보, 산업정보, 기업정보, 시장정보, 상품정보, 교육정보, 학술정보, 과학기술정보, 오락정보, 국제정보, 해외정보, 군사정보 등이다.

　생활정보는 문자 그대로 인간이 사회생활을 영위하는 데 필요한 그리고 그것을 알면 생활에 편리한 정보군을 말한다. 타인과의 대담을 비롯해서 매스컴에 의한 뉴스, 기상정보, 교통정보, 물가나 상품에 관한 정보, 광고, 교통시간표, 전화번호부, 주소록, 사회규범 등이 이에 속한다. 이 외에도 영화, 음악, 라디오, TV프로그램, 연극, 스포츠 등의 정보와 진단, 치료, 약제, 상품가격이나 소재 등의 정보 등 그 전부를 열거할 수 없을 정도다.

　정치정보는 사법, 입법, 행정이나 외교, 내정, 지방자치단체의 정보 등을 포함하는 정보군을 말한다. 행정기관의 시민에 대한 통지 및 공고, 선거에 관한 속보 등도 정치정보라고 할 수 있다.

　경제정보는 정부에서 수립하는 경제정책을 비롯해서 생산, 유통, 소비, 물가, 임금, 노동, 수출입, 경기변동, 경제전망 등 주로 국민경제 전반에 관한 정보, 각종 산업이나 각 기업에 관한 정보, 주가 등의 증권정보, 제품목록 등의 상품정보, 수요예측 등의 시장정보 등 가장 복잡다기한 정보군이다.

교육정보는 유치원에서부터 대학에 이르기까지 학교행정, 재정, 교육과정, 교육방법, 교과서, 학습참고서, 교육재료, 일반서적, 학술연구 등에 관한 정보를 말한다.

학술정보는 학술강연, 세미나, 학술서적, 논문, 실험, 조사 등 학술활동 전반에 관한 정보를 말한다. 따라서 과학기술정보는 과학기술에 관한 지식을 비롯해서 특허, 규격, 학술적인 문헌 등에 관한 정보를 의미한다.

국제정보는 정치, 경제, 사회, 문화, 과학기술 등 정보 그 자체의 내용은 불문하고 정보의 성격이 대사건이거나 영향력이 큰 것이어서 국제적 규모를 가지는 정보군을 말한다. 따라서 北京의 천안문사건, 민족문제, 국제통화체제, 인구문제, 노벨상, 올림픽, 러시아의 민주화개혁정책, 미국의 파나마 침공 등은 국제정보라고 할 수 있다.

해외정보는 해외제국의 정치, 경제, 사회, 문화, 풍속, 습관, 자연 등 해외사정을 전하는 정보군을 말한다. 국제정보와의 차이점은 해외제국의 국내사정이나 여러 나라의 정보가 정보로서의 규모와 그 영향력이 국제적인 규모에 이르지는 못하는 정보라고 볼 수 있다. 예를 들면 독일의 총선거, 프랑스 패션계의 새로운 유행, 일본의 학원분쟁 등은 해외정보라고 볼 수 있다.

그러나 국제정보와 해외정보는 거의 동일한 개념을 가지는 경우가 많다. 예를 들면, 학원분쟁은 日本의 문제만이 아니라 세계 공통의 사회현상이 되고 있다. 따라서 이것을 국제적인 교육문제로 평가한다면 이것은 국제정보가 되는 것이다. 동일한 사회현상이라 할지라도 그 정보의 의미부여와 평가에 따라서 국제정보가 될 수도 있고 해외정보가 될 수도 있다.

군사정보는 대내와 대외의 武器 개발이나 군수산업, 병력의 증감, 병력이동상황, 기타 군사의 기밀에 관한 정보를 의미한다.

F. 기타 정보의 종류

정보의 반복적인 이용가능성을 기준으로 하여 單用정보와 耐用정보로 분류하는 예도 있다. 단용정보는 단순한 명령과 같이 그 당시의 그 장소에서의 이용가치밖에 없는 정보를 말하며, 내용정보는 지식이나 기술이나 사회의 규범과 같이 몇 번이고 반복해서 사용하게 되는 정보를 의미한다.

이러한 기준을 더 연장한 관점에서 정보를 유통(flow)정보와 축적(stock)정보로 분류할 수도 있다. 유통정보는 현재 정보의 발신 측에서 수신 측으로 흐르고 있는, 즉 전달되고 있는 정보로서 대화나 전신이나 전화, 우편 등 비교적 단시일의 이용가치밖에 없는 매스컴 등을 말한다.

축적정보는 내용정보와 동일한 개념이라고도 볼 수 있다. 정보의 유효기간이 장기화하면 정보 자체가 보편화되고 인간 공유의 재산으로서 길이 보존되는 것이다. 지식이나 기술이나 사회규범 등이 그 대표적인 예라고 볼 수 있다. 물론 이 축적정보도 실제로 사용될 경우는 유통정보로 변환되는 셈이다.

Ⅲ. 정보자료

A. 정보자료의 의의

정보자료란 넓은 의미에서는 문자나 기호 등에 의해서 전달되는 모든 기록정보를 의미하며, 좁은 의미에서는 기록정보 가운데에서도 각 학문 분야에 있어서의 학술적 가치가 있는 기록정보를 의미한다. 그러나 기록 자료는 그 무한히 많은 정보 가운데 선택된 그리고 어느 누구를 위해서이든 기록될 만한 가치가 있고 필요하기 때문에 기록된 것이라고 본다면, 넓은 의미로 통용되는 것이 타당할 것이다.

도서나 문서, 신문, 잡지는 문자나 기호, 도형 등을 매체로 하여 종이와 잉크 등의 재료를 사용해서 정보를 기록한 자료이다. 또한 영화필름이나 사진은 필름을 주요한 매체로 하여 정보를 기록한 자료이며, 레코드나 테이프는 합성수지 등을 매체로 하여 음성정보를 기록한 자료이다. 따라서 어떤 매개체를 사용하여 기록한 정보이든 모두 정보자료라고 할 수 있다.

그러면 정보 또는 정보자료는 그 본질이 무엇이며, 우리 인간사회에 어떠한 의의를 가지는 것일까?

일본의 植村長三郎은 정보자료의 일종인 도서에 대해서 "도서란 필사 또는 인쇄된 論著 그리고 속간되는 것으로서 수 매의 종이나 기타의 재료로 엮은 내용의 전체를 합철한 것"이라고 정의하였다.[17] 그러나 이것은 정보자료에 대한 외형적 또는 상형적인 정의에 불과한 것이다. 정보자료를 이와 같이 상형적인 관점에서만 생각한다는 것은 무의미한 것이며, 정보자료의 존재의의를 인식할 수 없는 것이다.

정보자료의 본질적인 의의는 그것이 지니는 지적인 내용 또는 정보에 있는 것이다. 인류가 최초에 문자를 발명한 것도 인간의 사상이나 감정, 정서, 행동, 경험 등 모든 정보를 타인에게 전달하기 위한 수단으로서 발명된 것이며, 현대의 모든 정보자료도 문자나 기호 등을 통해서 보다 많은 사람에게 정보를 전달하는 데 그 의의가 있는 것이다. 정보자료에서 거기에 수록된 문자나 기호가 지니는 정보를 제거하면 그 정보자료는 전연 무의미한 물체에 불과한 것이다. 다시 말하면, 정보자료란 종이나 기타의 자료에 문자나 기호 등의 공통의 symbol을 통해서 어떤 정보(의미)를 지니게 하여 타인이 그 정보를 해득하게 하는 데 의의가 있는 것이다.

Thomas Carlyle은 문헌(정보자료)에 관해서 "인류가 이룩하고 생각하고 수득하고 보존해 온 모든 것, 그것은 책의 면면에 신기하게 보존되어 실려 있다"[18]고 했으며, Helen E. Haines는 "도서는 지성의 그릇이다. ……몇 세기에 걸친 사고와 노력을 통해 우리들을 위해서 마련된 영속적인 지식의 자료가 우리에게 유용하도록 서적 속에 저장

---

17) 植村長三郎, 書誌學辭典, 敎育圖書株式會社, 昭和 17(1942), p.378.

18) Thomas Carlyle, *On heroes, hero worship and the heroic in history(The worlds classics, no.62)*, London, Oxford Univ. Press, 1904, p.210(All that mankind has done thought, gained or been it lying as in magic preservation in the pages of books).

되어 있다"[19]고 하였다. 여기에서 Carlyle이 말한 '……모든 것……' 그리고 Haines가 말한 '지식의 자료……'는 모두 정보를 의미하는 것이다. 다시 말하면, 정보자료는 인류가 대대로 이룩하고 생각하고 경험한 인간의 모든 정보를 문자나 기호 등의 공통의 symbol을 매체로 면밀히 기록하여 누구에게나 전달되도록 그리고 그 정보가 유용하게 활용되도록 하기 위해서 마련된 것이다.

우리는 정보자료의 일종인 신문을 통해서 매일매일의 생활에 필요한 새로운 정보를 얻어서 이를 유용하게 활용할 수 있고, 잡지를 통해서 여러 가지 흥미 있는 지혜를 얻을 수 있고, 소설이나 수필, 시 등의 문학작품을 읽어서 우리의 감정과 정서를 순화시킬 수 있고, 기행문을 통해서 우리는 가만히 앉아서 지구상의 모든 생활과 문물을 이해할 수 있으며, 각 학문 분야의 학술서적을 통해서 전문적인 지식과 기술과 지혜를 얻어서 이를 우리의 생활에 유용하게 활용할 수 있으며, 經書를 통해서 이미 수백 년 또는 수천 년 전의 聖賢들의 거룩한 진리의 말씀도 들을 수 있는 것이다.

이와 같이 우리 인류는 이 정보자료를 통해서 우리 직전까지의 문화를 물려받고 또다시 새로운 창조를 가하고, 문화를 더욱 확충해서 추가 축적하여, 당대 또는 후대에 계승하게 되는 것이다. 이러한 연속적인 지적 정보의 전달과 이용과 새로운 창조의 과정, 즉 정보의 순환(cycle of information) 과정을 통해서 현대의 문명사회를 이룩한 것이며, 앞으로도 무한한 발전적 정보순환이 예기되는 것이다.

---

19) Helen E. Haines, *Living with Books the art of book selection*, 2nd ed. New York, Columbia Univ. Press, 1950, pp.3 - 4.

B. 정보자료의 종류와 명칭

정보자료라고 하는 용어는 아마도 1950년대부터 사용되기 시작한 것으로 생각되는데, 이 정보자료는 그 기록된 재료나 형태나 그 내용에 따라서 역대로 여러 가지 명칭이 주어지고 있음을 알 수 있다. 여기에서는 정보자료에 대한 역대의 여러 가지 명칭을 동양과 서양으로 구분하여 설명하고, 다음에 현대의 여러 가지 정보자료의 유형을 설명하고자 한다.

1. 동양의 정보자료의 명칭

동양 고대의 최초의 정보자료의 명칭은 '冊'이었으며, 다음으로 典, 竹帛, 志, 記, 傳, 書, 文獻 등이 그 통칭이었다.

冊은 고대의 주된 필사자료였던 竹簡을 엮은 모양을 상형한(본뜬 것) 것이라고 하며, 典은 책상 위에 책을 올려놓은 모양을 상형한 것이라고 한다.[20]

竹帛도 고대의 기록류의 명칭인바, '竹'은 竹簡을 말하고, '帛'은 견직물을 뜻하며. 이는 의복을 만들 수도 있고 글을 쓸 수도 있다. 다만 竹만을 말할 때에는 簡冊을 말하는 것인지 알 수 없으므로 옛사람들은 竹帛 두 자를 합쳐서 말해 왔던 것이다.[21]

志는 기록을 의미한다. 고인들은 이것을 항상 도서의 통칭으로 써 왔다.[22]

---

20) 屈萬里, 昌彼得 共著, 沈隅俊 譯, 圖書板本學要略, 서울, 中央大學校 圖書館學科, 1975, p.15.

21) *Loc. cit.*

22) *Ibid.* p.16.

記는 志와 뜻이 통함으로 도서는 志라고도 할 수 있으며, 記라고도 할 수 있다. '記'는 보통 도서를 지칭한다.[23)]

傳은 經을 해석한 것을 의미하며, 사람의 행실을 기술한 글도 또한 傳이라 한다. 그러나 이것은 秦漢 이래의 개념이요, 그 이전에는 '傳' 자로 써 도서를 통칭하였다.[24)]

書도 기록류의 통칭인바 최초의 '書' 자의 뜻은 書寫를 한다는 데 있었고, 그 후에는 竹帛에 쓴 것을 書라 하여, 동사로부터 명사로 변한 것이다. 그리고 書 자가 도서의 범칭으로 된 것은 늦어도 戰國시대 초 엽부터 시작된 것이다.[25)]

文獻은 '文'과 '獻'의 합성어로서 본래는 '典籍과 賢者'를 의미하는 것이었다. 論語를 보면 '文獻不足'[26)]이라는 말이 있다. 여기에서 '文'은 역사적 사실에 대한 기록을 의미하며 '獻'은 역사적 사실을 기억하고 있는 사람을 의미한다.

'文'은 文句, 문장, 학문, 서책, 기록, 문자, 禮樂제도, 善, 美, 德 등의 다양한 의미를 가지고 있으나, '기록류'를 의미하는 경우가 많다.

그리고 '獻'은 헌상한다, 바친다, 상주한다, 善, 賢人, 儀 등의 여러 가지 의미를 가지고 있으나, 고대에는 '賢人'이라는 의미로 사용된 예가 많은 것으로 보인다. 書經에서 보면 '萬邦黎獻'[27)]이란 말이 있다. 이 말은 나라의 여러 어진 사람들을 의미하는 것으로 여기에서 '獻'은 賢人을 뜻하는 것이다.

---

23) *Ibid.* p.17.

24) *Loc. cit.*

25) *Ibid.* pp.15 – 18.

26) 論語, 八佾(文獻不足故也).

27) 書經 益稷(萬邦黎獻).

다시 말하면, '文獻'의 '文'은 기록정보를 가리키며, '獻'은 구술정보를 의미하는 것이라고 볼 수 있다. 그러나 현재는 문헌이 일반적으로 '문물제도의 전거가 되는 기록', '학술연구에 자료가 되는 문서' 또는 '옛날의 문물과 제도의 연구 자료가 되는 책' 등의 개념으로 통용되고 있다. 그러므로 '獻' 자가 지녔던 '賢者'라고 하는 본래의 개념은 사라지고, 현재는 '文'의 개념만이 남아서 '문헌' 하면 '일체의 기록된 정보'를 의미하게 된 것이라고 볼 수 있다.[28] 따라서 '문헌'은 정보자료의 개념과 일치한다고 볼 수 있다.

한편, 옛날에는 編, 卷, 軸, 葉, 本, 縛 등도 정보자료를 의미하는 말로 통용되었다. 奎章總書[29]의 서문에 보면 다음과 같이 기록되어 있다.

"무릇 대쪽을 차례로 엮은 것을 編이라 하고, 그 편을 길게 연결한 것을 책이라 함은 옛날이었고, 폈다 말았다 함을 卷이라 하고, 두루마리를 軸이라 함은 中古의 말이요, 몇 장의 종이로 된 것을 葉이라 하고, 葉을 가지런히 하여 製册한 것을 本이라 함은 지금에 쓰이는 말이다. ……佛家에서는 縛이라 하는 것이 道이기 때문이다. ……이 책에서는 一種을 一部라 하고, 一册을 一本이라 하고, 一編을 一卷이라 하니 이는 옛것에 참고하는 한편 현대에도 어긋나지 않는다는 뜻이다."[30]

이 외에도 기록류의 통칭으로는 典籍, 書册, 書策, 書籍, 圖書, 文, 文籍, 圖籍, 卷物, 書物, 文物, 文書 등이 있는데, 이들은 모두 춘추전국시대를 전후해서 사용된 듯하다.

---

28) 李載喆, 集賢殿의 機能에 대한 研究, 人文科學, 第30輯, 延世大學校, 人文科學研究所, 1973, p.30.

29) 李朝時代의 王室圖書館이었던 奎章閣의 藏書目錄.

30) 奎章總目序文, 奎章閣 4, 서울大學圖書館, 1981, p.102.

2. 서양의 정보자료의 명칭

서양의 정보자료의 통칭으로 Papyri, Biblion, Liber, Book, Buch, Literature 등을 찾아볼 수 있다.

Papyri는 Papyrus에서 변한 말이며, Papyrus는 Egypt의 Nile 강 유역에 무성했던 동양의 왕골처럼 생긴 풀의 이름인데, BC 3000년경 Egypt 사람들은 이 풀 줄기의 속대를 얇게 쪼개서, 세로 가로로 엇갈리게 펴서, 눌러 말려서, 필사의 자료로 사용했기 때문에, 이 기록된 문헌의 명칭을 Papyri(Papyrus의 복수)라고 했으며, 이것이 기록류의 통칭이 되었던 것이다.[31]

Biblion은 Greece의 Biblos라는 낱말에서 유래된 것인데, 이 말도 또한 Papyrus에서 유래한 말이다. 위에서 말한 Papyri는 Egypt에서 한때 양산되었는데, 그 당시 지중해 연안의 상업국이었던 Phoenicia 사람들이 Papyri를 수입하여 다시 Byblos 항구를 통해서 Greece로 수출했다. Greece 사람들은 그것이 Byblos 항구에서 온 것이라고 하여 그 항구이름과 같이 Papyri를 Biblos라고 하고, 여기에 글을 쓴 것을 Biblion(복수 Biblio)이라고 했으며, 이것이 책을 의미하는 말로 사용되었던 것이다.[32]

Liber는 Latin어계의 말로서 樹皮를 의미한다. 고대 Rome에서는 전통적으로 이 Liber를 말려서 필사의 자료로 사용했기 때문에, 이것이 직접 책을 의미하는 말로 통용되었던 것이다.[33]

Book, Buch는 현대영어에 있어서 Book과 독일어의 Buch의 동일한

---

31) *The Oxford English Dictionary and supplement*, London, Oxford University Press, 1933.

32) 壓司淺水著, 本の文化史, 東京, 雪華社, 1963, pp.13 - 19.

33) 椎名六郎, 圖書館學槪論, 東京, 學藝圖書株式會社, 1960, p.1.
   The Oxford English Dictionary, op.cit.

어원을 가지는 Teuton계의 낱말에서 유래한 것이다. 고대영어에 있어서는 bóc로서 단음절의 여성명사였으며, 복수는 béc로 쓰였다. Old High German에서는 buoh(pl. buch)로서 주로 중성명사로 쓰였으며, 남성과 여성명사로 쓰이는 경우도 있었다. 그리고 Middle High German에서는 Buoch로 철자되었다.

어원학적으로는 고대영어에 있어서 bóc 또는 bëce로 일컬어졌던 bech tree의 이름과 관련된 것으로 일반적으로 인정되고 있다. 그 연유는 최초의 刻銘은 '너도 밤나무판(beechen tablets)'에 이루어졌으며 혹은 너도밤나무(beech trees)의 껍질에 새겨졌기 때문이다.[34] 그러나 bck-s라고 하는 필사판이 가장 원시적인 것이라고 보는 데 있어서 이 두 낱말(bóc, bók)의 최초의 형태를 융화시키기에는 곤란한 점이 있다.[35]

Book은 고대에는 하나의 저작(a writing), 하나의 기록문서(a written document), 토지가 양도되는 증서(a charter or deed by which land was conveyed) 등의 의미로 사용되었다. 16세기와 17세기에는 하나의 기록된 설화나 이야기, 어휘, 리스트, 등록부(a written narrative or account, record, list, register) 등의 의미로 사용되었다.

현재는 일반적으로 "필사되었거나 인쇄된 하나의 논저나 일련의 논저로서 여러 장으로 된 종이나 기타의 물체가 하나의 전체적인 자료를 구성하도록 함께 매어진 것"을 의미한다.

이러한 넓은 의미에 있어서 book은 어떠한 재료(혁피, parchmen papyrus, paper, 면직물, 견직물, 종려엽, 수피, 목판, 상이, 석판, 금속 등)에 쓰인 논저로서, 손으로 운반할 수 있는 어떤 형태로 묶은 것, 즉

---

34) *The Oxford English Dictionary, op.cit.*
35) *Ibid.*

예를 들면, 긴 두루마리나 각각의 분리된 낱장으로 된 것이 돌쩌귀를 달거나, 노끈으로 매거나, 실로 꿰매거나, 풀로 함께 붙인 것을 의미한다.[36]

Literature는 본래 late-ratour에서 litterature(or lytteratur) → literatur(uir) → literature로 변화한 말로서 14세기부터 19세기까지는 주로 학문이나 책에 대한 지식(acquaintance with letters or books), 순수학문 또는 인문적 학문(polite or human learning), 학문배양(literary culture)이라는 의미로 사용되었다. 18세기 말엽부터 19세기 말엽까지는 전문성(the activity or profession of a man of letters), 학문영역(the realm of letters) 등의 의미로 사용되었다. 19세기 이후로는 주로 전체적인 학문적 저작(literary production), 특정한 국가나 시기에 있어서의 혹은 일반적으로 세계에서 저술된 기록류의 총체(the body of writings produced in a particular country or period in the world in general) 등의 의미로 사용되었다.

현재는 또한 더 제한된 의미로, 美의 형식이나 영감적인 의미가 있다고 고려되는 저작(writings which has claim to consideration on the ground of form of emotional effect: 문학저작)에 적용되며, 특정한 주제를 다룬 도서와 저작의 총체(the body of books and writings that treat of a particular subject)를 의미한다.

3. 현대의 정보자료의 유형

현대의 정보자료는 개개의 고유한 이름이 주어지지만 정보가 기록된 방법이나, 기록형식이나, 체재나, 내용이나, 기록된 재료에 따라서

---

36) *Ibid.*

여러 가지 유형으로 구별할 수 있다.

첫째로, 정보가 기록된 방법이나 방식의 관점에서 보면, 정보자료는 필사자료, 목판본, 활자본 또는 활판인쇄본, 사진식자본, 오프셋인쇄본, 등사본, 영인본 등으로 구분할 수 있다.

둘째로는, 정보자료의 체재나 형식이나 또는 이용의 편의에 따라서 일반적으로 일반도서와 참고도서, 정기간행물 및 특수 자료로 구분한다.

일반도서는 모든 주제 분야에 걸친 단행본, 총서 및 전집류 등을 의미하며 일반교양서, 문학서, 교과서, 각 주제 분야의 전문서적이 이에 속한다.

참고도서(reference books)는 모든 분야에 걸친 단편적인 정보를 신속하고 편리하게 찾아볼 수 있도록 편찬된 정보자료로서 사전류, 백과사전류, 편람류, 연감류, 연표류, 주제별사전류, 지명사전, 지도첩, 인명사전, 명감, 통계표, 도감류, 도록류, 서지류, 색인, 초록 등이 이에 속한다.

정기간행물(periodicals)은 일정한 기간을 설정하여 정기적으로 출판되는 정보자료를 말하며, 일반잡지(magazine), 전문회지(journal) 및 신문 등이 이에 속한다. 정기간행물과 유사한 것으로서 동일한 서명으로 연속적으로 발행하되 그 발행시기가 일정하지 않은 것이 있는데, 이것을 연속간행물이라고 한다. 또한 정부의 각 부처에서 발행하는 정기 및 비정기의 연속간행물이 있는데, 이것을 정부간행물이라고 한다. 이상의 간행물들은 대체로 새로운 정보를 수록하는 것으로 학술적 가치가 많은 정보자료이다.

셋째로, 특수 자료란 팸플릿(pamphlet), 리플릿(leaflet), 필름(film), 마이크로필름(microfilm), 마이크로피시(microfiche), 슬라이드(slide), 테이프(tape) 등 도서 이외의 여러 가지 형태의 자료를 말한다.

Ⅳ. 정보화 사회

A. 정보화 사회의 현상

　정보는 가장 상식적으로 말해서 우리가 눈으로 보고, 귀로 듣고, 느끼고, 생각하고, 행동하게 하는 모든 요인이라고 말할 수 있다. 그리하여 현대에는 신문 · 잡지 · 서책 · 문서 등의 모든 출판물과 라디오, TV, 전신, 텔렉스, 전화 등의 모든 전파매체가 주요한 정보 전달 수단이 되고 있는 것이다. 현대사회에 있어서는 이러한 정보가 폭발적으로 대량으로 생산되고 전달 · 유포되고, 그것이 사회의 모든 활동을 좌우하고 있기 때문에 현대사회의 이러한 특징을 들어서 정보화 사회, 정보사회 또는 정보산업사회라고 한다.

　정보화 사회의 첫째의 특징은 정보의 양이 폭발적으로 증가하고 있는 현상이다. 현대인들은 우선 아침에 일어나자마자 조간신문이 배달되고, 여기에는 정치 · 사회 · 문화의 전반에 걸친 대량의 정보가 전달되며, 상품, 부동산, 교육, 직업, 구인 등의 광고정보가 정신을 혼란시킬 만큼 전달된다. TV에서는 여러 가지 영상이 비치고 음성이 들려온다. 라디오에서도 음악이 흘러나오고 뉴스나 기타의 다양한 정보가 전달된다. 집을 나서면 가두에는 간판, 광고 등이 피할 수 없이 눈에 비치고, 버스나 전철을 타면 또한 반반한 장소마다 광고와 안내문이 시선을 끈다.

직장인은 사무실에 들어서면 책상 위나 캐비닛 속에 문서류와 책 자류가 산더미처럼 쌓여 있다. 전화의 벨이 계속적으로 울리고 또한 전화를 걸어야 한다. 회의가 있으면 회의 자료를 작성해야 한다. 결재를 얻어서 실행하기 위한 지시를 하달해야 한다. 대내의 서류를 정리하고 대외의 문서류를 수신 또는 발신해야 한다.

학생들은 등교하여 수업을 받는 것이나 책을 읽는 것이 거의 전부가 정보의 수신활동이다. 이와 같이 현대는 동서양의 남녀노소를 불문하고 빈부의 계층이나 전문가나 비전문가를 막론하고 모든 사람의 일상생활은 정보의 홍수 속에서 정보에 의해서 느끼고 생각하고 활동하고 있는 것이다. 인간 누구나가 정보의 발신자이며 동시에 수신자이다. 정보가 정보를 발생시키고 정보의 홍수에 가세하고 정보의 축적을 더욱 방대하게 증대시키고 있는 것이다.

이것은 우선 신문 · 잡지 · 라디오 · TV를 중심으로 하는 매스컴의 발달로서 정보의 대량전달 수단이 원활하게 되었기 때문이다. 특히, 정보의 발신자나 수신자가 급증했기 때문에 정보의 대량공급과 대량수요가 동시에 확립되어, 이른바 정보의 대중소비가 급속히 발전한 것이 가장 큰 배경이라고 할 수 있다.

우리나라의 매스컴 증가 현상을 보면 1960년대 후반기부터 1970년대 후반기까지 약 10년간의 신문 발행부수는 약 2배(280만 부−550만 부), 잡지는 약 10배(50만 부−460만 부), 일반서적이 약 6배(550만 부−3,500만 부), 라디오의 보급 수는 약 25배(53만 대−1,300만 대), TV

의 보급 수는 200배(2만 대－400만 대), 전화는 4.6배(42만 대－200만 대)로 증가하여, TV를 제외하고 전반적으로 약 10년 동안에 약 10배나 증가하였다. 그리고 TV는 1960년대 초기부터 급격히 보급되어 TV 시대에 돌입했기 때문에 그 증가 비율을 논할 수 없을 정도다.

이러한 증가 추세는 정보에 대한 사회적 요구가 더욱 강해졌다는 증거라고 볼 수 있다. 사회의 조직이 복잡해지고 고도화되고, 사회의 모든 분야나 모든 측면에서의 활동이 넓어지고 깊어졌기 때문에 정보의 의의와 중요성이 비약적으로 강화되었다고 볼 수 있다.

정보화 사회의 둘째 특징은 사회의 정보화 현상이 급속히 침투하고 있다는 점이다. 우선 소비 면에서의 정보화 현상을 그 예로 들 수 있는데 소득수준이 향상됨에 따라서 우리나라의 '엥겔계수(가계에서 차지하는 식료비의 비율)'는 매년 감소하고 있으며, 이와는 반대로 교육비를 비롯해서 교양오락비, 교통통신비 등의 이른바 잡비는 매년 증가하고 있는 것이다.

이 잡비는 말하자면 엥겔계수에 대한 '정보계수'와 같은 것으로 소득수준이 높아지면 높아질수록 커지는 경향을 나타내고 있다. 특히 소득이 높아지면 잡비 가운데에도 교육비를 비롯한 정보성이 강한 지출이 높아지고 있는 것이다.

정보계수는 가계지출비용에서 정보 관련 활동비가 차지하는 비율이며, 이를 공식화하면 아래와 같다.

$$정보계수 = \frac{가계총지출비용 - 비정보활동비용}{가계총지출비용} * 100\%$$

우리나라는 1950년대부터 의무교육제도가 확립된 이래 초등학교의 취학률은 97.6%를 유지하고 있다. 최근에는 중학교는 79.5%가 진학하고, 고교 76.8%, 대학에는 30% 이상으로 진학률이 급격히 상승하는 한편 어려서부터 생애교육의 요청이 높아지고 있기 때문에 교육의 보급은 곧 사회의 정보화 그 자체를 의미한다. 그러므로 가계에서 차지하는 잡비의 증대는 교육을 중심으로 하는 소비의 정보화라고도 말할 수 있다.

직업의 정보화도 급진전하고 있다. 산업별인구의 추이를 보면 제1차 산업[37]의 취업인구가 현재 격감하고 있는 한편, 제2차, 제3차 산업의 취업인구가 증가하고 있는데 이 중에도 특히 제3차 산업이 급증하고 있다.

1994년도 한국통계연감[38]에 나타난 우리나라의 1984년도와 1993년도의 산업별 인구분포현황을 비교해 보면 다음 <표 1-1>과 같다.

〈표 1-1〉

구 분	제1차 산업	제2차 산업	제3차 산업
1984	3,914,000	3,491,000	7,024,000
1993	2,828,000	4,704,000	11,721,000

위 표에서 보는 바와 같이 1984년부터 1993년까지 10년 동안에 제1차 산업인구는 1,086,000(-27.7%)이나 감소했으나 제2차 산업인구는 1,213,000(+34.8%)이나 증가하고, 제3차 산업인구는 4,697,000(+66.9%)

---

37) 第1次産業: 農業·林業·水産業 등 직접 自然을 대상으로 일하는 産業
第2次産業: 각 産業 가운데서 自然物을 뽑아내는 鑛業과 鑛産物이나 農水産物 따위를 다시 2차적으로 加工하는 工業
第3次産業: 일체의 서비스업·상업 운수업·통신업·금융보험업·자유업 그 밖의 서비스업

38) 韓國統計年鑑, 서울, 경제기획원조사통계국, 1994, p.68.

이나 증가하고 있다.

한편 직업별 취업인구의 추이를 보면 <표 1-2>와 같다.

〈표 1-2〉

구분	전문 · 기술 · 행정관리직	사무직	판매직	서비스직	농림수산업직	생산 · 운수 · 운전
1984	974,000	1,642,000	2,126,000	1,490,000	3,873,000	4,324,000
1993	1,979,000	2,892,000	3,061,000	2,374,000	2,803,000	6,145,000
	+1,005000 (+103.2%)	+1,250,000 (+76%)	+935,000 (+44%)	+884,000 (+59%)	-1,070,000 (-28%)	+1,821,000 (+42%)

위 표에서 보는 바와 같이 10년 동안에 사무직 이상의 전문직은 110% 이상이나 증가하고, 서비스직과 판매직이 약 80% 증가하고, 생산, 운수, 운전직이 53.64% 증가했는데, 다만 농림수산업직만 34.17%나 감소했다. 다시 말하면 사무직 이상의 '화이트칼라' 인구가 '블루칼라' 인구에 비해서 훨씬 높은 신장률을 보이고, 특히 농림수산업인구는 역으로 34.17%나 감소현상을 보이고 있는 것이다.

이와 같이 산업별 · 직업별 등 어떠한 각도에서 보아도 현대사회에서 활동하고 있는 사람들은 산업의 생산에 직접 종사하는 인구보다는 어떠한 형태로든 넓은 의미의 '정보'를 발신하거나 수신하는 부문에 종사하는 인구가 더욱 빠른 속도로 증가하고 있는 것이다. 최근에는 역시 사회 전체가 직접생산자보다는 그 생산물을 어떻게 생산하며 어떻게 사용하는 것이 보다 좋으냐 하는 것을 생각하거나 결정하거나 지시 · 관리하는 인구가 보다 필요하게 되어 가고 있는 것이다.

도시의 사무실가나 관청가 또는 공장의 사무소 등은 이 화이트칼라를 위한 직장이다. 더구나 이제는 이러한 직장이야말로 기업의 榮

枯盛衰를 결정하는 기업경쟁의 현장이며, 생산성 향상을 좌우하는 '정보공장'이라고 말할 수 있다. 이러한 의미에서 도심의 빌딩가는 곧 '정보의 공장지대'라고 볼 수 있다.

B. 정보의 생산량과 유통량

정보가 인간의 지성적 에너지로서 사회적으로 중요한 의의를 가지기 때문에 인류의 문화가 발생한 이래 주요한 기록정보는 무한히 생산되어 다양한 매개재료에 의해서 전달되고, 그것이 기하급수적으로 증가하면서 누적되어 왔으며, 현대에는 그것이 지구상의 모든 나라에서 더욱 폭발적으로 증가하면서 누적되고 있는 것이다.

이것은 현대에 있어서는 정보의 생산량이 너무나 방대하다는 것을 의미하는 것이다. 물론 정보는 본질적으로는 형체가 없는 것이기 때문에 그것을 수량적으로 표현할 수는 없는 것이다. 그러나 현대에 들어와서 정보의 양을 측정하는 방편으로서 bit라고 하는 정보의 최소단위를 개발하여 전문적으로는 이 bit에 의해서 정보량이 측정될 수 있다.

한편 기록정보는 반드시 어떤 미디어에 의해서 전달되며 또한 그 미디어를 수록하는 매개체에 의해서 전달되기 때문에 이러한 매개체에 의해서도 수량화될 수 있다.

고대로부터 현재까지 생산된 정보자료의 양은 천문학적인 수량으로서 현실적으로는 파악하기 어려우나, Georges Anderla는 "현재 세계적으로 보유하고 있는 도서의 종수는 10억 종에 달하고 논문 종수는

3억 편에 달한다"고 한다.[39] 또한 현재 정보가 생산되어 유통되는 量은 어느 정도 그 윤곽을 파악할 수 있을 것이다. 물론 일반적인 개인 생활에 있어서의 대화나, 일반적인 토론이나, 학교교육에 있어서의 강의 등에 의한 정보전달량은 거의 측정할 수 없다. 그러나 라디오·TV에 의한 방송에 의해서 전달되는 정보량은 1분간에 300문자(아나운서가 말하는 표준속도)를 기준으로 계산될 수 있다.

그러나 라디오·TV에 의한 정보는 인간의 지식을 형성하는 데 있어서나 학문상의 가치는 거의 없는[40] 유통정보이므로 여기에서는 인쇄물에 의해서 전달되는 주요한 기록정보의 양만을 살펴보기로 한다.

현재 전 세계에서 발행되는 신문은 약 8,230종[41]이며, 잡지는 정기간행물이 약 70,800종,[42] 연간 및 부정기간행물이 35,900종[43] 그리고 일반서적이 약 780,000종[44]이나 출판되고 있다.

이상에서 밝힌 것은 출판물의 종수인바, 만약 이러한 출판물의 부수를 계산하거나, 각 출판물에 수록되는 기사 수나 논문 수를 계산한다면 더욱 놀라운 숫자가 될 것이다. 한 가지 예로 과학기술 분야의 전문적인 기록정보의 양을 보면, "현재 전 세계에서 공포되는 과학기술의 문헌(논문)은 1년간에 3백만 건 내지 4백만 건이며, 특허가 대략 1백만 건에 달한다."[45]

---

39) Georges Anderla, *Information in 1985 : A forecasting study of information needs and resources*, OECD, 1973, p.18.

40) 額田巖, 成田寅彦, 知識産業社會, 東京, 産業能率短期大學出版部, 1971, p.23.

41) Unesco, *Statistical Yearbook*, 1986, pp.6-13.

42) International Serials Database. In: *Irregular serials and annuals*, 1987~1988, 13rd, ed, p.6.

43) *Loc. cit.*

44) Unesco, *op.cit.* pp.6-11.

45) 島矢志郎, 情報産業(システム産業ツリス), 東京, 日本經濟新聞社, 1970, p.76.

더욱이 이러한 정보량은 과학기술의 급격한 발전으로 인하여 증대해 갈 뿐이다. 따라서 현대의 과학기술자는 연구 활동의 태반을 이러한 정보를 수집하고, 조사하고, 분석하는 데 시간을 보내게 된다.

이러한 현상은 과학기술 분야에만 한정된 것이 아니라 산업을 비롯해서 경제, 행정, 사법, 외교, 군사, 교육, 의료, 문화 등 모든 분야가 정보의 홍수에 휩싸여 있는 것이다. 더구나 이러한 정보자료는 학술적·교육적인 가치가 있는 정보로서 앞으로도 계속적으로 이용될 수 있는 정보이기 때문에 일반적인 정보보다는 정보의 축적이 더욱 방대해지고 사람과 사람 사이에 그리고 한 세대에서 다음 세대로 전승되는 정보의 축적량은 마치 눈덩이처럼 지속적으로 증대하고 있는 것이다.

한편 日本의 공학박사 額田巖 등은 전 세계에서 생산된 신문, 잡지, 서적 등에 수록되는 1년간의 기록정보의 양을 문자 수로 계산하여 약 4,200兆 字로 추산하고 있다.[46)

일설에 의하면 "정보의 양은 서기 원년부터 1650년까지에 제1차로 기원전의 2배에 달하고, 그 후는 1900년에 제2차의 배증, 1950년에 제3차의 배증 그리고 1960년에 제4차의 배증기를 맞이했다"[47)고 한다. 다시 말하면, 인류가 보유하는 정보의 총량이 배로 증가하는 데 최초에는 1,650년이나 걸렸으나 다음에는 250년, 그 다음에는 50년 그리고 다시 그 다음에는 겨우 10년이 걸렸다는 것이다. 즉 지수 함수적으로 증가한다는 것이다. 정보의 양을 객관적으로 계량화할 수 있는 척노는 아직 없지만 이러한 추계는 정보의 폭발적 증대를 단적으로 표시하는 것이다.

---

46) 額田巖, 成田寅彦, 知識産業社會, 東京, 生産能率短期大學出版部, 1971, p.23.
47) 島矢志郎, *op.cit.* p.77.

C. 정보유통상의 제 문제

1. 정보량의 증대

오늘날 학술정보의 유통상 가장 심각한 문제로 대두되고 있는 것 중의 하나가 바로 정보량의 폭증현상이며, 이는 제2차 세계대전 이후 특히 주목을 받아 왔다.

프라이스(De Solla Peice)는 1665년에 과학잡지가 출현한 이후 세계의 과학잡지는 1960년대에 약 3만 종이 되었음을 지적하였다. 그리고 그는 정보량은 연간 약 7%의 비율로 증가하고 15년간에 2배씩 증가하는 지수 함수적인 증가현상을 나타낸다고 말하였다.

정보량 증대의 직접적인 요인은 연구자 수의 증가와 연구개발비의 증가 및 학문 분야의 전문화를 들 수 있다. 연구자 수의 증가는 그 분야의 전문화를 가져오고, 전문분화에 의해서 새로운 분야가 출현하였으며, 그 분야의 정보가 새로 생산되고 있음을 알 수 있다. 그러나 학술정보의 폭발적 증가현상은 과학기술의 발전을 뜻하는 것이지만, 필요한 정보를 효율적으로 탐색하는 것을 더욱 어렵게 하는 결과를 초래하고 있다.

2. 타임래그(Time Lag)

정보의 생산으로부터 입수까지의 시간적 지연을 '타임래그'라고 한다. 연구가 종료된 후 논문으로 발표되기까지 그리고 문헌이 간행된 후 도서관에서 이용되거나 2차 자료에 수록되기까지의 여러 형태의 타임래그가 이루어진다.

가장 문제가 되는 것은 연구가 종료된 후 그것이 학술지에 공표되기까지의 타임래그이다. 이를 '출판지연(Publication delay)'이라고도 한다. King 등이 조사하여 1980년에 발표한 내용에 따르면 물리학은 8개월, 수학은 20.5개월, 컴퓨터 과학은 10.6개월, 공학은 9개월의 타임래그가 있는 것으로 밝혀졌다.

이와 같이 연구가 완성된 결과를 학술지 등에 발표하기 위하여 많은 시간을 소비하고 있는 가장 큰 이유는 논문의 질적 유지를 위한 원고의 심사에 소요되는 시간이겠으나, 그와 같은 시간적인 소요가 커다란 문제점으로 대두되고 있는 것이다.

3. 언어의 문제

학술정보의 유통 중에 발생하는 언어의 문제는 '언어의 벽'이라고도 한다. 전 학문 분야에 걸쳐서 세계 각국에 연구자들이 있고, 각각 다른 나라에서 동일한 연구가 수행되고 있다는 것을 생각해 볼 때 국제적인 정보교환은 매우 중요한 것이다. 그런데 현재 100만 명 이상의 언어인구를 가진 언어는 약 650개가 있고, 그중 13개 언어가 학술정보의 전달에 사용되고 있다.

언어의 벽은 두 가지 측면에서 생각될 수 있다. 첫째는 학술정보의 생산과정에서 발생한다. 연구성과가 국제적으로 인정되기 위해서는 널리 통용되는 언어, 즉 영어를 사용하는 것이 필수적이다. 그러나 영어가 모국어가 아닌 연구자는 언어구사에 큰 부담을 가지게 된다.

둘째는 정보의 입수단계에서 발생한다. 즉 정보자료가 자신이 읽을 수 없는 언어로 기록되어 있는 경우에 문제가 발생한다. 이를 해결하기 위해서는 정보센터 등의 번역서비스가 충실하게 제공되어야 한다.

1985년분의 *Chemical Abstracts*에 수록된 문헌의 내역은 영어 70.8%, 러시아어 13%, 일본어 4.6%, 독일어 3.2%, 중국어 2.3%, 불어 1.4% 및 기타 3.9%로 나타나 있다. 이러한 경우 영어 이외의 언어를 모국어로 한 나라의 연구원에게 있어서 정보의 이용은 큰 장애가 아닐 수 없다.

4. 지적소유권

최근 인간의 지적창작물이 재산으로서의 가치를 인정받게 됨에 따라 그에 대한 권리를 주장하는 지적소유권이 동산이나 부동산과 같은 물건과 더불어 매우 중요한 재산으로서 부상되고 있다.

지적소유권이란 "인간의 지적인 활동에 의해서 창작된 객관적 존재인 무체물을 독립적으로 지배할 수 있는 권리를 말하며, 저작권, 공업소유권 등의 권리의 포괄적인 개념으로서 최근 사용되는 용어"라고 정의되고 있다.

저작권은 본래 소설, 희곡, 영화 등 문학적 · 예술적 창작물을 보호하는 권리이다. 저작권법은 국가에 따라 그 내용상 약간의 차이가 있으나, 저작자의 창조적인 노고로부터 나온 지적산물에 대하여 공정한 보상을 해 주고 공중의 이익을 위하여 쓰이도록 하며 또한 저작자의 창조성을 진작시키는 것을 목적으로 하는 것이다.

복사기술의 발달에 따른 종이나 필름형태로 된 정보자료의 무질서한 복사 및 상업적 판매행위는 출판사의 재정에 크게 영향을 미치는 저작권에 관한 문제를 야기한다. 따라서 미국과 일본을 비롯한 각국은 저작자의 창작활동을 방해하는 것을 방지하기 위하여, 저작권보호에 많은 노력을 기울이고 있으며, 특히 대량의 정보를 수록하고 있는 서지데이터베이스의 저작권 및 그것의 올바른 이용에 관한 연구를 활발히 추진하고 있다. 한편 데이터베이스의 저작권에 관한 문제는 이를 이용하여 정보서비스를 제공하는 도서관에 커다란 관심사가 되고 있다.

V. 정보의 가치와 효용

A. 정보의 가치와 본질

정보의 가치와 본질은 인간과 동물을 생태적인 면에서 비교해 봄으로써 쉽게 이해할 수 있을 것이다. 인간이 동물과 다른 점은 동물은 물질적인 에너지의 충족만으로 生을 유지할 수 있는 데 비하여, 인간은 물질적인 에너지의 충족만으로는 生을 유지할 수 없으며, 이보다 더욱 중요한 것은 정신적인 에너지의 충족과 그 활용에 있다. 인간의 물질적인 에너지는 동물의 경우와 마찬가지로 음식물 가운데의 영양소를 섭취함으로써 형성되며, 정신적 에너지는 주로 인간의 사고활동과 교육과 연구활동 등에 의해서 생산되는 인공정보를 입수함으로써 형성된다고 볼 수 있다.

인간은 이러한 정보를 얻어서 지식과 지혜를 형성하는 동시에 여기에서 보다 향상된 지혜를 끊임없이 발전시키고, 이를 체계화하여 과학(학문)을 발전시켜 왔으며, 이를 인간에게 유용하게 활용함으로써 개인의 생활을 향유하고, 사회적으로는 문화나 문명을 발전시켜 왔다는 것을 부인할 수 없을 것이다. 인간의 생활양식이나 풍습의 개선, 일상생활에 편리하게 이용되는 모든 문명의 이기는 정보에 의해서 형성된 인간지혜의 소산인 것이다. 그러므로 물질적인 에너지가 인간의 생체를 영위하기 위한 에너지라고 한다면, 정보는 인간의 특성인 지혜를 발전시키기 위한 에너지라고 볼 수 있다.

이와 같이 인간의 에너지로서의 정보의 가치 또는 정보에 의해서 형성된 지식이나 기술 또는 지혜의 가치가 인정되고, 그것이 중요시됨으로써 현대에는 이 정보가 사회의 발전에 있어서 물질적 자원보다도 더욱 중요한 요인이라고 생각하게 된 것이다.

그리하여 미국의 경제학자 Kenneth E. Boulding은 정보나 지식 · 기술 등 인간의 모든 지혜를 고차원적인 재화로 보아야 하고, 이를 경제학적인 연구대상으로 삼아야 할 중요하고 새로운 개척분야라고 주장하고 있으며,[48] 일본의 額田巖 등도 "현대의 상품은 형태가 있는 물적인 財에서 형태를 가지지 않는 무형의 財로 점차 중점을 이양해 가고 있다"고 한다.[49] 여기에서 '형태를 가지지 않는 무형의 재'[50]란 정보나 지식 또는 인간의 지혜를 의미하는 것이다.

예를 들면, 우리가 신문이나 잡지나 도서 등의 문헌을 구입하는 경우 신문이나 잡지나 도서 그 자체의 물질적인 상품가치로 인해서 그것을 구입하는 것이 아니라, 본질적으로는 그러한 자료 속에 담긴 정보나 지식을 입수하기 위해서 구입하는 것이다. 또한 일본의 關英男이 말한 바와 같이 "교육은 인간의 두뇌에 정보를 조직적으로 전수하는 수단"이라고 본다면, 교육자에게 지급되는 보수는 그들 노동의 대가로서가 아니라, 그들이 전수하는 징보에 대한 대가로서 지급되는

---

48) Kenneth E. Boulding, Economics as a Moral Science, In: *The, American Economic Review*, Vol.59, No.1(1969), pp.1 - 12.

49) 額田巖, 成田寅彦, 情報産業社會, 東京, 産業能率短期大學出版部, 1971.

50) 關英男, 情報科學上五次元世界, 東京, 日本放送出版會, 1971, p.101.

것이다. 마찬가지로 산업스파이가 생산을 위한 기술정보를 고가로 매매하는 것이나, 특허소유권자가 특허를 매매하는 것은 정보의 매매이므로 정보가 상품가치도 가지는 것이라고 인정하지 않을 수 없다.

B. 기록정보의 효용

이상에서 설명한 바와 같이 정보가 인간의 지성적인 에너지로서 물질적인 에너지 이상으로 더욱 중요한 가치가 있는 것이라 할지라도, 그 생산량과 유통량이 과다하면 문제가 발생하기 때문에 이를 적절히 조절할 필요가 있는 것이다. 예를 들면, 사람이 굶주렸을 때 음식물을 보면 식욕이 많아지고 과식해서 소화불량증이 생기게 되며, 여유 있는 사람은 음식물을 선별해서 때에 맞추어 적절한 양을 먹게 되므로 소화도 잘되며, 건강에도 유익하다.

또한 음식물 가운데는 연령에 따라서 어떤 사람에게는 적절한 음식이 있고, 어떤 사람에게는 해로운 음식도 있다. 幼兒에게는 우유나 유아식이 적절하고, 환자에게는 소화가 잘되는 영양 있는 음식물이 적절하고, 술은 성년이 되어야 마실 수 있는 것이며 또한 음식이 부패했거나 공해에 오염된 음식은 건강을 해치게 된다.

정보의 경우도 이와 마찬가지이다. 홍수처럼 범람하는 모든 정보가 인간 누구에게나 일시에 무한정으로 입수되어 유용하게 이용될 수 있는 것도 아니며 또한 모든 정보가 인간 누구에게나 가치가 있고 필요하고 유익한 것만은 아니다. 일본의 額田巖이 말한 바와 같이 "정보 가운데는 ① 유익하고 필요한 정보가 있는 반면에, ② 무의미하고 무가치한 정보도 있고, ③ 불필요하고 해로운 정보도 있다."[51]

　유익하고 필요한 정보란 당장에 자기가 생활하는 데 필요한 생활정보인 경우도 있고, 도덕적으로 유용한 聖賢들의 말씀도 있고, 어떤 문제를 해결하는 데 절실히 필요한 정보도 있고, 학문이나 지식을 얻는 데 절실히 필요한 정보도 있다.

　무의미하고 무가치한 정보는 다른 사람에게는 필요할지 몰라도 당장 자기에게는 관계가 없고, 알아도 쓸모가 없는 정보를 의미한다. 물론 이러한 평가나 판단은 그 시간과 경우에 따라서 다를 수도 있다. 현재는 무의미하고 무가치한 것이 미래의 어느 때인가는 필요하고 가치가 있을 수 있고, 현재는 필요하다고 생각되던 것이 그 후에는 무의미하고 무가치할 수도 있다. 그러나 초등학교 아동이나 중학생에게 심오한 철학적 이론이나 고도의 과학적, 전문적인 정보는 그들에게 이해가 되지 못하기 때문에 무의미하고 무가치한 것이라고 볼 수 있다.

　불필요하고 해로운 정보는 도덕적인 면에서 미풍양속을 해칠 수 있는 정보 또는 아동들의 교육상 불량한 영향을 주는 정보를 의미한다. 그리하여 이러한 정보는 公害情報라고도 할 수 있다.

　이와 같이 정보는 물질적 에너지를 섭취하는 데 필요한 음식물 이상으로 다종다양하므로 인간의 가정생활이나 사회적 활동에 있어서는 필요한 정보만을 선택하여 이를 유용하게 활용하는 것이 지극히 중요하다는 것을 재삼 명확하게 인식하지 않을 수 없다. 그리고 이와 같은 관점에서 본다면, 인간의 시혜의 칙도는 유익하고 필요한 정보만을 신속하고 정확하게 입수하여, 이를 효과적으로 활용할 수 있는 능력에 달려

---

51) 額田巖, 成田寅彦, 情報産業社會, 東京, 産業能率短期大學出版部, 1971, p.26.

있다고 볼 수 있다. 또한 문화의 발전이나 문명의 발전, 사회의 발전이나 국가의 발전도 정보의 효용 여하에 따라서 좌우된다고 볼 수 있다.

그러면 전항에서 설명한 바와 같이 그 폭발적인 정보의 홍수를 어떻게 하여 개인적으로나, 사회적으로나, 국가적으로나 유익하고 필요한 정보만을 신속하게 입수하여 이를 효과적으로 활용할 수 있게 하느냐 하는 문제가 제기된다.

전항에서 밝힌 바와 같이 현재 세계적으로 신문, 잡지, 서적에만 수록되는 1년간의 정보량이 약 4,200兆 字로서, 이 가운데 444兆 字만을 독자들이 입수하고, 이 입수된 정보 가운데 실제로 이용되는 정보량은 그 10%인 약 44兆 字에 불과하다고 한다.[52]

이를 그대로 방치한다면 정보공해로 발전할 수밖에 없다. 정보공해를 방지하기 위해서는 무익한 정보는 규제하고 玉石混淆 가운데 필요한 정보만을 선별해 내는 기술의 개발 등이 요망된다. 그리하여 정보의 생산에서부터 이용에 이르기까지, 다시 말하면 기록정보의 순환에 있어서는 생산자로 하여금 양질의 정보를 생산하게 하는 동시에 이용자들에게는 각기 필요하고 적절한 정보만을 적시에 효과적으로 이용될 수 있도록 하는 최선의 통할수단과 방법이 필요한 것이다.

그리하여 일찍이 기록정보 가운데 최선의 정보를 선택·수집하여 이를 체계적으로 조직해서 편리하게 효과적으로 이용하도록 하기 위해서 도서관이라고 하는 사회제도가 형성되었으며 또한 정보를 효과적이고 과학적으로 이용하기 위한 방법을 연구하기 위해서 다음 제3편에서 논술하고자 하는 문헌정보학 계열의 학문이 형성된 것이다.

---

52) 額田巖, 成田寅彦, *op. cit.*, p.24.

Ⅵ. 정보자료의 생산자와 전달기관

A. 정보의 생산자

　현재의 모든 필사적인 기록 자료까지도 정보라고 본다면, 문맹 이외의 모든 사람이 정보생산자라고 할 수 있을 것이다. 그러나 여기에서 말하는 정보는 인공정보로서 주로 지식이나 기술이나 학문(과학)의 요인으로서의 기록정보를 의미하며, 정보자료는 주로 인쇄된 자료를 의미한다. 그러므로 그 생산자의 범위는 상당히 좁아질 수 있다.

　따라서 정보생산자는 창조적인 문화활동을 하는 사람으로서 학자, 연구자, 교육자, 기술자, 소설가나 시인 등의 문인, 신문이나 잡지의 기자와 기고자, 라디오나 TV의 프로제작자, 의사, 정부의 행정관리, 연예인 등이며, 이들 중에서도 특히 학술활동과 저술활동을 하는 사람들이다. 그리고 특히 학술연구단체나 연구기관은 전문적인 정보생산기관인 것이다.

　학자, 연구자, 교육자, 기술자 등은 그들이 연구하여 개발한 창조적인 아이디어로서의 정보, 즉 새로운 지식이나 기술 등을 기록화하여 널리 공개하게 되며, 문인이나 기자나 의사나 관리 등은 그들의 새로

운 발상이나 사물에 대한 견해나 감정, 정서, 판단, 경험한 사실 등을
기록정보로 공개하게 되는 것이다. 그 공개되는 정보자료가 바로 신
문, 잡지, 교양서, 교과서, 전문 분야의 서적, 학술논문, 특허속보 등
거의 모든 인쇄된 기록을 포함하는 것이다.

B. 정보자료의 생산자

현대에 있어서 정보의 생산자와 정보자료의 생산자는 당연히 구별
되어야 할 것이다. 전자에 대해서는 위에서 이미 설명한 바와 같거니
와 후자는 정보의 가공자라고도 할 수 있는데, 이들은 인쇄기관이나
출판기관, 잡지사, 신문사, 방송국 등의 요원들이라고 볼 수 있다.

우선 인쇄소, 출판사, 잡지사 등에서는 종래에는 학자나 연구자나
기타의 저작가들이 생산한 정보원고를 편집하고, 문선, 조판, 교정 또
는 문선, 식자, 정판 등의 과정을 거쳐서 인쇄하고 제본하여 독자들에
게 전달하였다. 그러나 현재는 학자나 연구자나 기타의 저작가들이
생산한 정보를 스스로 컴퓨터에 입력하여 on-line으로 편집자에게
전송하거나 diskette에 담아서 편집자에게 보내면 인쇄소나 출판사는
이들을 편집하고 교정을 거쳐서 인쇄하고 제본하여 서점을 통해서
도서관이나 독자에게 보급된다.

신문사나 잡지사에서는 기자나 기고자들이 생산한 정보자료를 수
집하여 편집하고 역시 인쇄와 제본과정을 거쳐서 독자들에게 전달한
다. 그리고 방송국은 역시 기자들이나 기고자들이 생산한 정보자료를
편집 과정을 거쳐서 방송하거나 방영하고 혹은 이들 정보자료가 아

나운서에 의해 시청자들에게 전달한다.

따라서 이러한 기관에 종사하는 요원들은 정보자료의 생산자 또는 가공자인 것이다. 그러나 앞으로 정보화 사회에 있어서는 이들 정보자료생산자들은 거의 사라질 전망이고, 다만 편집, 인쇄, 제본의 전문가만이 당분간 명맥을 유지할 것이며, 장차 전자도서 또는 전자정보자료가 일반화되면 책자형 정보자료는 점차 사라질 전망이다.

C. 정보전달기관

정보의 전달기관은 교육기관, 출판사와 서적상, 신문사와 잡지사, 통신사, 방송국, 전화국, 우체국, 정부의 각 행정기관 등이라고 볼 수 있다.

우선 교육기관은 초등교육에서부터 대학에 이르기까지 주로 이미 생산된 인공정보 가운데 耐用情報를 피교육자에게 전달하는 기관이라고 볼 수 있다. 물론 교육자는 정보를 생산하는 연구의 기능도 가지며 교육기관에 부설되는 연구소는 정보의 생산기관이라고도 볼 수 있으나, 교육의 주된 기능은 정보를 전달하는 것이라고 볼 수 있다. 그리하여 종래의 교육의 개념과는 달리 현대에는 "교육은 인간의 두뇌에 정보를 조직적으로 전달하는 수단"이라고 보는 것이다.[53]

출판사는 위에서 설명한 바와 같이 정보자료의 생산기관이라고 볼 수 있으나, 동시에 정보전달기관이라고 볼 수 있다. 출판사는 출판된

---

53) 關英男, 情報科學上五次元世界, 東京, 日本放送出版協會, 1971, p.101.

정보자료를 필요한 사회기관에 직접 보급하는 경우가 많으며 또는 서적상을 직영하는 경우도 있기 때문이다.

서적상은 여러 출판사나 인쇄소 등에서 구입하거나 위임하는 서적 또는 여러 방면에서 수집되는 정보자료를 개인 또는 교육기관이나 학술기관에 보급하는 기능을 가지는 것이므로 정보전달기관이라고 볼 수 있다. 그리고 출판사와 서적상을 통해서 보급되는 정보자료는 주로 내용정보자료 또는 축적정보자료라고 볼 수 있다.

신문사나 잡지사는 기자나 기고자들에 의해서 수집된 시사적인 정보, 즉 주로 유통정보를 기록자료로서 일반 대중에게 전달하는 전문적인 기관인 것이다.

통신사는 국내 및 해외에서의 주요한 시사적인 정보를 수집하여 신문사나 잡지사나 방송사업체 및 정부기관에 전달하는 전문적인 정보기관이다.

라디오나 TV 방송국은 신문사와 마찬가지로 기자나 기고자들에 의해서 수집되는 유통정보를 일반 대중에게 전달하는 전문적인 기관이지만 구술정보나 음성 및 영상의 녹음 · 녹화에 의해서 전파로써 전달하는 것이 그 특징이라고 볼 수 있다. 종래에는 일반적으로 이상에서 말한 신문사나 통신사나 방송국 등의 매스컴 기관만을 정보전달기관이라고 생각해 왔던 것이다.

전화국은 많은 전화 가입자의 회선을 집중시켜서 교환중계를 전담하는 기관이므로 정보전달기관이라고 볼 수 있다.

우체국은 주로 전보나 서신 등을 전달하는 곳으로서 이것도 정보전달기관이라고 볼 수 있다.

정부의 각 행정기관도 행정사무나 대민봉사에 있어서 공고 및 통지 등의 기능을 가지고 있으므로 어느 면에서는 정보전달기관이라고 볼 수 있다.

이 외에도 공보관, 영화관, 극장, 교회, 각종의 회관 등도 일종의 특수한 정보전달기관이라고 볼 수 있다.

D. 정보통할기관

전항에서 설명한 사회적 요구에 따라 정보 또는 정보자료를 그 생산에서부터 전달 및 이용에 이르기까지 정보유통을 통할하기 위한 정부기관과 사회제도가 수립되었다고 볼 수 있다. 이를 위한 정부기관은 우리나라의 제도로 말한다면 주로 정보통신부, 문화체육부, 교육부 등이라고 볼 수 있고, 주로 기록정보의 효과적인 이용을 위한 사회적 통할장치로서 수립된 것이 도서관이라고 볼 수 있다.

정보통신부는 주로 통신, 전화, 우편 등의 정보전달기관 및 그 시설과 전달매체를 통할하고, 문화체육부는 주로 언론기관이나 방송기관의 매스컴 정보유통을 통할하며, 교육부는 주로 출판기관, 교육기관, 도서관 등의 기록정보 유통을 통할하는 기관이라고 볼 수 있다.

그리고 현대의 도서관은, 그것이 국공립이든, 사립이든, 그 자체가 기록정보를 자율적으로 통할하여 기록정보의 생산자로 하여금 양질의 정보를 생산하도록 유도하는 효과도 주는 동시에, 정보수요자들로 하여금 각기 필요하고 적절한 정보를 적시에 효과적으로 이용할 수 있도록 제도화된 봉사기관이라고 볼 수 있다. 그리하여 각 도서관은 이에 대비해서 정보자료를 선택적으로 수집하여 이를 체계적으로 정리·보존하고, 이용자들에게는 이에 효과적으로 접근하여 편리하게 이용할 수 있도록 봉사하고 있는 것이다.

　그러므로 도서관은 단순한 정보전달기관이라기보다는 기록정보를 통할하고 정화하여 효과적으로 유통시키는 복합적인 기능을 가지고 있는 것이다. 따라서 도서관은 현대와 같이 온갖 정보자료가 홍수처럼 범람하는 정보화 사회에서 양질의 정보만을 선택적으로 수립하여, 각각의 이용자들에게 필요 적절한 자료를 효과적으로 이용할 수 있도록 최선의 조건을 조성하는 동시에 이용자에게 직접적으로 봉사하는 문화복지기관으로서 현대사회에서는 불가결한 중요한 의의를 가지는 것이다. 도서관에 대한 보다 구체적인 내용은 다음의 제2편에서 설명하고자 한다.

제2편

도서관(문헌관)

도서관(문헌관)

문헌정보학의 전신은 도서관학이고 도서관학은 도서관에서의 실무활동에서 필요한 지식과 기술을 체계화한 것이기 때문에 역시 문헌정보학을 이해하기 위해서는 도서관이 어떠한 것이며, 현대의 이른바 정보화 사회에 있어서 어떠한 의의가 있고 어떠한 기능을 하는지 또한 현대의 도서관은 거의 자동화되어 가고 있는데 그 내용은 어떠한 것인지를 이해해야 할 것이다. 그리하여 제2편에서는 도서관의 의의, 도서관의 기능과 종류, 도서관자동화의 내용과 그 발전 단계, 미래의 도서관 등을 설명하고자 한다.

Ⅰ. 도서관(문헌관)의 의의

A. 도서관(문헌관)의 유래

도서관이 어떻게 출현해서 어떻게 발달해 왔느냐 하는 것을 간단
히 설명할 수는 없다. 그러나 대체로 근원적으로 말하면, 인류는 말
(구술)에 의한 정보전달이나 사물의 형체를 그림으로 그려서 정보를
전달하는 과정을 거쳐서 점차로 문자나 기호 등을 발명하여 이로써
어떤 자료에 모든 주요한 정보를 기록하여 타인에게 전달하게 되었
다. 그런데 그 기록정보는 거의 영구적으로 보존될 수 있었기 때문에
정보자료의 축적량은 눈덩이처럼 비약적으로 증대될 수밖에 없었던
것이다. 그리하여 정보자료의 축적량이 점차로 증대되자 이를 개인적
으로 각자가 독점하지 않고 이를 일정한 장소나 시설에 모두 모아서
정리해 두고 이용하게 함으로써 이것이 도서관을 형성하게 된 것이
라고 말할 수 있을 것이다.

이미 설명한 바 있는 인공정보 가운데 행동정보나 구술정보는 일
시적으로 전달되고 그것으로 끝나고 만다. 다시 말하면 행동정보나
구술정보는 정보전달에 있어서 시간성과 공간성이 한정되어 있다. 그

러나 기록정보는 시간적으로 영구히 보존될 수 있고, 이를 동일한 형태로 무한히 생산하여 자유로 운반해서 원거리까지도 배포할 수 있고, 어떠한 장소에서나 많은 사람들에게 읽혀서 전달될 수 있는 것이다. 기록정보는 이와 같이 시간성과 공간성이 제한되지 않는 동시에 일시적으로 전달되는 것이 아니라, 장구한 시간에 걸쳐서 지속적으로 그리고 산발적으로 전달되는 경우가 많다. 그리하여 수백 년 전 또는 수천 년 전의 기록정보(고문헌)가 현재도 전달되고 있으며, 그것이 소멸되지 않는 한 앞으로도 영구히 전달되는 것이다. 다시 말하면 기록정보는 耐用性인 정보로서 항상 그 전달이 잠재적이고 반복적인 특성을 지니고 있기 때문에 정보의 유통과정에서 언제나 누구에게나 전달될 가능성을 가지고 주어진 장소에 머물러 있게 되는 것이다.

이러한 기록정보가 일정한 장소에 머물러 있게 되고 그것이 점차 축적되어 도서관을 형성하게 된 것이라고 볼 수 있다. 따라서 도서관은 현재나 미래의 효과적인 정보전달에 대비해서 필연적으로 모든 정보자료를 수집하고 이를 조직하고 운영, 관리하여 이용자에게 전달하는 하나의 사회적 장치가 된 것이라고 볼 수 있다.

B. 도서관(문헌관)의 어원

도서관이라는 낱말은 영어의 library 독일어의 Bibliothek, 불어의 Bibliotheque를 번역한 말이다.

Library는 본래 라틴어계의 樹皮(liber)에서 유래한 것으로 이 수피를 건조하여 필사에 사용했기 때문에 이것이 책을 의미하게 되었고, 그 책을 보존하는 곳을 Librarium이라고 부르고 또한 책에 관계하는 사람이나 서적상, 書庫 등은 librarie라고 하고, 14세기 이후부터 도서관을 library라고 하게 된 것이다.

Bibliothek는 그리스어의 biblos에서 유래한 낱말인데, 이것은 또한 papyrus에서 변화된 말이며, 이 papyrus 종이는 그 원료인 papyrus에서 유래된 말이다. 현재 영어의 paper의 어원이나 Bible의 어원도 이것이다.

이 papyurs는 최초에 말아서(卷) 사용했기 때문에 卷物(두루마리)(biblion)은 책을 의미하는 말이 되고, 두는 곳＝theke가 부가되어 도서관을 의미하게 되었다. 이 두 낱말은 종교개혁 시대까지는 병용되었으나, 그 후에 독일어, 불어계에서는 Bibliothek라는 말을 사용하고 영·미어계에서는 library라는 말을 사용하게 되었다.

한편 동양에 있어서 근세 이전에는 '도서관'이라는 명칭이 사용되지 아니하고 '도서관'마다 각기 다른 특이한 명칭이 주어졌다. 중국 고대의 궁중에 있었던 장서처는 册府 또는 策府, 秘閣 또는 秘府, 臧書閣 또는 臧書樓 등으로 불렸다. 특히 역대의 장서처를 일일이 열거할 수는 없으나 그 주요한 것만을 열거하여도 각기 다른 여러 가지의 명칭을 볼 수 있다.

漢代에는 蘭臺·麒麟·石渠·天祿·石室·延閣 등이 있었으나, 齊나라에는 學士館, 梁나라에는 文德殿·華林園·秘書省 등이 있었으며, 隋나라에는 東都修文殿·東都觀文殿이 있었다. 당나라에 弘文閣·文德殿·四庫·十二庫가 있었으며, 宋나라에는 尊經閣·秘閣·龍園閣·天章閣·大淸樓·王辰殿·四門殿이 있었다. 明나라에는 秘閣·文淵閣·天一閣 및 萬卷堂 등이 있었으며, 淸나라에는 文淵·文源·文津·文溯·文崇·文雁·文蘭의 七閣과 昭仁殿 등이 있었고, 이 외에도 수많은 민간 개인의

각기 다른 명칭을 가진 장서처가 있었다.

우리나라에는 高麗시대에 秘閣·秘書省·寶文閣·天章閣·淸閣·文德殿·長齡殿·重光殿·延英殿·監川閣·弘文館·崇文館·文牒所·修書院·藏經閣 등이 있었다. 朝鮮시대에는 集賢殿·寶文閣·春秋館·史庫·弘文館·奎章閣·集王齊·尊經閣·藏書閣·閱古觀 등이 있었다.

이상과 같이 동양에는 장서처나 도서관적인 기능을 가진 어떤 시설을 지칭하는 일반적인 통칭이 없이 각기 다른 장서나 도서관적인 것을 상징하는 추상적인 명칭이 주어졌던 것이다.

그러나 동양에 있어서 이러한 명칭은 19세기 말기부터 서양의 문화가 동양에 도입되어 영어의 library가 처음에는 文庫, 書籍縱覽所, 書籍館 등으로 번역되다가 1877년에 '도서관'이라고 번역되어[1] 그 후부터는 점차 도서관이나 도서실이라는 이름으로 통일되게 되었다.

C. 도서관(문헌관)의 정의

도서관은 그 발생 초기에는 주로 기록류를 축적하여 보존하고 제한된 특수한 사람만이 이용하는 곳이었다. 그러나 현대의 도서관은 사회문화의 발전과 더불어 대중화하여 많은 도서와 문헌자료를 수집해서 그것을 널리 민중의 교양, 오락 및 조사연구를 위하여 이바지함으로써 인류사회의 발전에 있어서 불가결한 문화복지시설로서의 지위를 차지하게 된 것이다.

---

1) 鄭駬謨, 圖書館名稱에 대하여, 圖書館學, 제2집, 서울, 한국도서관학회, 1971, pp.74-76.

도서관에 대한 정의는 매우 다양하다. 그러나 여기에서 이들을 일일이 열거할 필요는 없으므로 이들 가운데 몇 가지 정의만 소개하고 이를 기초로 한 새로운 정의를 도출하고자 한다.

ALA의『도서관용어해설집』의 도서관에 관한 정의를 보면 "도서관이란 ① 독서, 조사, 연구를 위해서 정리하여 관리되는 도서 및 그와 유사한 자료의 집서, ② 도서 및 유사자료가 독서, 조사 및 연구를 위해서 정리하여 관리되고 있는 舍屋 또는 건물"[2]이라고 하였다. 이 정의를 요약한다면 도서관이란 독서, 조사, 연구를 위해서 정리하여 관리되고 있는 도서 등의 모든 문헌자료와 이러한 모든 자료를 관리 보존하고 있는 건물을 의미한다는 것이다.

일본도서관협회의 『圖書館ハンドブック』에서는 "도서관은 기록된 지적 문화재를 수집, 조직, 보존하여 이용에 이바지하는 사회기관"[3]이라고 하였다.

한편 한국도서관협회 편『圖書館用語集』에서는 "도서관이란 도서 및 그와 유사한 자료를 수집, 정리, 보관하여 독서, 조사, 연구, 참고, 취미, 오락에 이바지할 목적으로 조직 운영되는 시설"[4]이라고 하였다.

이상의 두 정의는 ALA의 정의를 표현 방식만 약간 달리하여 그대로 답습한 것이라고 볼 수 있는데, 여하간 이 세 가지 정의는 주로 도서관의 현상을 표현하는 정의라고 볼 수 있다.

또한 중화서국편집부의『圖書館學要旨』에서는 "도서관은 인류의 모든 사상과 활동의 기록을 찾는 것을 목적으로 가장 과학적이요, 가장

---

2) ALA *Glossary of Library Terms*. Chicago, ALA, 1943.
3) 日本圖書館協會編, 圖書館ハンドブック, 改訂版, 東京, 同協會, 1960, p.17.
4) 한국도서관협회, 도서관용어집, 서울, 同協會, 1966.

경제적인 방법에 의해서 그 기록을 보존하고 정리하여 사회의 모든 사람에게 편리하게 사용할 수 있도록 하는 기관"5)이라고 하였다. 이 정의는 ALA의 그것과는 달리 과학적이며 경제적인 방법에 의한 이용의 편의를 강조한 점에서 특징이 있으며, 보다 발전적인 정의라고 볼 수 있다. 그러나 이 정의도 현대적인 도서관의 의의를 만족하게 반영시키지는 못한 것이라고 생각된다.

도서관이 일체의 정보를 수집하고 정리·조직하고 분석하고 정비하여 매개하는 임무는 교육과 조사연구에 있어서 가장 경제적으로 시간을 절약하여, 가장 효과적인 결과를 가져올 수 있도록 하기 위한 수단이며 방법이라고 볼 수 있다.

그러면 교육과 조사연구의 궁극적인 목적은 무엇인가? 그것은 학술과 문화의 효과적인 발전과 인류사회의 생활의 향상에 있는 것이다. 미국의 『학교도서관 기준』에서 도서관의 목적을 제시하는 가운데 "……끊임없는 교육과 문화의 성장을 권장하기 위해서 노력하고 있는 도서관들……"6)이라고 한 것은 이것을 가장 효과적으로 표현한 것이라고 생각된다. 또한 Lester E. Ascheim은 "도서관은 끊임없이 사실(fact)에 대비하고 지식을 증진하고 지혜를 개발하고 이해를 심화시키는 데 책임을 가져야만 한다"7)고 역설하였다. 그러므로 일체의 도서관업무의 종합적인 기능은 학술과 문화의 발전을 효과적으로 촉진시키는 것이라고 볼 수 있다. 이 점은 역시 위에서 말한 『학교도서관

---

5) 中華書局編輯部, 圖書館學要旨, 臺北, 中華書局, 1958, p.5.

6) The American Association of School Librarians. *Standards of school library programs*. Chicago, ALA, 1960, p.9.

7) Lester E. Ascheim. Professional libra Hans education and personnel exchange. In: *The Asia-Pacific Conference on Libraries and National Development*, May 30, 1969(sheet 4).

기준』에서 "……(학습)은 충분한 수의 유자격직원에 의한 봉사, 정선
된 풍부한 인쇄자료와 시청각자료 및 학교에 있어서 이 자료들을 쉽
사리 접할 수 있게 하는 정리 등…… 일정한 조건이 효과적으로 갖추
어짐으로써만이(only when certain conditions prevail) 비로소 성공적으로
수행될 수 있다"[8]고 한 데서 명확히 알 수 있다. 더욱이 이 인용문 가
운데 주시되는 점은 '정선된 풍부한 자료와 이 자료들을 쉽사리 접할
수 있게 하는 정리 등이 학습에 필요한 일정한 조건'이라고 한 점이다.

이를 援用해서 말한다면, 도서관이 일체의 information을 수집하고
정리, 조직하고 분석하고 조정하여 매개하는 임무는 교육과 조사연구
를 위해서 일정한 조건을 조성하는 것이라고 할 수 있다. 이 점을 더
욱 명확하게 설명해 준 사람은 일본의 裏田武夫이다. 그는 「도서관과
사회」라는 기사에서 "conditioning, 즉 일정한 목적을 달성하기 위한
조건을 조성하는 작용이라고 생각할 수 있을 것이다. 마치 무한의 외
계에서 일정한 공간(실내)에 들어오는 공기를 그 온도, 세균, 먼지, 오
염도 등을 제어하는 air-conditioning에 비유할 수 있을 것이다. 도서
관은 무한의 자료원에서 이용자에 이르는 사이에 일정량의 자료에
관해서 수집, 조직, 배포, 해석, 지도 등의 conditioning을 조성하는 작
용이라고 말할 수 있을 것"[9]이라고 하였다.

이와 같이 도서관이 일체의 정보자료를 수집하고, 정리 조직하여,
이용자에게 필요한 정보자료만을 선택하여 신속하고 편리하게 이용
될 수 있도록 봉사하는 것은 교육과 조사연구에 있어서 가장 효과적
인 결과를 가져올 수 있도록 최선의 조건을 조성하기 위한 수단과 방

---

8) The American Association of School Librarians. *op.cit.*, p.9.

9) 裏田武夫, 圖書館と社會, 日本圖書館協會編, 圖書館ハンドブック, 增訂版, 東京, 同協會, 1963, p.27.

법이며, 교육과 조사연구의 궁극의 목적은 학술과 문화의 발전에 있
는 것이다.

그러므로 필자는 도서관은 '정보자료의 효과적인 이용을 위한 최
선의 조건조성에 봉사하는 기관'이라고 정의한다.[10] 그리고 도서관의
이러한 봉사활동은 궁극적으로 學術의 발전과 文化의 暢達을 위한 것
이다.

10) 鄭駜謨, 文化暢達을 위한 條件造成論, 도협월보, 서울, 한국도서관협회, 1967, vol.8, no.3, pp.2-3.

Ⅱ. 도서관(문헌관)의 기능

A. 일반적 기능

일반적으로 도서관을 정보전달기관이라고 보는 견해가 많다. 그러나 앞에서 설명한 바와 같이 기록정보 또는 정보자료의 특성과 그 전달구조를 분석해 볼 때, 도서관은 직접 정보를 전달하는 기관이라기보다는 정보전달에 대비해서 정보자료의 효과적인 이용을 조장하는 기관이라고 보는 것이 타당할 것이다.

여기에서 도서관이란 도서실이나 자료실 또는 정보센터 등을 포함하기로 한다. 현대에는 도서관의 종류가 많고 그 기능과 규모에 따라서 그 명칭도 다양하기 때문이다. 도서관의 규모가 작은 것은 도서실 또는 자료실이라고 하며, 보다 특정한 기능을 가지고 있는 것은 정보센터 또는 교육자료센터 등으로 불리고 있다. 그리하여 여기에서는 그 명칭에는 구애됨이 없이 이들을 모두 도서관의 범주에 포함시키기로 한다.

정보자료의 생산자와 그 전달기관에 의해서 생산되고 전달되는 정보자료는 점차 증대하여 홍수처럼 범람하고 있다. 현대와 같이 정보가 범람하기 이전에도 인간은 정보의 유통사회에서 생존하고 있었기 때문에 각각 필요한 정보를 파악하고, 그것을 생활에 보람되게 이용하려고 강구했던 것이다. 다시 말하면, 인간은 일찍이 국가나 공공단체에서 또는 사적으로 정보자료를 수집·조직·관리하는 기관을 설치하고 여기에서 각각 필요한 정보자료를 수집하고, 그것을 검색하기에 용이하도록 조직하여 이용의 편의를 제공하게 되었던 것이다. 따라서 도서관은 사회에 있어서 정보자료의 효과적인 이용을 위한 최선의 조건조성의 기능을 하고 있는 것이다.

그러나 도서관의 기능은 모든 관종에 공통하는 기본적인 기능이 있는 한편, 각 관종에 따라서 기능발휘의 범위, 대상, 방법 등이 다른 점이 있다. 그리하여 여기에서는 도서관의 기본적인 일반적 기능을 설명하고자 한다.

1) 도서관은 정보자료의 생산자와 유통구조(출판사, 인쇄소, 학술기관 등)를 조사하고 자료에 대한 정보(출판안내, 목록, 서지, 색인 등)를 조사하여 그 도서관의 특수한 기능과 목적에 따라 이를 수집한다.
2) 수집된 자료가 편리하게 이용될 수 있도록 이를 체계적으로 조직하기 위해서 이를 분류 배열하고, 목록, 색인 등을 작성한다.
3) 이용자들이 신속하고 정확하고 편리하게 이용할 수 있도록 도서관 및 문헌이용법을 지도하고 안내한다.
4) 이용자의 요구에 따라 자료를 복사하거나 번역하거나 주해한다.
5) 정보자료의 교환, 기증, 상호 대차 등을 실시하여 효과적인 이용에 봉사한다.

이상의 기능을 발휘하기 위해서 중요한 것은 도서관이라고 하는 기구가 있어야 하고, 자료를 운영 관리해야 하며, 도서관 전문직원이 헌신적으로 봉사해야 하는 것이다.

한편 도서관은 사회의 공적인 기관이기 때문에 이를 공정하고 합리적으로 운영하기 위해서는 관리가 필요한 것이다. 그리하여 최근의 운영 또는 경영은 철저한 관리가 이루어져야만 하기 때문에 관리의 개념이 각광을 받게 된 것이다.

관리란 말은 사무를 기획하고 관장한다는 의미로서 지배, 지휘, 감독, 주재 등의 개념을 가지는 말이다. 최근 경영학의 발전으로 인하여 관리라는 말은 경영학상 중요한 의미를 가지게 되었다.

한편, 도서관이 이상에서 설명한 기능을 발휘하기 위해서 운영 관리하는 데 있어서 가장 중요한 것은 이용자에 대한 봉사정신이다.

봉사란 말은 영어 service의 譯語로서 聖神이나 권력자에 대해서 몸과 마음을 바치는 것을 의미한다. 그리하여 도서관의 봉사활동을 이용자가 필요한 정보를 신속하고 정확하고 편리하게 얻을 수 있도록 성심성의를 다하여 협조하는 것을 의미한다. 다시 말하면, 도서관의 봉사는 어떤 이해관계나 보수를 받기 위해서가 아니라 인도주의적 차원에서 헌신하는 것을 의미한다.

도서관이 이와 같은 봉사기관이라고 하는 것을 인식하게 된 것은 근대사회에 이르러서 비롯한 것이다. 과거의 도서관은 그 이용이 특수계급에 한정되었을 뿐만 아니라 이용자에 대한 응대도 극히 사무적이었다. 그리고 자유민주사회에 이르러서도 특히 미국에서는 도서관 이용에 있어서도 인종차별이 심했던 것이다. 그러나 그 후에 Melvil Dewey를 비롯한 선구자들이 사회봉사의 이념을 확대하여 도서관에 적용시키고 이를 실천하고자 했던 것이다.[11] 이러한 지도이념에 따라

---

11) Sidney Dozion, *Arsenal of Democratic*, Chicago, 1947, pp.100 - 109.

도서관의 봉사활동은 도서관 직원 고유의 직능으로 인식하게 되었다.

도서관봉사는 대인관계에 있어서 넓은 의미의 인도주의나 종교적인 신념을 가지지 못하면 이용자의 지지를 받을 수 없고, 도서관 이용이 원활하게 이루어질 수 없는 것이다. 그리하여 도서관 직원은 이용자가 구하는 모든 정보자료를 자유롭게 선택하여 효과적으로 목적을 달성할 수 있도록 헌신적으로 모든 편의를 제공해야만 하게 되었다.

그러나 여기에서 주의해야 할 것은 봉사의 정신을 오인하여 과잉봉사를 해서는 아니 된다. 도서관봉사는 이용자가 당연히 해야 할 일까지도 직원이 대행한다는 것을 의미하는 것은 아니다. 이것은 민주적·자주적으로 문제를 해결하는 현대사회의 인간형성을 해치는 것이 된다. 이러한 일은 학교도서관이나 공공도서관에서 발생하기 쉬운 문제이다.

올바른 도서관봉사는 이용자의 자주성을 존중하고, 자유스럽고 쾌적하게 이용할 수 있는 태세를 확립하고, 원활하게 이용목적을 달성할 수 있도록 환경과 설비를 갖추고, 자료를 풍부하게 보유하고, 필요한 직원을 배치하고, 언제나 이용될 수 있도록 이용자에게 친절하게 편의를 제공하는 것이다.

그 반면에, 도서관의 규범을 문란시키는 일은 배제해야만 한다. 자료의 이용에 있어서 자유와 권리를 보장하는 동시에 공공시설의 질서를 지키고 자료를 애호하는 의무를 요구해야만 한다. 이것이 민주적인 사회를 형성하는 원칙인 것이다.

B. 관종별 기능

1. 국립중앙도서관의 기능

국립중앙도서관은 국가에 따라서 그 성격과 기능이 다소 다르다. 예를 들면, 우리나라의 경우는 국립중앙도서관이 있고 국립국회도서관이 따로 있어서 이 양자가 거의 같은 기능을 가지고 있으며, 다만 국회도서관은 국회에 대하여 입법자료 도서관으로서의 기능을 한 가지 더 발휘한다는 것뿐이다. 그리고 미국이나 일본의 경우에는 국회도서관이 국립중앙도서관의 기능을 가지며, 프랑스나 자유중국의 경우에는 국립중앙도서관이 있고, 영국의 경우에도 국가중앙도서관이 있다. 그리하여 여기서는 국가의 중앙도서관으로서의 보편적인 기능을 설명하기로 한다.

국가중앙도서관의 기본적인 기능은 ① 입법, 사법 및 각 행정기관의 직무수행을 위한 자료를 수집·조직·보존하여 그 이용에 봉사하는 것이며, ② 일반국민들이 정보자료를 효과적으로 이용할 수 있도록 봉사하는 것이다.

우선 입법부에 대해서 말하자면, 국회의원이 입법의 직무를 수행하는 데 있어서 정부의 각 부처에서 제출한 의안을 심의할 경우 충분한 참고자료를 가지고 심의하는 것이 당연한 일이다. 물론 행정부에서 제출한 의안도 각 부처에 소장하고 있는 자료를 참고로 하여 입안되지만, 입법자료를 분석하고 검토할 필요가 있는 것이다.

그리하여 이에 대처하기 위해서 입법조사자료를 대비해야 하며 또한 의원이 자주적으로 입법하는 경우에도 필요한 입법조사자료 또는 의안을 기초하기 위한 조사자료로서 참고하도록 하는 것이다. 따라서 국가중앙도서관은 납본제도에 의해서 국내에서 생산되는 자료를 전부 보존하는 동시에 외국의 자료를 구입·교환·기증 등에 의해서 축적하는 것이다.

사법부와 각 행정부처에 대한 봉사에 관해 말하자면, 각 부처에는 각기 부속도서관이 있어서 이것은 원칙적으로 국가중앙도서관의 지부도서관으로서의 관계를 가지게 되는데, 본관은 각 지부도서관의 종합목록이나 일람표류의 작성, 운용방법 및 제도의 규정, 기술지도나 연락조정 등을 실시한다. 따라서 각 지부도서관은 자료를 자유롭게 상호 대차하고 교환하고 또한 그 자료는 본관을 통하여 국민에게 널리 이용하게 할 수 있다. 이와 같이 본관은 支部館과의 교류를 통해서 국회의원이나 국민이나 각 지부관에서 요구하는 reference 또는 각 지부 상호 간의 reference를 신속하고 원활하게 수행할 수 있기 때문에 자료의 이용상 획기적인 효과와 능률을 올릴 수 있게 되는 것이다.

국민에 대한 봉사에 관해서 말하자면, 국민은 누구나 직접 이용할 수 있도록 봉사하며, 간접적으로는 공공도서관이나 대학도서관이나 기타의 도서관을 통해서 議員이나 官僚의 이용에 지장을 주지 않는 한, 최대한으로 이용할 수 있도록 자료의 공급이나 제도적인 면에서 봉사하게 되는 것이다. 또한 국내외의 도서관이나 학술기관과의 상호 대차, 복사 등의 봉사는 물론 자료조사(reference service)를 실시한다. 또한 출판물의 유료 또는 무료 배포, 국내 출판물의 종합목록이나 색인 등을 작성하여 정보자료를 편리하게 찾을 수 있도록 봉사하고 있는 것이다. 이 외에도 국가의 중앙도서관은 다음과 같은 세 가지의 독자적인 기능을 가지고 있다.

1) 국내의 모든 자료를 수집하여 이들을 국가의 문화재로서 영원히
   보존하는 기능을 가지고 있다.
2) 국가의 대표도서관으로서 국내의 모든 도서관이나 세계 각국의
   도서관 및 문화기관과의 긴밀한 연락과 협력에 노력하는 기능을
   가진다.
3) 현대의 문헌정보학의 선진적인 이론을 실천하는 동시에 그 실천
   을 통해서 도서관의 수준을 향상시키는 기능을 가지고 있다.

2. 공공도서관의 기능

공공도서관이란 "공중의 교양과 조사연구 및 레크리에이션 등 그
이용에 봉사함을 목적으로 하는 시설"을 말한다.[12] 우리나라의 경우
공공도서관은 시립, 도립, 군립 및 사립의 도서관이 있으며, 그 기능
은 대체로 동일하다.

공공도서관은 첫째, 공중의 교양을 위해서 지역사회의 사회교육기
관 또는 평생교육기관으로서의 기능을 가진다. 현대는 지식사회로서
교육이 학교교육으로 끝나는 것이 아니라 평생 동안 서적을 통한 자
율적인 자기교육으로 교양을 넓히고 새로운 지식을 얻어서 문화시민
으로서의 자질을 갖추도록 봉사하는 것이다.

둘째, 조사연구기관으로서 그 지역사회의 발전과 학술의 발전에 기
여하도록 학술적인 자료를 수집하고 조직하여 조사연구에 봉사하는
것이다.

셋째, 지역사회에 있어서 문화센터 또는 정보센터로서의 기능을
가진다. 오락적인 도서도 구비하고 음악감상실 또는 영화감상실 등을
구비하여 지역사회의 시민에게 오락적 봉사를 하는 동시에 새로운

생활정보나 시사적 및 학술적인 정보를 제공하게 된다.

이상과 같은 공공도서관의 기능에서 문제가 되고 있는 것은 학교교육과의 관계다. 공공도서관은 일반적으로 학교교육에 협조하게 되어 있으나, 우리나라의 경우 현재 공공도서관 이용자 가운데 학생들이 80% 이상을 차지하고 있기 때문에 공공도서관이 학교도서관과 같은 인상을 가진다. 그러나 이 학생 이용자도 그 지역사회주민의 가족이기 때문에 입관을 불허할 수는 없다. 그러므로 이에 대한 어떤 해결책을 강구해야 할 것이다.

또한 우리나라에 있어서의 공공도서관은 제도상에 몇 가지 문제가 있다. 그 첫째는 행정체계의 일원화 문제, 둘째는 공공도서관의 설치와 운영에 있어서의 재정문제이다. 우리나라의 공공도서관은 그 행정체계가 어떤 것은 시나 도의 교육위원회 산하에 있고, 어떤 것은 문화체육부 산하에 있으며 또 다른 경우는 내무부 산하에 속해 있어서, 그 운영과 관리가 일원화되지 못하고 있다. 또한 앞으로 지방자치제가 실시되면 모든 공공도서관은 지방자치단체에 소속되게 되므로 이제는 각 지방자치단체의 정책결정에 따라서 공공도서관의 운영과 관리의 양상은 다양해질 전망이다.

3. 학교도서관의 기능

학교도서관은 현대의 학교교육에 있어서 불가결한 필수적인 시설로서 교내의 교육자료센터, 교내의 지도연구기관, 지역사회의 성인독서센터로서의 기능을 가진다.

a. 교내의 자료센터

학교도서관도 물론 정보자료를 수집, 조직, 보존하여 이용에 봉사하는 기본적 기능을 가진다. 그러나 학교도서관의 자료는 교육목적을 달성하기 위하여 도서자료뿐만 아니라 시청각자료, 표본, 괘도, 모형과 같은 입체적 자료와 포스터, 도표, 발췌자료와 같은 단편적이고 평면적인 자료에 이르기까지 보존되어 있다. 자료로 전달되는 정보는 학생들이 직접적으로 접근하는 경우보다 대개는 교사의 교육계획에 따라 학생에게 전달되는 경우가 많다. 따라서 학교도서관은 교육자료센터 또는 교재센터라고 볼 수 있다.

학교의 모든 교재는 정보자료이며, 그 수집 · 축적 · 보관이 학교도서관의 업무라면 모든 자료, 예를 들면 도서자료나 시청각자료를 종합적으로 일원화하여 도서관에 축적하고 상호 관련적으로 처리해야 할 것이다. 또한 자료를 이용할 경우도 모든 자료를 종합적으로 제공할 수 있도록 준비하여 이용의 효과를 높여야 할 것이다.

한편 최근에는 각급의 학교에 컴퓨터도 도입되어 직접 교육에 이용되고 있으므로 컴퓨터에 의한 교육도 학교의 자료센터에 설치하여 도서관 업무와 교육프로그램에 이용되도록 해야 할 것이다.

b. 교내의 지도연구기관

학교도서관은 학생들에게 정보자료와 도서관을 이용하는 방법을 지도하는 것이 중요한 기능의 하나라고 볼 수 있다. 이것은 또한 학생이 진학하여 상급학교의 도서관과 그 자료를 이용하는 방법과 기본적인 자세를 육성하는 것이며 또는 사회인이 되어서는 공공도서관과 자료의 이용, 직장인이 되어서는 전문도서관과 자료의 이용 또한 전 생애의 독서의 습관을 몸에 익히는 것이 된다. 일상적인 도서관 이용은 어떠한 의미에서는 유형무형의 지도하에서 이루어지지만, 특히 지도의 양태는 대체로 다음과 같이 두 가지로 구분될 수 있다.

첫째는 문제해결을 위한 조사연구로서 교육학습을 위해서 문제를 해결하도록 하는 이용지도이며, 둘째는 인간으로서의 자기의 인격형성을 위한 교양독서를 하도록 지도하는 것이다. 이러한 교양독서는 충실한 계획하에 각자 자기의 능력에 알맞게 단계적으로 그리고 효과적으로 교양을 얻을 수 있도록 지도해야 한다.

c. 지역사회의 성인독서시설

학교도서관은 학교교육에 지장이 없는 한 일반대중에게 공개하는 것이 통례이며 바람직한 일이다. 외국의 경우는 학생들을 통해서 학부모나 지역사회의 주민들에게 자료를 대출하고 열람을 권장한다고 한다.[13] 이 활동은 지역사회의 주민에게 도서관의 중요성을 인식시키고 학교교육을 이해시키는 데 효과가 있을 뿐만 아니라 사회교육이나 성인의 평생교육에 공헌하는 것이다.

4. 대학도서관의 기능

대학의 주요한 기능과 목적은 인적자원을 개발하는 것이며, 지식을 전수하고 연구해서 발전시키는 것이다. 대학도서관은 대학의 이러한 기능과 목적을 수행하기 위한 지적 자원으로서 이에 대한 정보자

---

13) 椎名六郎, 新圖書館學槪論, 東京, 學藝圖書株式會社, 1973, p.185.

료를 수집하고 조직해서 이를 교육과 연구에 효과적으로 지원하는 필수 불가결한 기관인 것이다.

그리하여 대학도서관은 첫째, 교육적 기능을 가지며, 둘째, 조사연구를 위한 보조기능을 가지며, 셋째, 최신정보를 주지시키고 지원하는 기능을 가진다고 말할 수 있다.

a. 교육적 기능

대학도서관은 우선 학생들에게 그들의 교양과 전공에 필요한 문헌을 선택하여 최대한으로 수집해서, 언제나 편리하게 이용할 수 있도록 대비하고, 도서관이 가장 기본적인 학습과 학술의 광장이 되도록 유도하고 봉사해야만 한다.

이와 같이 대학도서관 이용은 재래식 강의방법과는 다른 하나의 새로운 교육방법으로서의 의의를 가지는 것이다. 따라서 도서관의 사서는 교원으로서 오리엔테이션이나 '도서관 편람' 또는 강의 등을 통해서 학생들의 도서관 이용법과 문헌 조사법을 지도하고, 교수들에게는 강의에 필요한 새로운 자료를 안내하고 지원해 주어야 한다.

그러나 학생들이 도서관을 효과적으로 이용할 수 있도록 하기 위해서는, 교수들이 해당 강의에 관련된 자료를 사전에 조사하여 학생들로 하여금 도서관자료를 이용해서 학문을 스스로 터득할 수 있도록 과제를 줌으로써 도서관이용의 동기를 제공해야만 한다.

가르치는 방법과는 상관없이 최종적인 성과는 학생들로 하여금 문헌을 통해서 학문에 도전하는 마음을 불러일으키게 하고 비판적인 능력을 기르게 하여 배우고자 하는 욕망을 일깨우게 하는 것이 중요하기 때문이다.

b. 조사연구의 보조기능

조사연구의 보조기능은 주로 교수진과 대학원생들의 문헌조사와 연구에 보조하는 기능을 의미한다. 본래 교수들은 교육하고 조사, 연구하고 사회에 봉사하는 사명을 가지고 있다. 그중에서도 특히 교수들이 끊임없이 새로운 문헌을 조사하고 새로이 연구 개발하지 못하면, 나날이 발전하는 학문에 대처할 수 없을 뿐만 아니라, 교육도 충실하게 수행할 수 없으며, 사회에 대한 봉사도 쇠약해지게 마련이다.

그러나 교수들이 교육과 조사연구에 주력하다 보면 세계 각국에서 생산되는 자기 분야의 학술적인 문헌을 빠짐없이 섭렵할 수 없을 뿐만 아니라, 어떠한 문헌이 자기의 연구에 꼭 필요한 것인지 선별하기도 어렵게 된다. 그러므로 대학도서관은 전문 분야의 문헌을 가능한 최대한으로 수집하고 이를 체계적으로 정리하여 교수들이나 대학원학생들의 조사연구에 이용되도록 대비해야만 한다.

c. 최신정보의 주지기능

최신정보의 주지기능은 엄격히 말하자면 위에서 설명한 교육적 기능과 조사연구 보조기능의 일환이라고 볼 수 있다. 여하간 도서관은 새로이 입수되는 최신정보자료를 학생이나 교수들에게 광고나 게시를 통해서 주지시켜야 한다. 특히 전문적인 학술지가 입수되는 즉시 이에 수록된 내용목차를 복사하여 해당 전공 분야의 교수들에게 알려 주어야 한다.

현대에 있어서는 학술의 발전 속도가 너무나 빠르고 새로이 연구 개발되는 결과는 주로 이러한 전문학술지나 국제특허지, 팸플릿 또는 뉴스레터 등에 수록되는 이러한 학술정보를 가장 신속하게 입수하여 이를 자기의 연구에 참고하지 않으면, 자기의 연구가 이미 타인이 연구한 결과와 중복되어 헛된 노력과 경비로 낭비만을 가져오며, 학문적으로 항상 뒤질 가능성이 많기 때문이다.

5. 전문도서관의 기능

전문도서관은 특정한 전문 분야에 한정된 주제의 정보자료를 수집·조사·축적하여 각각의 주제사항에 관한 전문가에게 봉사하는 기관이다. 특정한 연구소나 시험소, 학회를 비롯해서 각 기업체나 회사, 은행, 병원, 신문사, 방송국 등에 부설된 도서실 또는 관공서에 부속된 도서관 등이 전문도서관에 속한다. 사회의 모든 활동이 분화되고 전문화됨에 따라 이러한 전문도서관은 더욱 증가되고 비약적으로 발전될 것이다.

전문도서관은 각각의 전문 분야의 정보자료를 수집·조직·축적하여 당해 전문가들에게 그러한 자료가 신속하고 정확하게 이용될 수 있도록 봉사하는 기능을 가진다. 그러나 이러한 도서관은 모두가 각각 다른 목적을 가지고 그 활동도 천차만별하며, 도서관마다 주제가 다른 자료를 수집하여 축적하고 있다.

이러한 전문도서관은 정보센터로서 정보자료를 제공하는 데 있어서 여타의 도서관에 비하여 더욱 신속성과 정확성을 요한다. 특히 국·공·사립의 조사연구기관에서는 정보를 신속하고 정확히 입수하는 것이 생명이 되고 있는 것이다. 시시각각으로 변화하는 사회의 동향이나 과학기술의 발전, 이러한 급진적인 시대의 유동 속에서 발생하는 정보를 신속하고 정확하게 파악하여 새로운 조사연구에 이용되도록 봉사하는 것이 전문도서관의 기능인 동시에 목적이므로, 이러한 정보를 신속히 수집하고 처리하여 이를 전문가나 연구자들에게 배포하고 제공하는 것이 요망된다.

따라서 이미 설명한 바와 같은 정보센터로서의 기능을 전면적으로 발휘해야만 한다. 그리하여 어떤 부문에서는 각종의 정보처리기계를 사용하여 그 능률을 높이고 있는 것이다. 이러한 의미에서 전문도서관이 정보자료의 처리기술에 있어서 가장 발전하고 있다고 말할 수 있다.

6. 특수도서관의 기능

특수도서관이란 특수한 환경에 처해 있는 시민에게 봉사하는 도서관을 의미한다. 전문도서관도 어떤 특수한 주제를 중심으로 자료를 축적하고, 그것이 설치된 기관에 속해 있는 특수한 사람들에게 정보를 제공하는 도서관이므로, 특수도서관의 영역에 속한다고 볼 수 있다. 그러나 전문도서관은 주제가 한정된 전문가나 연구자들에게 봉사하는 것이며, 특수도서관은 일반 시민으로서 다만 특정한 조건이나 환경에 처해 있는 시민을 봉사의 대상으로 한다는 점에서 뚜렷한 차이가 있는 것이다. 따라서 특수도서관의 기능은 공공도서관의 기능과 대체로 동일하다고 볼 수 있다.

특수도서관은 교회도서관, 맹인들을 위한 점자도서관(libraries for the blind), 환자들을 위한 병원도서관(hospital libraries), 죄수들을 위한 교도소도서관(prison libraries) 등이 이에 속한다. 그러나 우리나라에는 이러한 특수도서관이 극히 적은 실정이다.

　이상에서 설명한 바와 같이 도서관의 봉사활동은 특정한 지역사회, 학교, 단체 및 기타의 기관을 단위로 하여 이루어지고 있으며, 현대에는 국가중앙도서관을 중추로 하여 전문, 대학, 공공, 학교, 특수 등의 각종 도서관이 각기 독자적인 기능을 발휘하면서 전국의 도서관이 유기적인 도서관망을 형성하여 발전하고 있는 것이다. 그리하여 이러한 도서관의 발전과 봉사활동은 결과적으로 학술과 문화의 효과적인 발전에 기여하고 있는 것이다.

Ⅲ. 도서관(문헌관)자동화

전장에서 설명한 도서관의 기능을 수행하는 데 있어서 종래에는 거의 모든 업무가 수작업에 의하여 비능률적으로 처리되어 왔다. 그러나 이제는 컴퓨터의 등장과 더불어 도서관은 그 업무가 점차 자동화되어 가고 있다. 그리하여 도서관자동화는 컴퓨터기술의 발전과 밀접한 관계가 있으므로 본 장에서는 우선 '컴퓨터기술의 발전과정'을 설명하고, 다음에 '도서관자동화의 의의' 그리고 끝으로 '도서관자동화의 발전 단계'를 설명하고자 한다.

A. 컴퓨터기술의 발전과정

인간은 항상 생활을 보다 능률적으로 편리하게 영위할 수 있는 방법을 모색하고 개발해 왔다. 현대의 컴퓨터가 등장한 것도 인간의 이러한 모색과 개발의 소산인 것이다. 컴퓨터는 복잡한 수치를 신속·정확하게 처리할 수 있는 전자계산기로부터 비롯된다고 볼 수 있는데, 그 후에 그 성능을 다양하게 발전시켜서 이루어진 것이다.

　　최초로 생산된 컴퓨터는 '제1세대'라고 불리며, 1953년에 미국의 상업시장에 나왔고, 1960년까지 정부기관 및 몇몇 대기업에 사용되었다. 이 컴퓨터는 진공관(vacuum tube)을 사용하여 작동되었고, 전압, 습도조절, 열 조절 등 조건이 까다롭고, 크기가 거대하여 많은 공간을 차지하였다. 그것은 데이터의 처리속도가 느리고, 값이 비싸며, 정확하지도 못했다. 그러나 그 후 기계 디자인을 새로이 하고, 그 성능을 개선하여, 이전의 기계로는 성취가 불가능했던 수학적 계산과 자료처리가 가능하게 되었다. 따라서 그 성공은 정부 및 산업지도자들의 관심을 끌어 계속 연구개발할 수 있도록 재정을 지원해 주었다.

　　한편 1950년대 후반에 트랜지스터, 다이오드 및 자기기록이 발전하여 컴퓨터제조업자는 속도가 빠르고, 정확하고, 융통성이 있고, 보다 신용할 수 있는 '제2세대' 컴퓨터를 생산할 수 있었다. 그것은 값이 더 싸고, 크기가 작아졌고, 작동이 더욱 경제적이었다. '제2세대' 컴퓨터는 대중으로 하여금 교육 및 정보처리뿐만 아니라 실업, 산업 및 행정관리의 효과적인 도구로서 인정받게 되었다. 따라서 그 이용이 급격히 증가되고 컴퓨터는 미국인의 생활에 크게 영향을 끼치게 되었다.

　　광범한 연구개발이 지속되어 기술의 변혁과 개선이 급진적으로 이루어져서 1965년경에는 '제3세대' 컴퓨터가 등장하였다. 이 컴퓨터는 집적회로(Integrated Circuit＝IC)를 사용하여, 성능이 우수하고, 작동속도가 증가되고, 가격과 에너지소비는 줄어들었다. 상표와 모델이 각기 다른 컴퓨터라 할지라도 서로 겸용할 수 있고, 프로그래밍 기술도 개선되었다.

　　컴퓨터에 관련된 기술은 더욱 발전하여 1970년대 중반에 개발된 컴퓨터는 대규모집적회로(Large Scale Integrated Circuit =LSIC)를 사용함으로써 그 성능이 더욱 향상되었으며, '제4세대'라고 불리고 있다. 특히 도서관인에게 중요한 것은 지난 10여 년간 컴퓨터의 많은 발전이 도서관업무에 직접 유용하게 되어 있다는 사실이다.

현대의 컴퓨터 시스템은 컴퓨터와 이에 부수된 입력, 축적, 출력, 전달 장치 등 그 구조와 작동이 몹시 복잡하다. 또한 작은 마이크로 또는 미니컴퓨터로부터 기억용량이 거대한 대형컴퓨터에 이르기까지 그 모델의 크기, 성능, 가격 등 그 종류가 다양하다. 이들은 독립적으로 사용되기도 하지만 서로 연결하여 협동적으로도 사용된다. 원거리에 있는 이용자가 전화선이나 기타 원거리 통신기기를 통해서 다른 컴퓨터 시스템에 직접 연결시킬 수도 있고, 많은 시스템들이 수백 명의 이용자들의 일을 동시에 처리할 수도 있다. 한편 개인용 컴퓨터(personal computer)의 대량생산 및 보급도 이 시기의 중요한 특징이 되고 있다.

현재의 2, 3평방피트의 면적밖에 안 되는 미니컴퓨터는 제1세대나 제2세대의 컴퓨터보다 더 신속하고, 정확하며, 다각도로 사용되고 있다. 속도가 가장 느린 모델이라 하더라도 내부의 처리속도를 100만분의 1초로 계산하며, 어떤 모델은 10억분의 1초로 나타낸다. 그리하여 컴퓨터는 1초 동안에 100만 가지의 加算도 가능하며, 컴퓨터로 1분간에 계산한 것은 수동으로는 적어도 50년이 걸린다.

한편 1990년대에 등장하게 될 것으로 예상되는 '제5세대'는 소위 인공지능(artificial intelligence)에서 요구하는 '생각하는 컴퓨터'로서, 知的對話기능과 지식베이스를 사용한 추론 등에 대응할 수 있는 지식정보처리지향 컴퓨터가 될 것이다. 즉 하드웨어의 발전에 의해 이룩된 새로운 architecture, 소프트웨어 공학 그리고 인공지능을 바탕으로 인간의 자연스러운 논리에 준하여 움직이는 시스템을 목표로 하는 것이다. 문헌정보학 분야에서도 이와 같은 발전에 부응하여 현재 분류·목록 및 정보검색업무의 전문가시스템(expert system)화가 활발하게 시도되고 있다.

여기에서는 성격상 컴퓨터기술에 대한 상세한 설명은 할 수도 없거니와 새로운 발전이 계속되고 있으므로 어느 누구도 완전한 설명을 다할 수는 없을 것이다. 그러나 여기에서는 컴퓨터의 기본구조와 컴퓨터에 쓰이는 몇 가지 기본용어만을 간단히 소개하고자 한다.

B. 컴퓨터의 기본구조와 기본용어

우선 컴퓨터는 두 개의 기본요소인 하드웨어와 소프트웨어로 구성된다. 하드웨어는 컴퓨터의 물리적 기계 자체, 즉 전자회로와 각종의 기계장치를 말한다. 소프트웨어는 하드웨어를 최대한 활용하여 인간이 필요로 하는 정보를 얻기 위해서 작성하는 모든 프로그램의 집합을 말한다. 따라서 컴퓨터는 프로그램에 의해 각 부분에 명령을 하지 않으면 작동되지 않으며, 컴퓨터가 다양한 업무를 처리할 수 있도록 하기 위해서는 다양한 프로그램이 필요하게 되는 것이다.

또한 컴퓨터의 하드웨어는 다섯 가지의 기능을 갖춘 장치들로 구성된다. 즉 컴퓨터 프로그램과 데이터를 읽어 들이는 입력장치, 입력되는 데이터를 처리하여 축적하는 주기억장치, 데이터의 처리순서를 명령하고 통제하는 제어장치, 데이터의 연산을 수행하는 산술논리연산장치, 처리된 결과를 내보내는 출력장치가 그것이다. 이 중에 제어장치와 산술논리연산장치(때로는 주기억장치도 포함)를 중앙처리장치(Central Processing Unit=CPU)라고 한다.

한편 컴퓨터는 취급하는 데이터의 형태나 처리하는 방법에 따라, 디지털 컴퓨터, 아날로그 컴퓨터, 하이브리드 컴퓨터로 구분하기도 한다. 디지털 컴퓨터는 숫자나 문자를 부호화하여 처리하고 부호나 문자나 숫자로 그 결과를 얻을 수 있도록 하는 컴퓨터로서 계수형 컴퓨터라고도 한다. 아날로그 컴퓨터는 전압이나 온도, 압력 등과 같이 연속적인 물리량을 사용하여 계산하는 컴퓨터로서 상사형 컴퓨터라고도 한다. 하이브리드 컴퓨터는 두 컴퓨터의 장점을 취하여 제작된 것으로 어떤 유형의 데이터라도 취급이 가능하다. 그러나 보통 우리가 흔히 볼 수 있는 것은 디지털 컴퓨터로 일반적으로 컴퓨터라고 하면 디지털 컴퓨터를 가리키는 것이다.

C. 도서관(문헌관)자동화의 의의

18세기 이후의 산업혁명은 기계로 하여금 인간의 힘든 육체노동을 덜어 주고 인간 육체의 능력을 신장시키는 것이 목표였다. 그러나 최근의 컴퓨터를 중심으로 한 많은 기술의 발전은 주로 인간의 정신능력을 신장시키기 위한 것이다. 컴퓨터와 이에 관련된 기계들은 오늘날 인간의 정신적 작업을 돕는 주요한 도구가 되고 있다. 이와 같은 기계로 인해서 인간은 과거 어느 때보다도 용이하게 원거리 간의 상호 통신 및 협조활동이 가능하게 되었다. 이러한 형태의 기술이 도서관의 운용관리에 급속도로 응용되게 된 것이다. 그리하여 도서관을 운영, 관리하는 데 돕기 위해서 컴퓨터 및 이에 관련된 도구를 이용하는 것을 일반적으로 '도서관자동화' 또는 '도서관전산화'라고 한다.

도서관자동화의 의미를 보다 더 구체적으로 말하자면 '도서관자료의 수집, 정리, 축적, 장서관리, 대출, 참고봉사, 도서관 간의 상호 대차 및 원거리통신(telecommunication)을 통해서 이용자에게 도서관자료를 제공하는 데 있어서 전자 데이터처리기기 및 부수기술을 이용하는 것'을 의미한다.

도서관업무는 도서관마다 세세한 내용에 있어서는 다르기는 하나 다음과 같이 크게 세 부분으로 구분할 수 있다.

1) 정보자료의 선택 및 수서
2) 정보자료의 준비, 처리 및 관리, 각 문헌에 대한 서지통정(분류, 목록기록)
3) 정보의 배포 및 봉사를 통한 자료의 이용(자료의 대출, 참고봉사 업무, 상호 대차, 원거리통신에 의한 타 도서관 및 정보관리기관 의 자료이용)

이와 같은 범주의 봉사활동은 모든 도서관에 공통된 것이며 또한 도서관 특유의 활동이다. 다시 말하면 이러한 활동은 모든 도서관에 일반적인 것이고, 다른 기관에서는 찾아볼 수 없는 것이다.

그러나 이상에서 설명한 도서관의 주요 업무의 실제 내용을 크게 행정적 관리업무와 서지활동업무로 구분할 수도 있다. 행정적 관리업무는 인사관리, 경리회계, 주문 및 수서의 관리, 대출기록관리, 장서 및 서고관리 등이 이에 속하며, 서지활동업무는 문헌의 분류, 목록, 색인 등의 작성, 참고봉사, 상호 대차, 원거리 통신에 의한 타 도서관 및 정보관리기관의 자료이용 등이 이에 속한다.

일반적 행정관리업무는 어느 기관이고 중요한 것이며, 그 실제는 매우 다양하지만 도서관의 관리업무의 많은 부분이 도서관에만 국한된 것은 아니다. 또한 행정기관, 은행, 기업체 등의 모든 관리업무에 있어서 여러 가지 전자기계에 의한 자동화가 이루어지고 있고, 도서관도 일반관리업무에는 이러한 기술이 이용되고 있기 때문에 여기에서는 일반관리업무의 자동화에 대해서는 논외로 하고, 다음 항에서는 주로 도서관 고유의 활동에 있어서의 자동화의 발전 단계와 현재의 상황 및 앞으로의 전망을 논급하고자 한다.

D. 도서관(문헌관)자동화의 발전 단계

1. 자동화의 초창기

초기의 컴퓨터 제조업자들은 도서관에서 사용할 수 있는 컴퓨터는 염두에 두지 않았다. 그러나 겨우 10년 내지 15년 사이에 그들은 도서관이 정보산업의 주요한 고객이 될 수 있음을 인식하기 시작했다. 이 같은 컴퓨터 제조업자 측의 무관심에도 불구하고 미국의 도서관에서는 50년 전에 이미 자료처리기계를 사용하기 시작하였다.

1936년에 Ralph Parker는 도서관의 대출업무를 펀치카드를 사용하여 자동화하는 방식을 개발하였다. 미국 전역의 많은 대출시스템들은 이 처리방법을 하나의 모델로 이용하였다. 이것은 기본적으로 이용자 레코드와 대출레코드를 펀치카드에 입력하는 방법으로 이러한 카드

는 단위 레코드 처리기(unit record processing)라는 카드분류장치에 의
해 처리되었다. 이후 이와 같은 방법은 수서, 연속간행물, 기타 도서
관 업무의 자동화에 널리 채택되었다. 펀치카드는 각 레코드에 최대
한 80자만을 기록할 수 있기 때문에 기억매체로서는 매우 제한된 것
이었지만, 제한된 기억공간 내에서의 레코드의 구조에 대한 개념은
차후의 자동화 시스템에 있어서 대단히 중요한 토대를 제공해 주게
되었다.

컴퓨터기술이 발달함에 따라 펀치카드는 오늘날까지도 기억매체
로 사용되고 있다. 그러나 최근에는 종이테이프, 자기테이프, 디스크
의 사용도 점차 증가하고 있는데, 특히 자기매체들은 기억공간의 밀
도도 더 높을 뿐만 아니라 훨씬 더 신속한 접근이 가능하며, 내용을
삭제하고 다시 기록할 수가 있다.

한편 온라인시스템의 출현과 더불어 카드에 레코드를 기록할 필요
성은 점차 적어지게 되었다. 데이터는 처리 중에 입력되어 표준화된
레코드 포맷으로 조직되고, 디스크나 테이프에 기록될 수가 있게 되
었다. 자동화된 시스템에서 정보가 필요할 경우에는 컴퓨터 터미널을
사용하여 온라인 처리를 통해서 검색이 이루어지게 된다. 이와 같은
온라인 컴퓨터처리는 수많은 터미널들이 중앙집중식 데이터베이스
와 다목적 소프트웨어를 가진 하나의 컴퓨터시스템과 연결되는 시분
할시스템(time sharing system)으로 발전하게 되었다.

1965년에 시작된 INTREX(Information Transfer Experiments)는 1차 정
보 및 2차 정보를 이용하여 자동화된 도서관 시스템을 만들어 내기
위한 초창기의 시도 가운데 하나이다. 이 프로젝트는 자동화 기술을
도서관 업무에 적용시키고, 도서관 및 정보센터의 전국적인 네트워크

의 증진을 도모하며, 온라인 도서관자동화 및 정보검색 시스템으로 발전을 기하는 것을 목표로 하였다. 1973년에 종결된 이 프로젝트의 결과로 입출력장치 및 보조기억장치 매체에 필요한 기억공간에 비추어 볼 때 전문(fulltext), 즉 1차 정보의 기록에 얼마나 많은 비용이 들게 되는지를 절실히 깨닫게 되었다. 그리하여 이후의 많은 프로젝트들은 2차 정보의 기억방법에 대하여 실험하게 되었다. 즉 하드카피나 마이크로 인쇄물로 된 원자료는 기계가독형식으로 변환되지 않고 정보의 입수조건(availability)을 제시하는 서지정보만이 자동화되었던 것이다.

2. MARC의 출현과 MARC의 표준화

도서관자동화에 있어서 초창기의 중요한 프로젝트의 하나로서 MARC(Machine Readable Cataloging)가 있다. 미국의회도서관(Library of Congress)에서는 1901년부터 인쇄목록카드를 세계 각국의 많은 도서관에 제공해 왔는데 1960년대 초에는 완전한 서지목록정보에 관한 기계가독 레코드 포맷의 개발 작업을 시작하였다. 1966년에 시작된 MARC선도계획(MARC pilot project)에서는 MARC Ⅰ포맷을 사용하여 LC에서 작성한 기계가독목록 데이터를 수록한 자기테이프를 엄격히 선정된 16개의 대표적인 도서관에 제공하고, 제공된 서지정보의 유용성을 평가하였다. 이 계획에 대한 평가를 바탕으로 개발된 MARC Ⅱ 포맷에 의하여 1968년부터는 도서자료의 입력이 시작되어 MARC테이프를 전국적으로 배포하게 되었다.

한편 초기에는 단행본에만 한정되었던 LC MARC는 1970년에는 연속간행물과 지도, 1971년에는 필름, 1973년에는 필사본, 1975년에는 악보와 녹음용 포맷이 각각 개발되었다. 1980년에는 이들 서지자료용 포맷을 통합하여 MFBD(MARC Format for Bibliographic Data)를 완성시키고, 전거통제용 포맷으로 Authorities: A MARC Format을 개발하였다. 특히 이와 같은 MARC 레코드를 바탕으로 하여 LC에서는 수백만의 레코드를 수록하고 있는 거대한 데이터베이스를 구축하게 되었다. 이 MARC 데이터베이스는 다른 데이터베이스를 위한 표준으로서 도서관 및 도서관 시스템을 자동화하기 위한 국가적·국제적 노력의 토대가 되고 있으며, 현재는 MARC 데이터베이스보다도 훨씬 더 규모가 큰 다른 데이터베이스에 영향을 미치게 되었다.

LC에 의한 MARC의 성공은 다른 국가에도 광범위한 영향을 미쳐 영국의 BNB MARC(현재는 UK MARC)가 제정된 이래로 독일의 MAB 1, 프랑스의 INTER MARC, 일본의 JAPAN MARC, 우리나라의 KORMARC 등과 같이 거의 모든 나라에서 MARC를 개발하여 이용하고 있으며, 1977년에는 국제도서관협회연맹(IFLA)에서 각국의 국가서지작성기관 사이에 기계가독형식으로 작성한 서지데이터로서 국제적 교환이 용이하도록 하기 위하여 단행본, 연속간행물 등 서로 다른 형태의 자료들을 같은 형식으로 입력할 수 있도록 하는 UNMARC(Universal MARC Format)를 제정하였다.

3. MARC의 online과 network

한편 1960년대 말에는 OCLC(Ohio College Library Center)가 설립되어 MARC 데이터베이스에 대한 접근을 제공하게 되었다. 이 시스템은 모든 회원도서관으로부터의 목록정보를 수집하여 데이터베이스를 구축하고, 이를 각 회원도서관에 제공해 주는 온라인 분담편목 네트워크(online shared cataloging network)이다. 이 시스템은 비약적인 발전을 거듭하여 전국적인 수준에서 국제적 도서관네트워크로 발전하게 되었으며, 1981년에는 그 명칭을 Online Computer Library Center로 변경하였다.

이와 같은 MARC 데이터베이스 중심의 네트워크로는 Stanford대학에서 시행되었던 BALLOTS(Bibliographic Automation of Large Library Operations Using a Time-Sharing System), Washington 주를 중심으로 한 WLN(Washington Library Network), 연구도서관을 중심으로 한 RLIN(Research Library Information Network), 캐나다의 UTLAS(University of Toronto Library Automation Systems) 등을 들 수 있다.

이상의 네트워크를 서지봉사기관(bibliographic utility)이라고 하는데, 이는 어떤 도서관이 가입을 하게 되면 전용회선을 통하여 네트워크에 연결되게 되고, 이 채널을 통하여 서지정보가 제공되며 각 회원도서관에서는 그 사용량에 따라 요금을 지불하게 되는 것이다. 이러한 서지정보기관에서는 도서관과 자동화 네트워크 사이에서 중개자의 역할을 하는 브로커를 통하여 회원도서관에 마케팅활동을 벌이기도 한다. 또한 계속 교육과 시스템의 계획 및 구현에 대한 지원, 법적 지원, 도서관자동화의 이용자집단의 조정 등을 포함한 여러 가지의 도서관자동화를 위한 봉사를 제공하고 있다. 아울러 자문활동, 교육, 자료 분담(resource sharing)에 대한 지원, 온라인 검색, 뉴스레터의 발행, 워크숍 등과 같은 업무도 네트워크의 주요 업무가 되고 있다.

서로 다른 데이터베이스에서는 서지레코드의 질적 수준과 전거통정(authority control)이 계속적인 문제가 되고, 수많은 좌절을 겪으면서

도 서로 조정을 거치지 않은 채 각 기관별로 자동화가 진행되자, 미국에서는 전국적인 구조에서 도서관봉사를 조정하고 계획하기 위하여 1970년에 NCLIS(National Commission on Libraries and Information Service)를 구성하였다. 이 기구에서는 1975년에 도서관 및 정보봉사를 위한 전국적인 프로그램을 제안하였는데, 여기에서는 여러 주와 각 지역의 도서관자동화 노력을 전국적으로 조정하도록 권고하고 있다. 한편 1980년에는 도서관자료심의회(Council on Library Resources＝CLR)에서 여러 서지봉사기관을 연결시키기 위한 소위 BSDP(Bibliographic Service Development Program)를 후원하였고, 다음 해에는 그 전거화일 시스템을 연결시키기 위한 LSP(Link System Project)를 후원하였다. CLR에 의하여 OCLC시스템을 사용하여 구축된 CONSER(Conversion of Serials)도 전국적인 영향을 미친 프로젝트의 하나였다.

한편 LC에서 AACR2를 그 공식적인 표준편목규칙으로 채택한 것도 통일성의 증진에 있어서 중요한 계기가 되었다.

서지봉사기관 간의 네트워크 및 국가기관의 활동과 더불어, 많은 관련된 회사에서도 도서관전산화에 있어서 활발한 경쟁을 벌였다. 이들 회사에서는 주로 대출업무, 수서업무, 서지탐색, 온라인목록, COM목록, 기타 여러 자동화 업무에서의 시스템들을 제공하고 있는데, 특히 미니컴퓨터를 중심으로 한 대출시스템이 그 주종을 이루었다. 이러한 시스템은 대개 턴키 시스템(turnkey system)이라는 패키지로 판매되고 있다. 이 용어는 그와 같은 시스템이 작동할 수 있도록 하기 위해서 사서는 키를 돌려서 그것을 사용하기만 하면 된다는 아이디어에서 유래된 것이다. 이는 장비와 구현, 직원의 훈련, 설치 등이 모두 다양한 수준에서 제공될 수 있음을 의미하는 것이다.

4. MARC 개발 이후의 도서관자동화 발전

이와 같은 턴키 시스템은 관련 회사에 의해서뿐만 아니라 대규모의 도서관 시스템, 서적상, 도서관 관련 상사 등에 의해서도 제공되고 있다. 또한 마이크로컴퓨터 중심의 MARC목록시스템도 상업적인 회사를 통하여 이용이 가능한데, 이 경우는 도서관에 소장된 마이크로컴퓨터와 전체 MARC 데이터베이스를 수록하고 있는 CD-ROM을 사용하여 MARC 레코드를 필요에 따라 신속하게 검색, 다운로드한 후, 이를 편집하여 각 도서관의 자동화 목록으로 사용할 수 있게 된다. COM(computer output microform)목록도 매우 일반적으로 이용되는 벤더(vendor) 중심의 시스템 가운데 하나이다.

이상에서 살펴본 전문적인 기관에 의한 자동화 이외에도 대규모의 연구도서관과 전문도서관에서는 자체의 지역적인 자동화 업무를 개발하고 있다. 때로는 이와 같은 개개 도서관의 자동화 시스템이 발전하여 Stanford 대학 도서관의 예와 같이 벤더나 서지봉사기관으로 발전하기도 한다.

한편 1970년대 중반에 접어들면서 하나의 기능만을 자동화하는 것이 아니라 여러 가지 도서관 업무를 동시에 자동화하는 통합된 도서관자동화(Total System)를 위한 시도가 이루어지게 되었다. 3년간의 개발기간을 거쳐 1981년에 시작된 미국의 국립의학도서관(National Library of Medicine)의 ILS(Integrated Library System)가 그 대표적인 예이다. 이 시스템에서는 대출, 수서, 연속간행물, 목록업무, 장서점검, 서지통정, 관리기능 등을 성공적으로 자동화하였다. 이에 따라 다른 서지봉사기관에서도 통합된 도서관자동화를 위한 작업을 계속하고 있으며, 여러 벤더들은 다기능 시스템을 만들어 내고 있다.

1980년대에 나타난 도서관자동화에 있어서의 하나의 특징은 컴퓨터의 성능향상과 가격하락에 따라 도서관이 마이크로컴퓨터를 독자적으로 운영하기 시작한 것이다. 즉 이전까지는 도서관자동화에 메인프레임이나 미니컴퓨터 등이 도서관 이외의 다른 업무와 공동으로 사용되었으나 1980년대 중반부터는 마이크로컴퓨터가 도서관자동화 전용으로 사용될 수 있었던 것이다. 따라서 마이크로컴퓨터의 독자적인 운용은 도서관의 다양한 업무를 자동화하는 데 있어서 더욱 가속화하는 계기가 되었다고 할 수 있다.

1980년대에 나타난 또 하나의 특징은 도서관자동화에 소프트웨어 패키지 구매방식과 턴키 시스템 방식을 도입한 것과, CD-ROM 데이터베이스를 도서관자동화 업무에 사용한 것이다. 소프트웨어 패키지와 턴키 시스템 방식은 도서관으로 하여금 자동화가 용이하고 신속하게 추진되도록 하였다. 특히 CD-ROM 데이터베이스는 도서관자동화의 편목 및 검색 서비스 업무에서 더욱 많은 편리성을 제공하였다.

한편 1980년대 도서관자동화의 주요한 발전의 예는 온라인 목록(OPAC)을 들 수 있다. 온라인 목록은 기존의 이용자들이 터미널 화면을 통해서 자료의 서지사항을 판독할 수 있는 것으로서 이는 기존의 카드목록, 책자목록 또는 COM목록을 사용하던 이용자에게 매우 편리한 목록서비스를 제공하도록 하였다.

1990년대에 접어들면서 도서관자동화는 컴퓨터기술, 통신기술, 인공지능의 발전에 따라 이용자 편의성에 중심을 둔 시스템 개발에 관심을 집중시키고 있으며, 이에 따라 다양한 기능과 인터페이스 개발에 박차를 가하고 있다. 또한 인공지능을 응용한 전문가 시스템은 실험개발단계에 있다. 특정 전문영역에서의 문제해결을 위한 인간 전문가의 사고과정을 모방한 전문가 시스템을 참고봉사, 분류, 목록, 색인, 온라인 탐색업무 등에 적용시키기 위하여 이에 관한 연구가 활발히 진행되고 있으며, 머지않아 실용화될 것으로 전망된다.

우리나라 도서관자동화 시스템의 개발은 연구소 도서관을 중심으로 시작되었다. 1976년 한국과학기술정보센터(현 산업기술정보원)에서 개발한 연속간행물 관리 시스템의 자동화를 필두로, 국제경제연구원(현 산업연구원), 과학기술연구소(현 한국과학기술연구원), 국토개발연구원 등의 연구소 도서관을 중심으로 도서관리업무가 자동화되었다.

1980년대 초에는 한국원자력연구소, 한국표준연구소, 한국전자통신연구소 등에서 기술보고서, 규격서와 같은 기술자료를 대상으로 한 검색시스템을 개발하였고, 1980년대 후반에는 포항공과대학 도서관, 한국표준연구소 등이 CD-ROM목록 데이터베이스를 이용하여 편목업무를 자동화하였다. 이와 같이 1980년대 우리나라의 도서관자동화는 연구소를 중심으로 정보검색시스템과 자료관리의 일부 기능의 자동화가 그 주류를 형성했다고 볼 수 있다.

1990년대에 접어들면서 기존의 자체 개발한 시스템에 불편함을 느낀 일부 전문도서관은 상용, 소프트웨어 패키지 구매와 턴키 시스템방식을 사용하여 재개발하였다. 한편 방대한 자료량의 처리에 소요되는 컴퓨터의 엄청난 가격 때문에 도서관자동화에 엄두를 내지 못하였던 대학도서관들은 1980년대 중반 이후에 대출업무와 같은 일부 기능을 자체개발방식을 통해서 자동화하기 시작하였고, 1990년대에 들어서 많은 대학도서관들은 소프트웨어 패키지 구매, 턴키 시스템, 용역개발 등의 방식을 채택하여 도서관자동화 시스템을 구축하고 있다.

그리고 대부분의 공공도서관은 1990년 초에 국립중앙도서관에서 개발한 KOLAS 소프트웨어를 통해 도서관자동화 시스템을 구축하고 있다. 1994년 현재 우리나라의 도서관자동화 현황은 다음 <표 2-1>[14)과 같다.

<표 2-1> 한국의 도서관자동화 현황

구 분	자동화 도서관 수	도서관 수	자동화 비율
공공도서관	171	308	55.5%
대학도서관	202	336	60.1%
전문도서관	107	416	25.7%

---

14) 국립중앙도서관 편, 한국도서관전산화현황, 서울, 국립중앙도서관, 1994, p.15.

Ⅳ. 미래의 도서관(문헌관)

A. 미래도서관의 명칭 및 의의

도서관정보환경의 측면에서 보면 1970년대는 전산화의 시대였고, 80년대는 마이크로컴퓨터 응용에 의한 네트워크 시대였다면, 90년대는 인터넷에 의해 가속화되는 전자도서관 또는 가상도서관의 실현의 시기라고 할 수 있을 것이다. 학자들은 1960년대부터 이러한 현상을 예견하여 왔다. Daniel Bell은 60년대 초 후기산업사회(post-industrial society)의 도래를 예견하고 그것이 정보화 사회가 될 것임을 예측하였다. 1962년에는 프린스턴대학의 경제학자인 F. Machlup도 『지식산업』이라는 문헌에서 미국산업에서 정보의 생산과 유통의 지식산업 성장률이 GNP의 그것을 앞질렀을 뿐만 아니라 지식산업의 비중이 GNP의 30%를 상회하고 있음을 지적하였다. 미래학자인 A. Toffler도 또한 그의 『제3의 물결』에서 탈공업사회의 정보화 사회가 도래할 것임을 예언한 바 있다.

이러한 상황의 변화에서 문헌정보학자들도 정보환경의 급격한 변화를 예측하고, 그들이 보는 시각에 따라 미래 도서관에 대한 가상적인 명칭을 다음과 같이 여러 가지로 표현하고 있다. 초기에는 벽이 없는 도서관(library without walls) 혹은 논리 도서관(logical library)이라는 명칭을 많이 사용하여 왔으나, 최근에는 전자도서관(electronic library), 가상도서관(virtual library), 전자디지털도서관(electronic digital library) 혹은 디지털도서관(digital library)이라는 명칭을 사용하고 있으며, 가상실재도서관(virtual reality library) 또는 종이 없는 정보시스템(paperless information system), 멀티미디어도서관(multimedia library), 텔레마틱도서관(telematic library), 하이퍼도서관(hyper library), 사이버도서관(cyber library) 네트워크도서관(networked library) 등 다양하게 호칭되고 있다.

이상과 같은 명칭에서 virtual은 입체적인 실상을, digital은 디지털 데이터를, network는 통신을, multimedia는 매체를 강조한 것이라고 볼 수 있다. 그리하여 미래의 도서관은 거대한 건물의 테두리를 벗어나서 이와 같이 실상적인 다양한 매체와 다양한 첨단적인 통신수단을 이용하는 기관이라는 것을 상징하는 것이라고 볼 수 있다. 그리하여 여기에서는 이러한 명칭들을 모두 수용할 수 있고, 현재 가장 보편화되어 있는 '미래의 도서관'으로 통용하고 가끔은 전자도서관으로 호칭하고자 한다.

20세기 이래로 미래의 도서관에 관련된 수많은 예측들이 있어 왔는데, 이들 대부분이 F. W. Lancaster 등에 의해 재론되었다. 이러한 예측들을 종합해 보면 다음과 같다.

1) 도서관은 그들이 오늘날 행하고 있는 동일한 형태의 서비스를 많이 제공할 것이다. 그렇지만 그들의 내적인 기능성은 마이크로폼 축적과 컴퓨터 응용과 같은 기술을 통해 크게 개선될 것이며, 점증되는 다양한 자료를 취급하게 될 것이다.

2) 컴퓨터와 텔레커뮤니케이션에 의해 촉진되는 네트워크 활동이 일반적으로 도서관의 유용성과 비용－효과를 개선하게 될 것이며, 방대한 국가적 도서관자료에 효과적으로 접근할 수 있도록 할 것이다.

3) 도서관은 종이에 인쇄한 자료에 의존하는 비율이 감소되고 심지어는 축출될 수도 있으며, 기본적으로는 기계가독형 자료를 취급하게 될 것이다.

4) 도서관의 직접방문의 기회는 현저하게 줄어들 것이다. 이것은 도서관이 사무실이나 가정으로 직접 서비스를 제공할 수 있도록 기술이 발달할 것이기 때문이다.

5) 지역도서관들은 실질적으로 그 중요성이 감소될 수 있고 심지어는 사라질 수도 있다. 이것은 정보자료가 어디에 소장되어 있든 이용자들이 텔레커뮤니케이션을 통해 직접 정보원에 접근할 수 있기 때문이다.

6) 개별도서관들은 온라인 지적 공동체(intellectual communities)가 될 것이다. 온라인 네트워크로 개별도서관에 본문 또는 기타 형식으로 된 정보자료는 물론 접근을 허용하게 되므로, 공식 · 비공식 커뮤니케이션 간의 차이점은 불분명해질 것이다.

7) 새로운 정보서비스시설의 출현으로 데이터 뱅크에로의 질문에 대하여 직접 해답을 제공하거나 또는 질문에 대한 해답을 감소시킬 수 있다.[15]

이들을 요약해 보면, 앞으로 자료처리과정이 자동화되고, 전자식 접근방법으로 전환되고, 도서관서비스가 도서관을 우회하여 가정으로 배달되고, 온라인 지적 공동체는 새로운 시설로 변환되는 국면을 맞을 것으로 예견하고 있는 것이다.

한편 Kennethe E. Dowlin은 전자도서관을 크게 자료, 정보, 커뮤니케이션의 세 가지 기능을 갖고 있는 기관이라고 분석하고, 전자도서관은 1) 컴퓨터에 의하여 자료를 관리하고, 2) 전자채널로 정보공급자와

---

15) F. W. *Lancaster, Libraries and Librarians in an Age of Electronics, Arlington,* Information Resources Press. 1982, pp.125－136.

정보를 찾고 있는 사람을 상호 연결하고, 3) 정보요구자의 요청이 있으면 정보전문가가 전자처리로 중개하고, 4) 정보를 축적 및 조직하여 전자채널을 통해 요구자에게 전달할 수 있는 시스템이라고 설명하고 있다.[16]

B. 전자도서관의 발전 단계

David Raitt는 전자도서관의 발전 단계를 다음과 같이 4단계로 구분하여 설명하고 있다.

1) 도서관이 일상적인 도서관업무, 즉 수서, 대출, 연속간행물 통정과 같은 업무를 수행하기 위해서 한 대 이상의 컴퓨터를 사용한 시기,
2) 전 단계에서 말한 도서관의 일상 업무들을 통합하고 게다가 워드프로세싱, 다운로딩, 전자우편, 경영정보와 같은 다양하고 광범위한 정보처리를 위해 여러 대의 컴퓨터를 사용한 시기,
3) 이상의 모든 업무에다 팩스, 인공위성을 이용한 정보전달을 위한 지상국, OCR(optical character reader: 광학 문자 판독장치) 스캐너, 음성 가동시스템(voice - activated system), 비디오텍스 또는 그와 유사한 장치들과 같은 시설과 LAN 시설을 구축한 단계,
4) 이상에서 언급한 모든 업무에다 마이크로컴퓨터를 사용해서 도서관 내에 있는 모든 장비들을 통괄할 수 있는 시기, 즉 전자도서관은 모든 기계적인 장비뿐만 아니라 도서관의 냉난방, 조명, 보안유지, 전구소켓, 커뮤니케이션 등을 컴퓨터를 통해 통제할 수 있는 시기이다.[17]

---

16) Kennethe E. Dowlin. *The Electronic Library the Promise and the process* York, Neal - Schuman. Nea1 - Schuman. 1984, pp.27 - 34.

17) D. I. Rautt. Planning Implementing and Managing the Electronic Library or theElectronic Library Manager' s Guide to Life. *The Application of Micro - Computers in Information, Documentation and*

한편 Herb Becker는 미래의 도서관이 전자도서관으로 변화되어 가는 과정을 다음의 7가지 단계로 설명하고 있다.

첫째, 10년 전과 비교하여 퍼스널 컴퓨터의 성능은 훨씬 강력해진 반면 가격은 오히려 내렸다.

둘째, 그림이나 사본, 컬러그림 등을 팩시밀리와 같은 영상을 나타내는 컴퓨터파일로 변환하기 위해 필요한 스캐닝 기술이 보다 향상되었으며, 가격은 계속 내리고 있다.

셋째, 정보축적을 위한 물리적 공간의 절약은 물론 비용 면에서도 훨씬 좋아졌으며, 이러한 축적기술은 급속도로 향상되고 있다.

넷째, 1990년대에 들어 인터넷(internet)의 급속한 성장으로 디지털 정보에 대한 광범위한 접근을 할 수 있게 되었다.

다섯째, TCP/IP로 알려진 텔레커뮤니케이션 프로토콜과 같은 표준 프로토콜의 출현으로 컴퓨터 커뮤니케이션이 훨씬 용이하게 되었다.

여섯째, SGML(Standard Generalized Markup Language)와 HTML(Hyper Text Markup Language)과 같은 표준언어의 사용이 증가하게 되어 텍스트정보를 전자적으로 공유하기가 훨씬 용이하게 되었다.

일곱째, 표준화된 이미지 포맷과 압축기술의 출현으로 이미지와 컴퓨터의 공유가 가능하게 되었다.[18]

Libraries. Amsterdam, Elsevier Science, 1987, pp.62 – 63.

18) H. S. Becker. Library of Congress Digital Library Effort. *Communications of the. ACM*. vol.38, no.4(1955), p.262.

C. 전자도서관의 특성

전통적인 도서관의 개념과는 달리 전자도서관은 네트워크를 통한 디지털정보의 상호 교환에 있다. 그러므로 종이매체의 단점을 극복하고 공간적인 제약을 초월함으로써 새로운 도서관서비스와 함께 다음과 같은 특성을 고려해 볼 수 있다.

첫째, 지역성(location): 전통적인 도서관을 이용하기 위해서는 도서관이라는 건물 자체에 접근하지 않으면 안 되었지만, 전자도서관에서는 컴퓨터와 네트워크의 접속이 있는 곳에는 바로 그 자체가 도서관이 된다. 이와 같이 전자도서관의 기본적 조건은 모든 이용자가 컴퓨터와 네트워크에 접속할 준비가 되었을 때부터 시작된다.

둘째, 유용성(availability): 전자도서관의 문은 항상 열려 있다. 즉 자료가 대출되고 없거나 서가에 잘못 배열되어 검색하기 힘들거나 또는 분실되는 경우는 없어지게 된다. 캠퍼스 내의 어느 한곳에 자료를 쌓아 놓은 것도 아니다. 더구나 장서의 규모는 도서관의 벽을 뛰어넘어 확대되어 가고 있는 반면 효율성이 증가되는 경향이다.

셋째, 정보탐색에 컴퓨터의 힘(computer power)을 이용할 수 있다: 종래의 도서관에서는 수많은 2차 자료와 숙달된 참고사서가 있음에도 불구하고 거대한 도서관에서 필요한 정보를 찾는다는 것은 상당한 어려움이 있다. 그러나 전자도서관이 보다 발전하게 되면 유용한 정보를 탐색하는 노력은 그만큼 절감될 것이다.

넷째, 학술연구에 많은 변화를 가져온다: 전통적인 도서관에 축적되어 있는 대부분의 자료가 종이에 인쇄된 것이지만 그러한 것이 정보기록 및 배포에 있어서 항상 최선의 것은 아니다. 예컨대 데이터베이스는 정보축적을 위해서, 비디오 레코드는 정보배포를 위해서 최상의 방법이라고 하겠다. 즉 수학이라는 학문을 'Mathematica' 또는 'Maple'과 같은 컴퓨터 프로그램으로 조작될 수 있는 컴퓨터 부호로 가득 찬 도서관을 조망해 볼 수 있다.

다섯째, 비용(cost): 도서관은 매우 비싼 대가를 치르고 있는 기관이다. 거대한 연구도서관을 예로 들어 보면, 수백 명의 인원이 근무하고 있으며, 대학의 중심지에 비싼 건물을 점유하고 있다. 그리고 원하는 자료를 수집하고 처리하는데 현재의 예산으로는 너무 부족한 상태이다. 오늘날 전자도서관은 비록 당장은 엄청난 비용이 소요되지만 가격이 급격하게 떨어질 구성요소로 이루어져 있다. 예컨대 10년 이내로 컴퓨터에 거의 모든 자료를 축적하는 것이 서가에 도서를 배열하는 것보다는 비용 면에서 훨씬 저렴하게 될 것이다.

D. 전자도서관의 구성요소

CNRI(Corporation for National Research Institute)가 주관한 워크숍에서 논의된 바에 따르면 전자도서관을 구성하기 위해서는 다음과 같은 다섯 가지 요소들이 필요한 것으로 보고 있다.

1) 이용자용 도서관 시스템
2) 개인이나 한 그룹의 활동을 지원힐 수 있는 조직적인 도서관 시
   스템
3) 기존의 자체적으로 제작한 데이터베이스 또는 외부 데이터베이
   스와 같은 새로운 데이터베이스

4) 원거리 요청을 수용할 수 있는 데이터서비스 서버
5) 데이터의 기입과 검색을 조정 관리할 수 있는 다양한 시스템 기능[19]

그러나 이러한 시스템의 구성요소는 컴퓨터 네트워크의 상호 연결을 전제할 경우이며, 그 외에도 Knowbot programmes와 같은 강력한 지능형 컴퓨터 프로그램이 필요하다.

이와 같은 전자도서관의 기능을 실현하기 위해서는 텍스트 외에 음성, 화상, 동화 등 기존의 다양한 매체를 전자매체에 축적하는 기술, 이러한 정보를 다시 조직, 색인, 검색하기 위한 새로운 정보관리 기술 그리고 원격지로 송신할 수 있는 통신기술을 상호 결합할 때만이 가능하게 된다.

전자도서관을 만드는 주요 기술 분야는 크게 3가지로 나눌 수 있다. 우선 전자출판 분야이다. 우선 다양한 소프트웨어가 있어서 포스트스크립트(post script) 문헌을 바로 전자화할 수도 있으며, 하이퍼텍스트 링크를 만들거나 탐색서비스를 할 수도 있다.

둘째, 하이퍼미디어 분야이다. 현재 하이퍼베이스, 지식베이스 및 다중 이용자용이 개발되고 있다.

셋째, 정보관리 분야이다. 이 분야는 광범위하다. 데이터의 압축, 멀티미디어정보, 지리정보 등을 위해서는 특수한 기술이 필요하다. 관계형이건 오브젝트 지향형이건 데이터베이스 관리방법은 전자도서관의 문헌 데이터 이용뿐만 아니라 목록, 사용료관리, 로그 데이터, 보안 등을 위해서도 필요하다. 변환, 색인, 표현, 탐색, 결과제시 등을 위한 텍스트분석이나 검색기법은 매우 중요하며, 이용자가 쉽게 요구

---

19) John R. Garrett and P. A. Lyons. Towards on Electronic Copyright Management System. *JASIS*. vol.41, no.8(1993), pp.468 - 469.

정보를 찾을 수 있도록 도와주는 안내시스템이나 이용자 인터베이스
도 꼭 필요하다.

E. 미래도서관(문헌관)에 있어서의 사서(문헌사)의 역할

미래의 도서관에 있어서는 전통적인 도서관의 기능이 대폭적으로
줄어들기 때문에 사서의 역할도 감소될 것으로 보는 견해와, 그와는
반대로 사서의 기능은 더욱 확대될 것으로 보는 견해로 집약된다. 여
기에서는 후자의 관점에 대해서 논하고자 한다.

미래도서관의 탈시설화를 주장한 Lancaster는 전자공학에 의존하는
사회가 되면, 시설로서의 도서관이 갖는 가치는 저하되지만 그 반면
에 사서의 가치는 높아진다고 예측하고 있다. 다만 주의해야 할 것은
여기에서 상정되는 사서는 도서관 내에서 업무를 수행하는 전통적인
사서가 아니라 도서관이라는 시설에서 해방된 정보전문가라고 할 수
있다. 이는 다양한 정보원을 대상으로 하여 검색기술을 구사하고 필
요로 하는 정보를 입수하는 능력을 갖추고 있다는 점에서 전문성이
인정되는 직업이다. Lancaster는 장래의 사서인 정보전문가의 업무를
다음과 같이 일곱 가지로 열거하고 있다.

1) 정보컨설턴트로서 업무를 수행하고 이용자들의 정보요구를 만
   족시켜 주는 최적의 정보사료를 안내한다.
2) 전자적 정보원의 이용에 대해서 이용자들을 훈련시킨다.
3) 개개의 이용자가 잘 알지 못하는 정보원의 검색을 실시한다.
4) 몇 가지 정보원을 탐색하여 그 결과를 분석하고, 현재를 평가하

여 가능한 한 직접적으로 질문자에게 결과를 선정해 준다.
5) 이용자가 온라인 SDI(Selective Dissemination of Information) 서비스를 이용할 경우, 이용자가 관심을 가진 개인용 정보파일을 효과적으로 작성할 수 있도록 지원한다.
6) 개인용 전자정보파일의 조직화를 지원한다.
7) 연구자의 새로운 정보원과 서비스에 대한 최신성을 유지시켜 준다.[20]

Lancaster는 이상과 같은 몇 가지의 정보전문가의 기능을 열거하고, 이들은 전자 시대에서는 모두 중요한 행위가 될 것이지만 매우 흥미로운 것은 도서관의 4면 벽 내에서 수행되지는 않을 것이라는 전망이다. 이것은 다음과 같은 가설을 유도한다.

1) 만일 기꺼이 수용될 수만 있다면 도서관은 인쇄매체사회로부터 전자사회에로 자연스럽게 변환시키는 데 중요한 역할을 할 것이다.
2) 그럼에도 불구하고 우리들이 현재 인식하고 있는 바처럼 도서관들은 제한된 생명을 지니고 있다. 결국 그들은 서비스의 기능이 거의 없는 창고와 배달기능을 제공하는 박물관, 기록보존소, 과거기록의 보관소가 될 것이다.
3) 숙련된 정보전문직으로서 사서들은 보다 오랫동안 살아 있는 기능을 수행할 것이다.
4) 사서들의 미래는 그들의 능력이 전통적 도서관에서 기꺼이 벗어날 수 있느냐에 달려 있다는 것이다.[21]

이 밖에도 사서(문헌사)는 다양한 정보를 디지털화하기 위한 미디어 기술, 대용량 데이터를 축적해서 활용하기 위한 데이터베이스 기술, 디지털정보를 통신하기 위한 네트워크 기술 등의 여러 가지 기능을 보유할 필요가 있다.[22]

---

20) F. W. Lancaster. op.cit. pp.168-169.

21) Loc. cit.

22) 村上篤太郎, 大學圖書館における電子圖書館の對應, 情報の科學と技術, vol.44, no.12(1995), pp.67-70.

한편 Dowlin은 전자도서관에서 "사서의 역할은 정보원의 접근과 그 보존을 보증하고 강화한다는 틀 속에서 데이터, 정보, 지식을 수집, 축적, 검색하고 그에 대해 부가가치를 부여하고 또한 서비스의 대상인 지역사회에 알맞은 도서관의 장서를 구축하는 것"이라고 강조하고 있다.[23] 그도 역시 사서의 전문성을 중시하고 정보전달의 전문가로서 사서가 갖는 역할이 중요하다고 본 것이다.

이상에서 보는 바와 같이 사서들은 여러 분야에서 디지털정보를 적극적으로 수집, 제작, 축적, 제공하는 기능을 가진 디지털사서가 되기 위한 노력이 절실히 요구된다.

---

23) K. E. Dowlin. op.cit, pp.27 - 34.

제3편

도서관학과 도큐멘테이션

Ⅰ. 도서관학의 의의

A. 도서관학

동양에 있어서 도서관이란 명칭은 영미계의 library를 번역한 말이며, 도서관학이라는 명칭도 본래 library science를 번역한 말이다. 동양에는 역대로 도서관적인 시설이나 기관은 많이 있었으나 이들을 지칭하는 일반적인 통칭이 없었고, 각기 다른 장서나 도서관적인 기능을 상징하는 추상적인 명칭이 주어졌던 것이다. 그러나 19세기 말기부터 서양의 문화가 동양에 도입되는 과정에서 영어의 library는 처음에는 文庫, 書籍縱覽所, 書籍館 등으로 번역되다가 1877년에 도서관[1]이라고 번역되어 그 후부터는 이것이 일반적인 통칭이 된 것이다.

Library는 본래 라틴어계의 liber(樹皮)에서 유래한 것으로 이 樹皮를 건조해서 필사의 자료로 사용했기 때문에 이것이 책을 의미하게 되있고, 그 책을 보존하는 곳을 librarium이라고 하고, 또한 책에 관계하는 사람이나 서적상, 서고 등은 librarie라고 하다가 14세기 이후부터

---

1) 정필모, 圖書館名稱의 變遷에 대하여, 圖書館學, 第二輯, 서울, 韓國圖書館學會, pp.74-76 참조(東京大學附屬圖書館 1877년 設立).

도서관을 library라고 하게 된 것이다.

이와 같이 영어의 library는 본래 도서관의 건물이라는 의미보다는 많은 책, 총서, 전집 또는 장서를 의미한다. 그리하여 현재도 영미계에서는 Everyman's Library나 Popular Science Library와 같이 어느 정도의 체계를 갖춘 문고를 의미한다. 그러므로 library를 도서관이라고 번역하는 데는 무리가 없으나 library science를 도서관학이라고 번역하는 데는 무리가 있다. 따라서 당초에 library science를 圖書學이나 文獻學으로 번역했어야 합리적일 것이다. 그러나 우리나라를 비롯해서 동양의 3개국에서 30여 년간 모두 도서관학으로 통용되어 왔던 것이다.

B. 도서관학의 발생

도서관학은 본래 도서관에 소장되는 정보자료의 효과적인 이용을 위한 정리방법과 도서관 전반에 걸친 효과적인 운영관리에 있어서 전문적인 지식과 특별한 기술을 요구하게 됨으로써 이에 대한 교육과 연구가 직접적인 발생동기가 된 것이다.

19세기 초기부터 사회문화가 점차로 발전함에 따라 인간의 지식수준이 높아지는 동시에 지식인의 인구가 증가하게 됨으로써 정보자료의 생산량과 종류가 증대하고, 이에 따라 도서관의 수가 증대하고, 도서관에 소장되는 자료의 축적량이 증대하게 되었다. 동시에 정보자료의 내용이 고도화하고, 이용자가 증가하고, 정보자료에 대한 요구가 전문화하는 현상이 일어남으로써 이에 대한 전문적인 지식이 없이는 이러한 문제를 처리할 수 없는 사례가 증대하게 되었다. 그리하여

1850년대 이후부터는 徒弟敎育 형식으로 도서관 직원을 양성하기 시작하게 된 것이다. 이러한 思潮가 고조되어 19세기 초에 독일의 Schrettinger에 의해서 도서관학이 唱導되었고, 1887년에는 독일의 Gottingen 대학에서 Dziatzko에 의해서 '도서관학'이라는 강좌가 개설되었고, 동시에 미국의 Columbia 대학에는 Melvil Dewey에 의하여 도서관학교(School of Library Economy)가 창설되어 현대의 대학교육에 있어서의 제도적인 독립된 학문으로서 급속히 발전하게 된 것이다.

이와 같이 도서관학은 그 발생 초기부터 도서관의 기본적인 기능 수행에 필요한 여러 가지 전문적인 지식과 기술을 연구하고 교육했기 때문에 최근까지 근 100년 동안 '도서관학(library science)' 또는 '도서관관리학(library economy)'이라는 이름으로 일반적으로 지칭되어 왔던 것이다.

도서관의 기본적인 기능이란 간단히 말하면, 정보자료를 선택하여 수집하고, 이를 편리하게 이용할 수 있도록 체계적으로 조직하기 위해서 분류 · 배열하고, 이용자들이 이를 효과적으로 검색할 수 있도록 목록 색인 등을 작성하며, 이용자들에게 도서관 및 정보자료의 이용을 안내하고 지도하는 것이다. 이와 같이 복잡하고 전문적인 도서관에서의 실무내용에 필요한 지식이나 기술을 관계되는 분야별로 구분하여 여러 가지 교과목을 수립하고 이를 교육하고 연구하는 여러 분야의 종합적인 명칭을 '도서관학'이라고 명명했던 것이다.

다시 말하면 종래의 '도서관학'은 그 시설이나 건물로서의 '도서관'을 연구대상으로 하는 학문이 아니라 '문헌의 인식, 수집, 정리, 운용에 관한 문제를 연구대상으로 하는 학문'이기 때문에 본래 그 명칭 자체도 비논리적이며, 그 본질과 체계가 문제가 되어, 오랫동안 '도서관학'이 학문이냐 지식이냐 하는 논란과 비판이 지속되어 왔으나 '도서관학'은 끝내 객관적으로 타당한 학문적 체계를 수립하지 못한 것이다. 그 근본적인 원인은 이론의 빈곤과 방법론의 비과학성 때문이었다고 볼 수 있다.

C. 도서관학의 정의

ALA의 『도서관용어집』에 의하면 "도서관학이란 인쇄 또는 書寫된 기록류의 인식, 수집, 조직, 이용에 관한 지식 및 기술"[2]이라고 한다. 다시 말하면 '도서관학은 도서관의 자료를 중심으로 한 그 인식, 수집, 조직, 이용에 관한 도서관에서의 실무 활동에 필요한 지식 및 기술'이라고 규정한 것이다.

한편 최근에 발행된 ALA의 『문헌정보학용어집』에 의하면 도서관학은 "한 지역사회의 이용자들의 정보요구에 대응하는 데 있어서 기록정보를 선택, 수집, 조직하여 유용하게 하는 지식 및 기술"[3]이라고 한다.

또한 우리나라에 있어서는 "도서관학은 인쇄 또는 手書된 문헌을 인식하고 수집, 정리, 조직, 운용하는 지식 및 기술"[4]이라고 정의하고 있다. 이것은 ALA의 정의를 그대로 답습한 것이다. 다만 ALA의 정의에서 '기록류'라는 말을 '문헌'이라는 용어로 대용했고, '이용에 관한'이라는 말을 '운용하는'이라는 말로 대용했을 뿐이다.

---

2) ALA *Glossary of Library Terms*, Chicago, ALA. 1943.

3) The ALA *Glossary of Library and Information science*, Chicago, ALA, 1983.

4) 韓國圖書館協會編, 圖書館用語集, 서울, 韓國圖書館協會, 1966.

이상의 세 가지 정의에 있어서 '지식 및 기술'을 학문이라고 규정할 수 없는 한 논리적인 모순이며, 도서관학이 체계적인 과학이 아니라는 것을 자처한 것이다. 그러나 일본의 草野正名은 "도서관학은 도서관봉사의 체계에 대하여 연구하는 과학이다"[5]라고 정의하고, "도서관봉사란 도서관원이 도서관에 集藏하는 모든 도서관자료를 활용하여, 시민에게 널리 효과적·능률적인 이용에 제공하면서, 자유로운 문화적·교육적인 서비스활동을 행하는 것이다"[6]라고 해설을 부기하였다.

(The knowledge and skill by which recorded information is selected, acquired, organized, and utilized in meeting the information demands and needs of a community of users.)

그의 이러한 정의는 간단명료한 도서관학의 본질론이라고 볼 수 있다. 이를 다시 정리해 보면 '도서관학은 지적 문화재의 효과적·능률적인 이용을 위한 문화적·교육적인 봉사활동의 체계를 연구하는 과학'이라고 할 수 있을 것이다.

---

5) 草野正明著, 圖書館學原論, 東京, 內田老鶴團, 1963, p.23.
6) *Ibid.*, p.29.

Ⅱ. 도큐멘테이션의 의의

A. 도큐멘테이션의 발단

종래의 도서관에서는 수집되는 모든 문헌자료를 단행본을 중심으로 한 도서형태 단위로 분류·배열하고, 이에 대한 목록을 작성하여 이용자들로 하여금 주로 이 목록을 통해서 필요한 자료를 검색해서 이용하도록 되어 있었다.

한편, 과학기술 분야에 있어서는 최신의 정보자료가 Journal에 우선 발표되기 때문에 과학기술자들에게는 최근의 Journal에 수록되는 개개의 논문이나 기사가 가장 중요한 정보자료이고 또한 단행본 도서 중에서도 최근에 발행된 도서에 수록된 개개의 논문이나 기사를 찾아보는 것이 가장 중요하다. 그러나 종래의 도서관에서는 이와 같이 과학기술자들의 요구에 부응하는 개개의 논문이나 기사에 대한 검색 도구를 마련하지 못했던 것이다.

그리하여 Belgium의 Paul Otlet와 Henri La Fontaine은 1892년에 Brussels에 국제서지사무소(Office International de Bibliography)를 설립하고, 도서와 정기간행물기사를 포함하는 모든 출판물을 수록할 世界書誌에

대한 하나의 分類索引을 편찬할 것을 계획하였다.

이를 위해서 그들은 1895년에 제1차 국제서지회의(International Federation of Bibliography)를 소집하고 여기에서 그들의 계획을 설명하여 동의를 얻었으며 또한 이 자리에서 결의를 얻어서 국제서지학회(International Institute of Bibliography = IIB)가 설립되었다.

이와 같이 설립된 IIB는 이러한 세계서지에 대한 분류색인을 편찬하기 위해서 최초로 착수한 사업이 국제적으로 공통하는 세분된 분류표를 편찬하는 사업이었다. 그들은 이 새로운 분류표를 DDC를 기초로 해서 이를 세계서지의 목적에 부합하도록 개수하고 더 세분하여 편찬하기로 하였다. 이를 위해서 그들은 Melvil Dewey와 여러 차례 협의하여 DDC의 기본골격을 유지하고 세분만 한다는 데 합의하였다.

그리하여 IIB는 새롭게 편찬될 분류표를 국제십진분류표(Universal Decimal Classification = UDC)라고 명명하고, 이 UDC의 편찬에 주력하여 1899년부터 1905년까지 *Classification bibliographique decimale*이라는 서명으로 35부문으로 나누어 발행하였다. 또한 1905년에는 *Manuel du repertoire bibliographique universel*이라는 서명으로 불어의 완전판을 발행하였다. 1953년에 독일어판이 발행되고, 1983년에는 영어판이 발행되었으며, 그 후 여러 나라에서 여러 형태의 판으로 발행되었다.

IIB는 세계중앙도서관을 설립하려던 시도는 실현시키지는 못했으나 세계 여러 나라에 도큐멘테이션센터를 설립하게 하였고, 세계의 문헌에 대한 종합적 색인을 작성하려던 시도는 실현시키지는 못했으나 전 세계적으로 과학기술문헌에 대한 색인지와 초록지를 편찬하여 보급하게 하는 촉진제 역할을 했다고 볼 수가 있다.

IIB는 1931년에 그 명칭이 국제문헌정보연구소(Institut International

de Documentation＝IID)로 변경되고 또한 IID는 1939년에는 국제문헌
정보협회(Federation International de Documantation＝FID)로 변경되었다.

한편 미국에서는 Ralph R. Shaw가 래핏 셀렉터(Rapid selector)라고 하
는 마이크로필름 검색기계를 발명하고, Mortimer Taube는 유니텀 시스
템(Uniterm system)이라고 하는 문헌검색기법을 고안하고, Calvin N.
Mooers는 자토 코우딩 시스템(Zato coding system)이라고 하는 문헌검색
기계를 개발하였다. 이들이 개발한 기계와 기법들은 그 후 도큐멘테이
션활동에 널리 활용되어 문헌검색에 있어서 효율을 현저하게 증진시
켰을 뿐만 아니라 그 후에 정보검색시스템의 개발에 크게 공헌하였다.

B. 도큐멘테이션의 의미

도큐멘테이션의 창시자 중의 한 사람인 Paul Otlet는 도큐멘테이션
은 "문헌(documents)의 수집, 처리, 축적, 검색 및 배포에 관한 특수활
동"이라고 규정하였고, Samuel C. Bradford는 "인간의 지적활동에 대한
모든 종류의 기록자료를 수집, 분류하여 손쉽게 접근할 수 있도록 하
는 기술(art)"[7]이라고 정의하고 있다.

한편 H. Borko는 "도큐멘테이션은 기록된 문헌정보의 수집, 축적,
검색 및 배포와 관련된다"[8]고 하였고, Jesse H. Shera는 "도큐멘테이션
은 전문가 집단 내에서나 전문가들 사이에 1차 자료에 대한 간접 커
뮤니케이션을 위한 서지적 조직"[9]이라고 하였다.

---

7) Samuel C. Bradford, *Documentation*, London, Crosby Lockwood, 1948.

8) H. Borko, Information science: What is it? In: *Amerucan Documentation*, 1968, January; 3－5.

이상에서 보는 바와 같이 도큐멘테이션은 주로 학술잡지에 수록된 논문이나 연구보고서, 팸플릿, 특허명세서 등 과학자나 기술자들이 필요로 하는 정보자료를 보다 효과적으로 수집, 조직, 검색하여 이용할 수 있도록 하는 기법이라고 볼 수 있다. 그러나 근년에는 이 도큐멘테이션은 과학기술 분야뿐만 아니라 사회과학이나 인문과학 분야까지도 확대 적용되고 있다. 이들에 대한 몇 가지 예를 들면 다음과 같은 것들이 있다.

Lineback, Richard H. ed. *The Philosoper's Index: A Retrospective Index to Non −US English Language Publications from 1940*, 3 vols. p.1265, 1980.

Lineback, Richard H. ed. *The Philosoper's Index, 1988: Cumulative edition*, 1989.

Fondation Nationale des Sciences Politiques. *Index to Post −Nineteen Forty −four Periodical Articles on Political, Economic & Social Problems*, Supplement Eleven, 1981.

Index to Legal Periodicals: Thesaurus. p.80, 1988.

Educational Resources Information Center Staff. *Current Index to Journals in Education: Semi −Annual Cumulation*, January − June, 1978.

Parker, Franklin & Parker, Betty J., eds. *American Dissertation on Foreign Education: A Bibliography with Abstracts*, 1979.

또한 이 도큐멘테이션기법은 그 명칭은 달리 표현되기도 하지만 현재 문헌정보학 분야의 한 주요한 교과목이 되고 있는 것이다.

---

9) Jesse H. Shera et al. *Documentation in action*. New York, Reinhold, 1986.

제4편

정보학과 문헌정보학

Ⅰ. 정보학의 의의

A. 정보학의 발단

미국의 수학자 William Goffman에 의하면 "정보학의 기원은 급증하는 과학문헌을 통정(control)하는 데 있어서의 인간의 노력을 컴퓨터로 대치하기 위한 시도로서 제2차 세계대전과 그 여파에서 비롯한 것"이라고 한다.[1]

컴퓨터는 1946년에 출현한 전자수치 적분기(Electronic Numerical Integrator And Calculater＝ENIAC)로부터 비롯하는데 그 후 컴퓨터의 개념도 상당히 변천되어 왔다. 우선 당초에는 계산처리가 주된 기능이었으나, 곧이어 대량의 사무데이터를 처리하는 통계처리적인 것으로 발전하여 사무의 기계화를 위한 수단으로 사용되었다. 그리고 1950년대에는 생산관리 등의 관리기계적인 것으로부터 산재하는 정보집단을 유기적으로 통합하고 가공하고 분석하고 관련성의 발견이나 사회현상, 경제현상의 시뮬레이션 등을 행하고, MIS(Management

---

1) William Goffman. Information Science; Discipline or Disappearance? In: *ASLIB proceedings*. *22(1970)*. *pp.589 – 595*.

Information System)와 같은 경영관리적인 수단에도 사용하게 되었다.

미국의 도서관학자 Jesse H. Shera에 의하면 1950년대와 1960년대 초기에 정보검색시스템의 설계에 대한 새로운 방법을 탐색하는 데 과학문헌 처리 전문가와 도서관 전문가가 공동으로 참여하여 이를 달성했다고 하며, 이것이 정보학이라고 하는 개념을 도출하게 된 것이라고 한다.[2]

이를 미루어 보면 컴퓨터가 발전하는 과정에서 그 능력이 다양해지자 문헌정보 전문가들이 '산재하는 정보집단을 유기적으로 통합하고 가공하고 분석하고 관련성을 발견'하여 효과적으로 이용할 수 있도록 정보검색시스템을 설계하여 컴퓨터에 적용시켜서 그 기능을 더욱 발전시켰던 것으로 보인다.

그리하여 정보학이 출현하는 데 다음의 두 가지 영향이 컸다고 한다. 즉, 그 첫째는 이른바 수학적 통신이론[3]이라고 하는 한 전화선의 정보 혹은 신호송신과 용량에 관한 Shannon과 Weaver의 저작이었다. 둘째는 이른바 Cybernetics[4]라고 하는 정보전달에 관한 문제를 통일적인 입장에서 연구한 Nobert Wiener의 저작이었다고 한다.[5]

Shannon은 수학적 통신이론에서 '정보는 일반적으로 어떤 결정을 하기 위해서 필요한 것'으로 생각하고 정보의 양을 확률적인 개념을 기초로 하여 수학적으로 표현하였다. 그리고 그는 여기에서 정보전달에 관한 이론을 체계화했던 것이다.

Wiener의 Cybernetics는 인공두뇌학이라고도 하는데, 이것은 인간과

---

2) Jesse H. Shera. *Introduction to library science*. Littleton, Libraries Unlimited, 1976, p.110.

3) Claude E. Shannon and Warren Weaver. *The Mathematical theory of communication*. Urbana, Univ. of Illinois hess, 1949.

4) Nobert Wiener. *Cybernetics*. New York, Wiley, 1948.

5) Jesse H. Shera. *op.cit.,* p.110.

기계에 있어서의 제어와 통신의 이론 및 그 기술을 연구 개발하는 것이다. Wiener는 Cybernetics에서 정보를 정량화하고자 하는 示唆와 잡음에 대한 통계학적인 이론을 수립하고, 피드백 또는 합목적적 행동을 나타내는 기계에 관해서 고찰하고 있다.

Cybernetics의 어원은 희랍어 Kubernet(舵手)인데, 외부환경의 변화에 대응하면서 어떤 목적을 달성하기 위해서 최적의 동작을 취하고자 스스로 제어해 가는 데 관한 이론으로서, 이 이론은 제2차 세계대전 중에 고사포로 전투기를 사격할 때 전투기의 미래위치를 예측해서 발사하는 데서 힌트를 얻었다고 한다. 그리하여 무릇 모든 조직이 활동하는 지령수단의 일체가 정보라고 생각하고 정보는 통신과 제어의 기술에 공통하는 것이라고 본 것이다. 이와 같은 Shannon의 수학적 통신이론과 Wiener의 Cybernetics에 의하여 현대의 정보이론의 기초가 수립된 것이다. 그리하여 이 두 가지 연구는 문헌정보 연구자들로 하여금 정보검색 분야에 있어서 그들의 작업(시스템개발)을 진전시키는 데 있어 가능한 한 유용성을 확보하고, 다른 분야 작업의 다양성을 탐구하기 위한 상상력을 촉진시켰다.[6] 이러한 모든 활동은 실질적으로 미국의 국립과학재단(National Science Foundation), 미국항공사(US Air Force), 미국교육성(US Office of Education) 및 국립보건연구소(National Institutes of Health)와 국립의학도서관 등의 정보기관으로부터의 先支援의 효력에 의해서 촉진되었다.[7] 더욱이 당시는 스푸트니크(인공위성) 시대로서 미국은 우주공간에 대한 소련과의 경쟁 때문에 정부 차원에서 컴퓨터에 의한 과학적 통신의 발전에 관심을 집중시켰던 것이다.[8]

---

6) Jesse H. Shera, *Introduction to Library Science*. Littleton, Libraries Unlimited, 1976, p.110.
7) *Ibid.* p.111.

그리하여 컴퓨터에 의한 정보의 수집, 축적, 처리 또는 정보검색에 관한 한 초기에는 문헌정보활동(documentation)이라고 하고, 다음에는 정보검색(Information retrieval)이라고 하고, 그 후는 정보학(information science)이라고 한다.[9] 현재는 정보검색에 관한 다양한 프로그램이 개발되었는데, 여기에서 모든 정보검색에 통용될 수 있는 표준화 문제가 대두되고 있다. 이것은 모두 코딩(coding)의 문제이며, 언어학이나 수학이나 논리학이나 索引 등등의 문제라고 한다.[10]

B. 정보학의 정의

정보학에 대한 정의는 다양하다. 미국의 정보학회 회장인 Robert S. Taylor에 의하면 "정보학은 정보의 본질(property)과 행태(behavior), 정보의 유통을 제어하는 요인 및 최적의 접근성과 유용성을 가지도록 정보를 가공처리(processing) 하는 수단을 연구하는 학문[11]"이라고 한다. 그리고 "정보학은 정보의 발생, 수집, 조직, 축적, 검색, 해석, 전달, 변환 및 이용에 관련된 지식의 총체를 다룬다"[12]고 한다.

한편 미국의 도서관학자인 Phyllis A. Richmond에 의하면 "정보학은 모든 주제 분야에 있어서 모든 종류의 정보수집, 처리, 축적, 조작 및

---

8) *Loc. cit.*

9) Jesse H. Shera. *Introduction. to Library Science.* Littleton, Libraries Unlimited, 1976, p.110.

10) *Loc. cit.*

11) R. S. Taylor. Professional aspects of information science and technology. In: C. A. Cuanda(ed.) *Annual review of information science and technology.* Vol.1. New york, John Wiley R Sons, 1966.

12) *Loc. cit.*

배포에 관한 지식의 총체"라고 한다.[13]

그리고 역시 미국의 도서관학자인 Jesse H. Shera는 "정보학은 커뮤니케이션 현상과 커뮤니케이션의 본질에 관한 연구"라고 한다.[14]

(Information science is that discipline that investigates the properties and behavior of information, the forces governing the flow of information, and the means of processing information for optimum accessibility and usability.)

(Information science is concerned with that body of knowledge relating to the origination, collection, organization, storage, retrieval, interpretation, transmission, transformation, and utilization of information.)

ALA의 『문헌정보학용어집』에 의하면, "모든 형태로 되어 있는 정보의 창조, 이용 및 운영에 관한 연구"[15]라고 한다.

또한 北川敏男을 비롯한 일본의 정보학자들은 "정보학은 기계, 생체, 인간사회에 있어서의 정보의 발생, 전달, 수집, 축적, 처리에 관한 일반적 원리를 구명하는 새로운 학문 분야"[16]라고 한다.

이 외에도 정보학에 대한 여러 가지 정의가 있으나 이와 같이 정의가 다양한 것으로 보아, 정보학은 그 범위가 넓고 역사가 짧으며, 아직 학문으로서의 체계가 定立되지 못했다고 볼 수 있다. 그러나 여기서는 위에서 예시한 가운데 미국의 Taylor의 정의와 일본의 北川 등의 정의를 검토하여 정리해 보고자 한다.

위의 예시에서 보는 바와 같이 이 양자의 정의는 그 표현 방법이

---

13) Jesse H. Shera. *Introduction to library science*. Littleton, Libraries Unlimited, 1976, p.111.

14) *Loc. cit.*

15) *The ALA Glossary of library and information science*. Chicago, ALA. 1983.

16) 北川敏男, 情報科學の視座, 東京, 共立出版株式會社, 昭和 45(1970), p.3-4. 大泉充郎, 情報科學の期待. 東京, 計測制御學會, 1965. 10(Vol.4, No.10), pp.653-654.

서로 다르다. 그리고 이 양자의 정의는 근본적으로는 내용상의 차이점은 없으나 관점에 있어서 약간 혼돈하고 있다고 생각된다.

Taylor 등의 정보학의 정의를 검토해 보면 '정보의 본질'을 구명하기 위해서는 그 본질을 이룰 수 있는 속성이 문제가 되며, '정보의 행태'를 구명하기 위해서는 정보 전반에 걸친 현상이 문제가 된다. 그리고 '최적의 접근성과 이용성을 가지도록 정보를 가공처리(processing) 하는 수단을 연구'하는 데 있어서, 그 구체적인 사항이 '정보의 수집, 조직, 검색, 해석, 전달, 변환 및 이용에 관련된 문제'이며, 이러한 문제를 과학적이고 효과적으로 처리하는 것이 결국 '정보의 유통을 제어하는 수단'이 되는 것이다. 그러므로 이것은 중복된 표현이라고 볼 수 있다.

한편, 北川 등의 정의를 검토해 보면 '정보의 발생' 문제, 즉 정보가 어떻게 발생하느냐 하는 문제를 구명하기 위해서는 정보의 속성과 본질이 무엇이냐를 구명하는 것이 선행되어야 하며, '정보의 전달' 문제는 정보 전반에 걸친 현상과 행태가 어떠한 것인가를 구명하는 것이 선행되어야 할 것이다.

그리고 정보학에서는 '정보의 수집, 축적, 처리에 관한 일반적인 원리'뿐만 아니라 Taylor가 말한 바와 같이 조직, 검색, 해석, 전달, 변환 및 이용에 관한 모든 문제가 그 연구대상이 되며, 그 목적은 정보의 효과적인 이용을 위한 것이다. 그러므로 이들을 정리해 보면 '정보학은 정보의 속성과 본질, 그 현상과 행태 및 정보의 유통을 제어하는 과학적인 수단을 연구하는 학문이다.' 그리고 궁극적으로 말하면 '정보학은 정보의 능률적인 생산과 전달 및 그 효과적인 이용을 위한 과학적 제어수단을 연구하는 학문'이라고 말할 수 있다.

정보학은 이러한 기술적 수단을 기반으로 하여 인간의 사고능력을 확대할 가능성을 추구하고자 하는 새로운 학문 분야라고 볼 수 있다.

C. 정보학의 범위

정보학의 연구대상은 대단히 광범위한 분야에 걸쳐 있다. 컴퓨터를 비롯한 각종 통신기구, 자동제어기계 등의 발달과의 관련, 유전정보, 뇌파, 대뇌생리, 신경세포, 꿀벌이나 철새(候鳥) 등의 방향감각이나 歸巢本能 혹은 생명의 인공합성에 관한 생물학적·생리학적 연구 분야와의 관련, 인간사회에 있어서의 언어나 커뮤니케이션의 해명 또한 심리현상, 기호행동, 성격형성, 집단에 있어서의 목표나 동기부여의 문제, 매스커뮤니케이션이나 대중문화의 문제, 지식사회학적 문제, 비교문화의 연구, 도시문제, 각종의 공식 혹은 비공식 조직이나 집단의 문제, 교육에 있어서의 학습행동, 적응행동, 지식이나 학문체계의 문제에까지 정보학적 방법의 영향을 받게 된다.[17]

그리하여 미국의 정보학회 회장인 Robert S. Taylor에 의하면 "정보과학은 수학, 논리학, 언어학, 심리학, 컴퓨터공학, operations research, 도서관학, 인쇄술, 커뮤니케이션, 경영학 및 기타의 유사 분야에서 유래되었거나 또는 상호 관련된 종합과학"[18]이라고 한다. 또한 Borko도 이 Taylor의 견해에 따르고 있다.

---

17) R. S. Taylor. Professional aspects of information science and technology. In: C. A. Cuanda(ed.) *Annual review of information science and technology.* Vol.1, No.4, New York, John Wiley & Sons, 1900.

18) H. Borko. Information science: what is it? In: Arthur W. Elias(ed.) Key papers in information science. Washington. D.C. ASIS. 1971. pp.1-3.
(Information science is an interdisciplinary science derived from related to such fields as mathematics, logic, linguistics, psychology, computer technology, operations research, the graphic arts, communication, library science, management.)

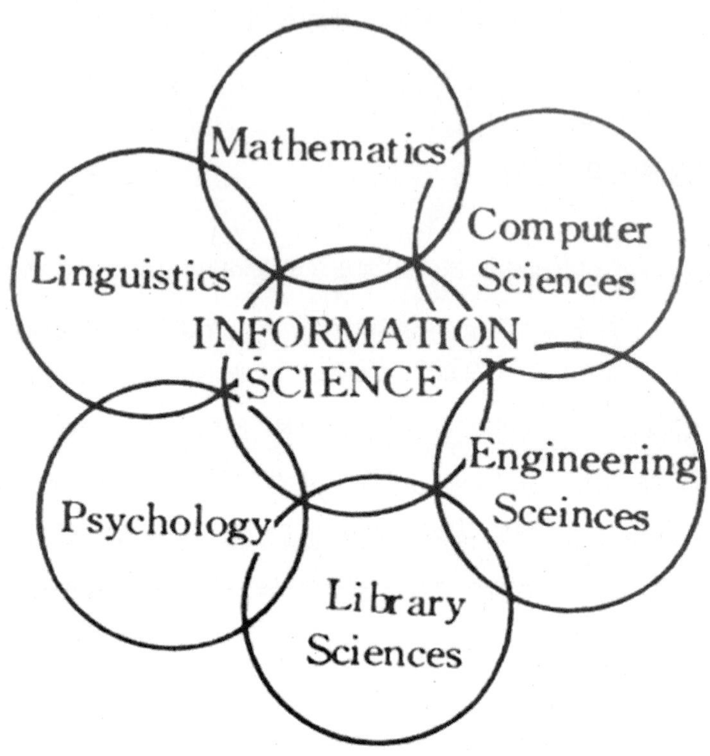

한편 Klaus Otten과 Anthony Debons는 정보학과 이에 관련된 주요한 학문을 위 그림과 같은 도식으로 표시하고 있다.[19)]

여기에서 Taylor가 열거한 제 학문 분야와 Otten과 Debons가 열거한 제 학문 분야를 대비해 보면, 이 양자 간에는 동일한 것이 많으나 Taylor는 Otten과 Debons보다 윤리학, operations research, 인쇄술, 커뮤니케이션, 경영학 등을 더 열거하고 있고, Otten과 Debons는 Taylor보다 공학을 추가하고 있다.

---

19) R. S. Taylor. Professional aspects of information science and technology. *op.cit.*, p.6.

Ⅱ. 문헌정보학의 의의

A. 정보학의 도입

전장에서 말한 바와 같이 본래 도서관학은 도서관의 실무활동에서 요구되는 여러 가지 지식과 기술을 종합하여 도서관학이라는 명칭이 주어졌기 때문에 도서관학이 학문 또는 과학으로서의 원리나 목적이 일관하는 체계를 수립할 수 없었으며, 이로 인해서 원래부터 그 본질과 체계가 문제가 되어, 오랫동안 도서관학이 학문이냐 기술이냐 지식이냐 하는 논의와 비판이 계속되어 왔던 것이다.[20] 그 근본적인 원인은 이론의 빈곤과 방법론의 비과학성 때문이었다고 볼 수 있다.

그러나 때마침 제2차 세계대전 이후부터 컴퓨터의 출현과 이를 바탕으로 하는 이른바 정보학(information science)이 급진적으로 발전하였고, 특히 정보학은 인간의 지능 활동을 최대한으로 효율화하는 새로운 과학이기 때문에 거의 모든 분야의 학문뿐만 아니라 사회의 모든 분야에 충격적인 영향을 주어 대혁신을 가져오게 하였다. 따라서 종래의

---

20) 椎名六郎, 圖書館學槪論, 東京, 學藝圖書株式會社, 昭和 35(1960) pp.21-22.

‘도서관학’에서도 이러한 정보학의 기본적인 이론과 과학적인 방법을 도입하여 이를 바탕으로 한 새로운 학문으로 체계화시키지 않을 수 없게 된 것이다.

한편 현대의 도서관 또는 정보관리를 위한 기관도 정보자료의 폭발적인 증가와 이용자의 급증 및 이용의 전문화로 인해서 종래의 수작업에 의한 업무처리방법을 탈피하여 도서관의 모든 봉사활동을 컴퓨터에 의존하여 자동화하지 않을 수 없게 된 것이다.

따라서 현대의 도서관학의 교과목 속에는 정보학적인 분야의 교과목이 상당히 도입되고 있다. 예를 들면, 본서에 있어서 제1편의 정보화 사회, 제3편 가운데 색인작성법, 자동화 목록법, 자동화 색인법, 정보관리론, 정보검색론 등은 종래의 도서관학에는 포함되지 않았던 것으로서 근년에 정보학 분야에서 도입된 교과목이라고 볼 수 있다.

B. 학문명칭의 변화

이상과 같이 종래의 도서관학에서 정보학의 기본적인 이론과 과학적인 방법론이 도입되고 이를 직접적으로 적용하는 도서관 현장이 컴퓨터에 의해서 자동화되고 있기 때문에 근년에 이르러 종래의 도서관학에 명칭의 변화가 생기기 시작한 것이다. 이러한 명칭의 변화는 종래의 도서관학의 종주국이라고 볼 수 있는 미국에서 1970년대부터 library science에서 library and information science 또는 information management로 개칭하고 이에 따라 많은 대학들이 학과명 또는 대학명칭을 개명한 예가 많으며, 일본의 慶應大學에서도 이에 따라 ‘도서관·정보학'으로 개명하였고, 그 후 일본의 短期大學에서는 문헌정보학과를 창설하였다.

우리나라에 있어서도 그 필요성을 인식하여 대부분의 관계 분야에 종사하는 교수들이 1975년에 세미나와 토론을 거쳐 '문헌정보학'으로 개명하기로 합의하였으나 당시의 여러 가지 사회적 여건으로 공식적인 학회명칭이나 학과명칭을 개명하지 못하였다. 그 후 1983년 5월에 한국도서관학회에서 다시 이에 대한 논의를 제기했는데, 역시 우선 학회명칭을 한국문헌정보학회로 개명하자는 의견이 지배적이었으나 그대로 실현되지 못하였다.

그러나 1986년 전남대학교에서 도서관학과를 '문헌정보학과'로 개명하기 시작하여 1987년에 연세대학, 이화여자대학, 성균관대학, 1989년에는 중앙대학교에서 개명하고, 그 후에 뒤이어 여러 대학이 개별적으로 개명하여, 현재는 나머지의 모든 대학들이 이와 같이 개명하였다.

이와 같이 문헌정보학은 우리나라에서 독자적으로 개명한 것이 아니라 이것은 결국 영미계의 library and information science를 번역한 학문명칭으로서 국제적인 추세에 따른 것이다.

C. 문헌정보학의 정의

문헌정보학의 정의는 1983년에 발행된 ALA의 『문헌정보학용어집』[21)]에는 수록되지 않고 있다. 다만 1987년에 발행된 Harrod의 『사서용어집』에서 다음과 같이 정의하고 있다.

"문헌정보학은 공적인 기관을 기초로 하거나 아니거나 간에 정보 이용자들의 이익을 위한 정보의 이용과 개발에 있어서의 전문적인 방법에 관한 연구와 실제이다. LIS(Library and Information Science)라는 약자로 표현되는 포괄적인 용어로서 도서관학, 사서학, 정보학, 정보 업무 등과 같은 용어를 포괄하는 데 사용된다."[22]

위에서 보는 바와 같이 이것은 문헌정보학의 정의라고 보기에는 미흡하고, 문헌정보학이라는 용어의 개략적인 의미를 설명한 데 불과하다. 아마도 이러한 학문명칭이 수립된 역사가 짧기 때문에 아직 이에 대한 정설이 없는 것으로 보인다.

그러나 문헌정보학은 종래의 도서관학과 현대의 정보학이 결합된 학문이므로 전장에서 말한 도서관학의 정의와 정보학의 정의를 합리적으로 결합시킴으로써 문헌정보학의 정의를 도출할 수 있을 것이다.

위에서 "도서관학은 지적 문화재의 효과적, 능률적인 이용을 위한 문화적, 교육적인 봉사활동의 체계를 연구하는 과학"이라고 하였고, "정보학은 정보의 능률적인 생산과 전달 및 그 효과적인 이용을 위한 과학적 제어수단을 연구하는 학문"이라고 하였다.

이 두 정의를 분석해 보면 "정보 또는 지적 문화재의 효과적인 이용을 위한 방법을 연구한다"는 면에서는 이 양자가 일치하고 있다. 다만 도서관학에서는 '문화적, 교육적인 봉사활동'을 중시하고, 정보학에서는 '정보의 능률적인 생산'과 '과학적 제어수단'을 중시한 것

---

21) *The ALA Glossary of library and information science.* Chicago, ALA, 1983.

22) Ray Prytherch comp, *Harrod's librarians glossary of terms used in librarianship, documentation and the book crafts, and reference book.* Hants, England, Gower Publishing 1987.
(The study and practice of professional methods in the use and exploitation of information, whether from an institutional base or not, for the benefit of users. An umbrella term, abbreviated LIS, and used to cover terms such as library science, librarianship, information science, information work etc.)

으로 보인다. 따라서 이 양자는 중시하는 측면이 다소 다를 뿐 본질적으로는 일치하는 것이다.

이를 다시 정리해 보면, 우선 정보이용자들로 하여금 가장 적절한 정보를 가장 효과적으로 검색하여 이용할 수 있도록 하는 데 있어서 가장 과학적이며 경제적인 통합수단에 있어서 그 효율성과 경제성을 추구하는 것을 기본적인 과제로 하기 때문에 '정보경제학'이라고도 할 수 있는 것이다.

기록정보의 효과적인 수집·축적·검색·전달·이용을 위해서 이를 경제적으로 또한 과학적으로 통합하는 것은 결국 교육과 전반적인 학술활동에 있어서 가장 효과적인 결과를 가져올 수 있도록 하기 위한 것이다.

따라서 문헌정보학은 "정보자료의 효과적인 이용을 위한 최선의 조건조성의 원리 및 그 체계와 과학적 방법을 연구하는 학문"이라고 정의할 수 있다. 이것은 결과적으로 교육과 학술문화활동에 있어서 가장 효과적인 결과를 가져오게 하는 것이므로, 궁극적으로는 학술과 문화의 창달을 위한 최선의 방법이 되는 것이다.

Ⅲ. 문헌정보학의 영역과 체계

문헌정보학은 그 원류와 그 역사가 장구할 뿐만 아니라 그 내용상 변화가 많았기 때문에 현재의 관점에서도 그 영역과 체계를 객관적으로 타당하게 논술하기란 거의 불가능하므로 학자에 따라 각기 다르게 설명될 수밖에 없을 것이다. 그리하여 여기에서는 문헌정보학의 교과목과 그 영역 및 체계를 설명하고자 한다.

A. 문헌정보학의 교과목

미국의 경우 정보학이 출현하여 그것이 실제로 도서관학에 도입되기 시작한 것은 1960년대 초기로 보이나 우리나라에서는 1960년대 말기부터 도입된 것으로 보인다. 중앙대학교 도서관학과의 교과과정에는 1967년도에 처음으로 '도큐멘테이션'이라는 교과명이 출현하고, 1971년도에는 '정보학'이라는 교과명이 나타나고, 1973년에는 '정보관리론', 1975년도에는 '정보산업론', '정보검색론', '교육정보운영론', '정보시스템관리론' 등이 나타나고 있다.

한편 1986년 전남대학교에서 처음으로 문헌정보학과로 학과명칭을 개명하고, 뒤이어 거의 모든 대학에서 문헌정보학과로 개명한 이래 1990년대부터는 문헌정보학의 정착기라고 볼 수 있다. 그리고 현재 전국의 문헌정보학과 교과과정은 다만 각 교과명이 다소 다른 경우는 있으나 대체로 대동소이하다고 볼 수 있다. 그리하여 편의상 중앙대학교 문헌정보학과의 1995년도 교과과정표에 나타난 전공 교과목을 예로 들면 아래와 같다.

1995년도 중앙대학교 문헌정보학과 교과과정표

문헌정보학원론(3)	도서관사(3)
문헌분류론(3)	문헌선택론(3)
정보사회론(3)	목록조직론(3)
도서관경영론(3)	참고문헌조사론(3)
정보학(3)	인문과학문헌론(3)
서지학(3)	정보문헌선독 I · II(4)
한문강독 I · II(4)	도서관자료이용법(2)
정보처리이론(3)	자료조직연습 I · II(4)
중국서지(2)	일서선독 I · II(4)
한국서지(2)	도서관정책론(3)
공공도서관운영론(3)	정보처리연습(2)
정보검색론(3)	고서정리법(3)
대학도서관운영론(3)	독서지도론(3)
기록보존자료관리(3)	연구방법론(3)
과학기술문헌론(3)	도서관자동화(3)
사회과학문헌론(3)	비도서자료운영(3)

이상의 교과목표는 문헌정보학과의 전공과목에 해당하는 과목만을 열거한 것이지만 이들 중에서 '정보문헌선독', '한문강독', '일서신독' 등은 실제로는 외국어 교과목이다. 일반적인 제2외국어 교과목이

별도로 설정되어 있는데도 불구하고 이들을 다시 전공과목에 설정한 이유는 학생들의 외국어 능력을 강화하기 위한 것이다. 한편 '자료조직연습'과 '정보처리연습'은 도서관실무를 위한 것이며, '도서관자료이용법'은 실제로는 문헌정보학과 학생들을 위한 교과목이 아니라 타 학과 학생들이 선택과목으로 수강하도록 하기 위한 교과목이다.

한편 이상의 교과목에서 '도서관학'의 교과목과 다른 점은 우선 입문의 교과목명이 '문헌정보학원론'으로 변경되고 그 내용도 정보학의 이론과 방법론이 도입되었다는 점이며, '도서 및 인쇄사', '도서관과 사회', '시청각자료', '도서관실무', '타자' 등의 교과목이 제외되고, 그 대신에 '정보사회론', '정보학', '정보처리이론', '정보처리연습', '정보검색론', '도서관자동화론' 등이 추가되었다는 점이다.

B. 문헌정보학의 체계

문헌정보학의 체계에 대해서는 學者에 따라 그 견해가 다양하게 나타나고 있으나[23] 筆者는 앞에서 살펴본 교과과정표를 토대로 현재의 문헌정보학의 연구 분야를 ① 역사적 연구 ② 이론적 연구 ③ 정보자료원 연구 ④ 정보처리 연구 ⑤ 이용·전달방법 연구 ⑥ 운영관리 연구 ⑦ 기타 등 크게 일곱 가지로 구분하고, 그 체계를 간단한 圖式으로 표현하면 다음과 같다.

---

23) 정필모, 도서관학의 새로운 체계: 문화창달의 경제적 방법론의 전개, **논문집**(중앙대학교) 제14집, 1969, pp.65 - 90 참조.

1. 역사적 연구

도서관문화사

도서관사, 문자사, 인쇄사

문헌정보학사

서지학사(교수학사, 목록학사, 교감학사, 판본학사)

도서관학사

정보학사

2. 이론적 연구

정보전달이론(communication)

정보경제론, 정보산업론, 학술정보유통론

문헌정보학연구방법론

3. 정보자료원 연구

정보생산원조사론, 정보자료선택론

4. 정보처리 연구

문헌분류론, 자동화 분류법, 목록조직론

자동화 편목법, 색인작성법, 자동화 색인법

5. 이용 전달방법 연구

독서교육론, 참고문헌조사론, 인문과학문헌론
사회과학문헌론, 과학기술문헌론, 정보검색론, 서지학

6. 운영관리 연구

도서관운영론, 관종별운영론, 정보관리론

7. 기타

정보정책론, 도서관 상호 협력

C. 문헌정보학의 영역

이상의 B항에서 圖式으로 제시한 체계에 따라 문헌정보학의 연구
분야를 각각 설명하면 다음과 같다.

1. 역사적 연구 분야

문헌정보학의 역사적 배경을 연구하는 데 있어서는 이론상 종합적
으로 연구하는 방법도 있을 수 있으나 이에 관련된 역사가 너무나 장
구하고 복잡하기 때문에 이를 ⓐ 도서관문화사 ⓑ 문헌정보학사로

구분하여 연구하는 것이 바람직하며 또한 그러한 경향이 관례가 되고 있다. 다음에 이 두 가지 분야에 대하여 간단히 설명하고자 한다.

a. 도서관문화사

이 분야는 종래에는 도서관사 또는 도서관 및 인쇄사 등의 교과명이나 혹은 서명으로 다루어진 예를 볼 수 있었다. 도서관문화사는 단순히 도서관만의 역사뿐만 아니라 도서관의 발전과 관련된 주요한 역사가 포함되어야 할 것이다. 그리하여 여기에서 말하는 도서관문화사는 그러한 의미를 가지며, 예를 들면 도서관사, 문자사, 인쇄기술사, 書寫史, 정보전달기술사 등을 포함해서 생각할 수 있다.

첫째로 동서양을 막론하고 고대에도 도서관의 명칭이 다양했고 현대에도 여러 가지 명칭이 나타나고 있으나, 여기에서 말하는 도서관사는 문헌정보 운영관리기관의 발전과 그 활동의 역사라고도 말할 수 있다. 이러한 의미에서의 도서관사는 각 시대의 문화적 양상과 도서관의 시설 규모, 그 활동 범위와 의의 등을 밝히는 것으로 그 연구 범위가 넓고 복잡하므로 고대부터 중세까지는 전반적으로 다룰 수 있으나 근세 이후부터는 문화권 단위나 국가 단위 또는 한 국가의 한 시대별로 연구하는 것이 바람직하다. 그리하여 현재까지는 예를 들면 동양도서관사, 중국도서관사 또는 각 국가별 도서관사에 관한 문헌이 상당히 나타나고 있다.

둘째로 언어의 발전이나 문자의 발명과 발전, 문자의 기록수단의 발전, 인쇄술의 발전 등에 관한 역사도 도서관의 발전과 직접적인 관계를 가진다. 이와 같은 역사는 현재까지 문자사, 書寫史, 인쇄사 등의 서명으로 나타나 있는 것으로 보인다.

셋째로 정보전달수단은 다양하고 복잡하게 발전되어 왔다. 위에서 말한 언어의 발전, 문자의 발명과 발전, 기록수단의 발전, 인쇄술의 발전 이외에 전신, 전화, 텔렉스, Fax, 라디오, TV, 녹음, 녹화, 마이크로매체, 컴퓨터 등 다양한 전자매체의 발전과정을 밝히는 연구가 필요하다. 이러한 연구는 종래의 도서관학 분야에서는 볼 수 없고, 정보학 분야에서 상당한 문헌이 나타나고 있다. 본서에서는 '문헌정보학의 약사'에서 산발적으로 설명되어 있다.

b. 문헌정보학사

문헌정보학사는 물론 문헌정보학의 역사적 발전과정을 밝히는 것이다. 그러나 문헌정보학은 그 역사가 장구할 뿐만 아니라 연구대상의 범위도 시대에 따라 다소 다르다고 볼 수 있다. 그리하여 고대에는 주로 도서나 기록자료만을 연구대상으로 하였고, 근세 이후부터는 도서나 기록자료 이외에 도서관의 운영관리 문제까지 그 대상이 되었으며, 현대의 문헌정보학에는 더욱 과학적인 내용이 도입되고 그 연구의 범위도 더욱 확대되었다고 볼 수 있다.

한편 다음 장의 문헌정보학의 약사에서 보는 바와 같이 학문의 명칭이나 내용이 동서양을 막론하고 수차에 걸쳐서 변천되어 왔다. 따라서 문헌정보학사는 동양의 경우는 고대부터 근세 이전까지는 '目錄學史', '校勘學史', '板本學史'라는 이름으로 불릴 수 있고, 서양의 경우는 '서지학사'로 불릴 수 있으며, 근세 이후부터는 동서양 공히 '도서관학사' 및 '문헌정보학사'로 호칭되는 것이 바람직할 것이다. 다시 말하면 '목록학사', '서지학사', '도서관학사'는 모두 '문헌정보학사'에 포함되는 것으로 보아야 할 것이다.

중국도서관학회의 '도서관학'에서는 '교감학사', '목록학사' 등을

'도서학사'라는 주제로 분별하여 이를 도서관학사와 구분하고 있으나[24] '서지학'(교감학, 목록학 등을 포함하는)이 도서관학의 전신으로서의 연계성을 가진다고 본다면 '도서학사'와 '도서관학사'를 굳이 구분할 필요가 없을 것이다.

2. 이론적 연구 분야

모든 학문에는 각각 그 학문의 기본적인 원리와 이론 또는 학문의 객관적 타당성을 입증할 수 있는 이론체계가 있고, 각 학문의 분과학에도 각각 기본적인 이론이 있다. 따라서 문헌정보학의 경우도 이 학문 전반에 걸친 기본적인 원리나 이 학문의 객관적 타당성을 논증할 수 있는 이론체계가 있고, 문헌정보학에 속하는 분류론이나 목록조직론이나 색인작성법이나 참고문헌조사론 등 모든 교과에 각각 그 기본적인 이론이 있다.

그리하여 여기에서 말하는 이론적 연구는 문헌정보학 전반에 관계되는 기본적인 이론을 의미한다. 이러한 이론은 정보이론, 정보경제론, 커뮤니케이션론, 문헌정보학연구방법론 등으로 구분해서 생각할 수 있으나 이러한 이론체계가 아직 정립된 것이 아니며, 이것은 오직 필자의 비견일 뿐이다.

그리하여 앞으로 문헌정보학의 이론체계를 정립하기 위해서는 문헌정보학의 원류인 목록학, 교감학, 서지학, 도서관학 등의 기본적인 이론들을 종합적으로 분석하고 현대이 정보학 이론을 도입하여 이를

---

24) 中國圖書館學會 編著, 圖書館學, 臺北, 臺灣學理書局, 中華民國 63(1974), p.61.

체계화하여야 할 것이다.

한편 현재까지의 이에 관련된 이론으로서는 Pierce Butler의 'Introduction to library science'25)와 Ranganathan의 'The Five laws of library science'26)가 고전적인 의의를 가질 것이다. 그리고 본서에서는 제2편 정보화 사회 전체와 제3편의 Ⅲ장 문헌정보학의 의의가 이러한 기본적인 이론의 역사가 될 것이다.

단, 여기에서 정보전달이론에 관해서는 상당한 문헌이 있으나 이들은 거의 문헌정보학적인 입장과는 달리 매스컴 이론적인 관점에서 본 것이다. 그러나 이러한 문헌이 문헌정보학에서도 많은 참고가 될 것이다.

문헌정보학 연구방법론은 문헌정보학의 연구에만 한정된 고유한 것은 아니다. 그러므로 문헌정보학을 연구하는 데 있어서는 모든 다른 분야의 연구방법이 적용될 수 있는 것이다.

본래 학문연구란 여러 가지 학문 분야에서 아직 밝혀지지 않은 사실이나 지식 또는 어떤 문제이 해결채을 찾아내는 작업이리고 말할 수 있다. 이러한 연구는 막연한 추측만으로 이루어질 수 없으며, 우선 이러한 것들을 찾아낼 수 있는 실마리나 뚜렷한 사실이나 예측이나 가정 등에 따라서 그 가능성을 사전에 검토해야 한다. 따라서 어느 정도의 가능성만 있으면 이를 확인할 수 있는 근거자료를 빠짐없이 수집해서 이를 분석하고 평가하여 그것을 객관적으로 명확하게 입증할 수 있어야만 한다. 그리하여 이러한 증거자료를 조사하여 수집하고 이를 분석하고 평가하는 방법은 대단히 다양하다. 그러나 연구방

---

25) Pierce Butler. *An Introduction to library science*. Chicago, ALA, 1983.
26) Shiyali R. Ranganathan. *The Five laws of livrary science*. Madras, 1931.

법 가운데 전통적인 방법을 크게 구분해 본다면 다음과 같다.

    1) 문헌자료를 근거로 하는 연구방법(문헌적 연구방법)
    2) 실태조사자료를 근거로 하는 연구방법(실태조사법)
    3) 과학적 실험결과의 자료를 근거로 하는 연구방법
    4) 사례연구법(case study)

예를 들면 문헌적 연구방법은 문헌의 기록을 분석하고 평가해서 얻은 어떤 결과를 근거로 하여 연구하는 방법이지만 어떤 연구이든 반드시 한 가지 연구방법만을 적용하는 것이 아니라, 필요에 따라서는 두 가지 이상의 연구방법이 적용될 수 있으며, 이상에 예시한 연구방법 이외에도 경우에 따라서 효과적인 다른 방법을 적용할 수도 있다.

이러한 연구방법에 관해서는 현재 여러 가지 주제 분야에 있어서의 다양한 문헌이 있다. 예를 들면 필자가 저술한 『學術論文作成指針』,[27] 中央大學校에서 발행한 『學術論文作成法』,[28] Robert Downs의 *How to do library Research*,[29] Tyrus Hillway의 *Introduction to Research*,[30] Grant W.의 *The Concise Guide to library Research*,[31] Robert Ross의 *Research: An Introduction*[32] 등이 있다.

---

27) 정필모, 學術論文作成指針, 서울, 星苑社, 1992.

28) 中央大學校學術論文作成法編纂委員會, 學術論文作成法, 서울, 中央大學校, 1979, p.278.

29) Robert Downs. *How to do library research*. Urbana, University of Illinois Press, 1966.

30) Tyrus Hillway. *Introduction to Research*. 2d ed. Boston. Houghton Mifflin, 1964.

31) Grant W. Morse. *The Concise Guide to library Research*. New York, Washington Square Press, 1966.

32) Robert Ross. *Research: an introduction*. New York, Harper & Raw, 1974.

3. 정보자료원 연구

정보자료원에 관한 연구는 ① 정보생산원조사론, ② 정보자료선택론, ③ 수서정책론(또는 장서구성론) 등으로 구분해서 생각할 수 있다.

a. 정보생산원조사론

도서관이나 정보관리기관에서 정보자료를 수집하기 위해서는 우선정보자료생산원에 관한 조사와 연구가 필요하다. 이러한 조사와 연구는 정보자료의 질과 양 그리고 종류나 주제의 측면에서 국내외에 걸쳐서 조사하고 연구되어야만 한다.

그러므로 문헌정보학에 있어서 기록정보의 생산에 관한 연구 분야로서 중요한 측면은 모든 기록정보가 생산되고 유통되는 물량적인 상황에 관한 조사연구라고 볼 수 있다. 이러한 조사연구는 근년에 이르러 두각을 나타내고 있는 이른바 정보산업이나 지식산업이 그것이다. 다시 말하면 기록정보의 생산을 산업적인 측면에서 조사하고 연구하는 분야이다.

그리하여 여기에서는 모든 주제 분야에 있어서의 학자인구, 교육기관, 출판기관, 신문사, 잡지사, 방송국, 통신망 등의 모든 사회문화 활동에 대한 과거나 현재의 상황 및 미래의 전망 등을 조사 연구하고 있는 것이다. 이것은 기록정보를 통할하는 수단과 방법을 연구하는 데 있어서 가장 기초가 되는 중요한 연구 분야라고 볼 수 있다. 이러한 문헌은 희귀한데 예를 들면, Fritz Machlup의 *Knowledge: Its Creation, Distribution and economic Significance*[33]와 *The Production and Distribution of Knowledge in the United States,*[34] 島失志郎의 情報産業[35]과 額田嚴 등의 知識産業社

會[36] 등이 있다.

b. 정보자료선택론

제2편 제Ⅴ장 '정보의 가치와 효용'에서 설명한 바와 같이 정보자료 가운데에는 ① 유익하고 필요한 정보가 있는 반면에, ② 무의미하고 무가치한 정보도 있으며, ③ 불필요하고 유해한 정보도 있기 때문에 기록정보에 있어서도 '유익하고 필요한 정보'만을 선택하여 수집한다고 하는 것이 중요한 문제가 된다.

그리고 도서관의 규모나 성격 또는 목적에 따라서 수집되는 기록정보의 양과 질 그리고 종류의 면에서 각기 다르기 때문에 선택과 수집의 문제는 다각도로 연구되어야만 한다. 예를 들면 국가의 중앙도서관과 같이 대규모의 종합적인 도서관에서는 예산만 허용된다면 아동들이 필요한 도서에서부터 전문적인 학자들을 위한 고도의 학술적인 문헌에 이르기까지, 모든 주제 분야에 걸쳐서 기록정보의 질적인 선택만이 문제가 된다. 다시 말하면, 잠재적인 이용자 가운데 어느 누구에게든 유익하고 필요한 기록정보라면 선택하고 수집해야 한다. 그러나 학교도서관이나 아동도서관 또는 각 주제 분야의 전문도서관은 각각 그 이용대상자가 다르고 또한 예산규모가 다르기 때문에, 기록정보의 질적인 문제와 주제의 범위에 관한 문제 그리고 학술적인 수준의 문제 등이 중요한 연구 과제로 제기되는 것이다.

---

33) Fritz Machlup. *Knowledge: Its creation, distribution and economic significance*. Princeton, Princeton University Press, 1980.

34) Frits Machlup. *The Production and distribution of knowledge in the United States*, Princeton, Princeton University Press, 1962.

35) 島失志朗, 情報産業, 東京, 日本經濟新聞社, 1970(システム 産業 シリス).

36) 額田巖, 成田寅彦 共著, 知識産業社會, 東京, 産業能率短期大學出版部 1971.

　　현재까지 이 분야에 대한 연구의 교과명은 '도서선택(book selection)', '장서구성론' 또는 '장서개발론' 등으로 호칭되고 있으며, 이 분야의 문헌은 예를 들면, Harold V. Bonny의 *Manual of practical Book Seletion for public libraries*,[37] Helen E. Haines의 *living with Books*,[38] James H. Wellard의 *Book Selection: its Principles and Practices*,[39] 彌吉光長의 『新稿圖書の選擇』,[40] 出口一雄의 『良書の選びかた』,[41] 竹林態彦의 『圖書の選擇』[42] 등 상당히 많다.

4. 정보처리 연구

　　정보자료가 수집되면 이를 신속히 검색할 수 있도록 체계적으로 조직하고 축적하여야만 한다. 이러한 조직과 축적을 위한 수단과 방법은 다양하나 이를 크게 두 가지로 구분해서 생각할 수 있다. 그 하나는 정보자료를 체계적으로 질서 정연하게 배열하기 위한 분류방법이며, 다른 하나는 이렇게 분류·배열된 정보자료를 신속하게 효과적으로 검색할 수 있는 매개도구로서의 목록이나 색인 등의 작성방법이다.

---

37) Harold V. Bonny. *Manual of Practical Book Selection for Public Libraries*. London, Grafton, 1939, p.193.

38) Helen E. Haines. *Living with Books*. 2nd ed. New York, Columbia Unibersity Press, 1955, p.610.

39) James H. Wellard. *Book Seletion: its principles and practices*. London, Grafton, 1939, p.205.

40) 彌吉光長, 新稿圖書の選擇, 東京, 理想社, 昭和 36(1961), p.232.

41) 出口一雄, 良書の選びかた, 東京, 河出書房, 昭和 31(1956), p.250(現代敎養文庫).

42) 竹林態彦, 圖書の選擇, 東京, 蘭書房, 昭和 30(1955), p.280.

a. 문헌분류론

정보자료의 생산량이 급진적으로 증대하고 도서관에서 수집 · 축적하는 정보자료가 대량으로 증가함으로써 이용자의 요구에 대응하는 정보제공이 곤란해지고 검색에 있어서 시간을 요하게 된다. 그리하여 정보자료를 신속하게 검색할 수 있도록 체계적으로 배열하기 위해서 분류라는 방법이 고안된 것이다. ALA의 정의에 의하면, 도서관에 있어서의 자료의 분류는 "주제 또는 형식에 따라서 도서 및 기타의 자료를 편성하기 위한 체계적인 조직"[43]이라고 한다.

이상의 정의에서 보는 바와 같이 분류란 자료를 체계적인 조직에 따라서 분류하고, 동일한 주제와 동일한 내용의 것을 일정한 위치에 집결하여, 신속히 이용될 수 있도록 축적의 질서를 정비하고 조직을 완비하는 것이다. 그리고 이러한 조직체계를 분류표라고 하며, 이에 따라서 자료를 처리하는 일을 분류작업이라고 한다. 이러한 문헌분류의 발상은 고대로부터 발전하여 역대로 많은 분류법이 고안된 것이다.

이 분야의 문헌은 상당히 많다. 몇 가지 예를 들면, 우선 필자가 저술한 『文獻分類論』,[44] Krishan Kumar의 *Theory of Classification*,[45] Bohdan S. Wynar의 *Introduction to Catalonging and Classification*,[46] Lois Mai Chan의 *Cataloging and Classification*,[47] Arthur Maltby의 *Sayers' Manual of Classification for libraries*,[48] Henry Evelyn Bliss의 *The Organization of Knowledge in Libraries*

---

43) *ALA Glossary of library Terms*. Chicago, ALA, 1934, p.30.

44) 정필모, 文獻分類論, 서울, 九州貿易出版部, 1991, p.327.

45) Krishan Kumar. *Theory of Classification*. New Delhi, Vikas Publishing House, 1979.

46) Bohdan S. Wynar. *Introduction to Cataloging and Classification*. Littleton, libraries Unlimited, 1980, p.657.

47) Lois Mai Chan. *Cataloging and Classification: An Introduction*. New York, McGraw-Hill, 1985, p.397.

48) Arthur Maltby. Sayers *Manual of Classification for libraries*. 5th ed. london, Trinity Press. 1975, p.226.

and the Subject —Apprach to Books[49] 등이다.

이상의 문헌들은 분류의 기초이론과 분류방법과 역대의 주요 분류법에 대하여 논술한 것들이며, 이들 이외에 실제의 분류를 위해서 역대로 고안된 분류법들이 상당히 많다. 이들 중에서 현대의 주요한 분류법은 Cutter의 Expansive Classification(EC), Brown의 Subject Classification(SC), Ranganathan의 Colon Classification(CC), 미국의회도서관의 LC Classification, Dewey의 Decimal Classification(DDC) 등으로 축약될 수 있다. 그리하여 여기에서는 이들 각각에 대하여 간단히 설명하고자 한다.

Expansive Classification(EC＝전개분류법)은 1891~1893년에 Boston의 박물관장이었던 C. A. Cutter에 의해서 창안된 것이다. Expansive란 지식의 전 분야를 포함하는 각각의 표가 제1표로부터 점차로 전개하도록 구성되어 있다는 것을 표시하는 것으로, 제1부는 제1표에서부터 제6표까지로 되어 있고, 제2부는 제7표로 되어 있다. 이 분류법의 기호는 제6표까지는 알파벳의 문자로 표시되어 있고, 제7표는 아라비아 숫자로 표시되고 있다. 이 분류법은 4대 분류법(DC, EC, LC, SC) 가운데 가장 이론적인 것이라는 평을 받고 있으나 널리 사용되지는 못하고 있다.

Brown의 Subject Classification(SC＝주제분류법)은 영국의 J. D. Brown이 1906년에 편찬한 것으로, 주제의 배열이 논리적이며, 과학기술 분야를 상위에 배열한 점이 그 특징이라고 볼 수 있다. 이 표의 기호는 주제는 알파벳의 대문자로 되어 있고, 범주표, 지방표, 기타 세분표 등은 아라비아숫자로 표시되어 있다. 이 분류법은 영국 이외에 널리 보급되지는

---

49) Henry Evelyn Bliss, *The Organization of Knowledge in libraries and the Subject — Approach to Books*, New York, Wilson, 1939.

못하였으나 현대의 분류법에 있어서 중요한 위치를 차지하고 있는 것이다.

Colon Classification(CC)은 인도의 도서관학자(대학의 전공은 수학) Ranganathan이 1933년에 창안하여 1989년에 제7판까지 공간된 분류법이다. 이 CC는 현재 지식의 전 분야를 82개의 대주류로 분류하여 알파벳순과 α β γ Σ 등의 대문자로 기호를 주어 배열한 주류표와 time, space, energy, matter, personality 등 5종의 fundamental category 그리고 공통구분, 지리구분, 국어구분, 연대구분 등의 보조구분표로 구성되는데 이들 각 단위표(unit schedules)의 기호를 조합하여 분류기호를 매기도록 되어 있다. 이 단위를 필요에 따라서 결합하는데 주로 colon(:) 기호를 사용하기 때문에 Colon 분류법이라고 명명한 것이다. 이 CC는 재래의 분류법과는 달리 여러 가지 입장에서의 단위구분을 조합함으로써 문헌분류뿐만 아니라 모든 자료를 논리적으로 분류할 수 있다. 이 표의 구성이나 그 설명에 사용된 용어나 이론이 난해하기 때문에 그 실용이 곤란하다 할지라도, 재래의 분류법에 있어서의 모순점을 탈피하고, 전연 새로운 방법으로 논리 정연한 현대적인 체계를 세우려고 노력했다는 데 큰 의의가 있다.

LC Classification은 미국의회도서관의 장서를 분류하기 위하여 1901년에 초판이 완성된 이래 전문학자들에 의해서 끊임없이 개정 증보되고 있는 분류표로서 현재의 분류표 가운데 가장 상세하고 실제적이며 최신의 분류법이라고 말할 수 있다. 이 분류표는 모든 지식을 대략 20개의 주세로 분류하여 이들을 A부터 Z까지(IOWXY는 유보)의 기호를 주고 이들을 세분하는 데 있어서는 아라비아숫자를 사용하고 있다. 이 LC는 각 주류별로 다수의 전문학자들에 의해서 세분되고 이를 분책으로(현재 약 48책) 출판하여 보급되고 있는데, 너무나 방대하여 간단히 설명될 수 없다. 다만 LC는 본래 미국의회도서관의 장서를 분류하기 위하여 전문가에 의해서 편찬되었으나 표가 상세하고 실제적이며 의회도서관에서 보급하고 있는 인쇄카드에 이 분류기호가 인쇄되어 있기 때문에 많은 도서관에서 사용되고 있다.

　Dewey십진분류법(DDC＝혹은 DC)은 1876년 미국의 Amherst 대학도서관의 장서를 분류하기 위하여 Melvil Dewey에 의해서 창안된 것이다. 이 DDC는 지식의 전 분야를 9개의 대류로 나누고 여러 주제를 포괄하고 있는 자료들을 총류(generalities)라 하여 ‘O’을 앞세워서 이 10개의 주류에 대하여 0에서부터 9까지 차례로 번호를 주고, 다음에 각 類는 다시 0부터 9까지 綱으로 나누고 또한 각 강은 0부터 9까지의 目으로 구분하고, 그 이하도 역시 필요에 따라서 순차로 10가지로 세분 전개된다. 이와 같이 십진식(decimal)으로 기호가 전개되기 때문에 ‘십진분류법’이란 이름이 주어진 것이다. 그리고 DDC는 Classes(類), Divisions(綱), Sections(目) 및 Subsections(細目)의 기본적인 분류전개표 이외에 무수적인 7종의 보조표, 즉 표준세분표(T.1. Standard subdivisions), 지리·역사·인물구분표(T.2. Geographic areas, historical periods, persons), 개별문학구분, 개별문학형식구분표(T.3. Subdivisions for individual literatures, for specific literary forms), 개별언어구분표(T.4. Subdivisions of individual languages), 민족·종족·국가군구분표(T.5. Racial, ethnic, national groups), 언어구분표(T.6. Languages), 인물군구분표(T.7. Groups of persons)가 있다. 이들 중에 T.3에는 다시 개별저자의 저작이나 그들에 관한 저작의 세분표(T.3－A. Subdivisions for works by or about individual authors), 2인 저자 이상의 저작이나 그들에 관한 저작의 세분표(T.3－B. Subdivisions for works by or about more than one author), T.3 – B와 808 – 809에서의 지시에 첨가되는 기호(T.3 – C. Notation to be added where instructed in Table 3 – B and in 808 – 809)가 있다. 이들을 모두 조기성 구분표라고도 한다. 이들은 이미 기본적인 분류표에 적용된 구분으로서 실제적인 분류작업에 있어서는 이미 분류표에 전개되지 않은 항목이라 할지라도 필요에 따라서 적용될 수 있도록 한 것이다.

DDC의 초판은 총표 1,000綱目에 서문, 색인 등을 합하여 42페이지에 불과한 소책자였으나 현재 제20판(1989)까지 개정 증보되어 있는데, 서문과 보조표 1권, 본표 2권, 색인 1권 등 모두 4책(3,378페이지)으로 되어 있는 방대한 분류표로 성장·발전하였다. 이 DDC는 비논리적이고, 주제의 구분이 균등하지 않고, 구미본위로 전개된 것이라는 등의 단점이 있다. 그러나 표가 단순하기 때문에 이해와 기역이 용이하고, 조기성이 풍부하여 실제 사용에 편리하기 때문에 세계적으로 가장 많이 사용되고 있을 뿐만 아니라, UDC를 비롯해서 KDC, NDC 등 현재의 세계 각국의 십진분류표의 원전이 되고 있는 것이다.

한편 문헌을 분류한 다음에 자료를 서가에 배열하는 경우 동일한 분류(동일주제)의 영역 내에서 자료를 어떠한 순서로 배열할 것인가 하는 것이 문제가 된다. 문헌자료의 축적량이 증대함에 따라서 당연히 동일주제의 동일한 분류번호를 가진 문헌이 동일한 장소에 집결하기 때문이다. 이와 같이 동일한 분류번호를 가지는 문헌들을 합리적으로 배열하기 위해서 분류번호 다음에 다시 이들을 개별적으로 순차를 매기기 위한 기호를 부여하는 것이다.

이러한 기호를 도서기호 또는 문헌기호라고도 하는데 이것도 문헌분류의 경우와 마찬가지로 합리적이고 체계적인 조직표가 미리 마련

되어야만 한다. 그리하여 이러한 조직표가 19세기 이후부터 고안되어
여러 가지 방법이 발표되었으나 현재 주요한 것만을 예를 들어 보면,
다음과 같은 것들이 있다.

Cutter-Sanborn three figure author table
Author notation in the Library of Congress
이재철의 동서저자기호표
이춘희의 동서저자기호표
장일세의 동서저자기호표
정필모의 한국문헌기호표

b. 자동화 분류법

자동화 분류법은 종래에 각각의 문헌의 주제와 내용을 조사하고
분석하여 일정한 분류표에서 그에 해당하는 분류번호를 찾고 또는
보조표를 찾아서 이들을 조합하여 수작업으로 일일이 분류번호를 매
기던 방법을 지양하고, 이들 분류표와 보조표들을 모두 컴퓨터에 입
력하여 해낭하는 분류번호가 자농으로 조합되도록 하는 개념이다. 그
러나 아직은 실현화되지는 못하고 주제에 따라 부분적으로 연구가
진행되고 있는 것으로 보인다. 그러나 이것이 일반적으로 실현되기에
는 상당한 시간이 걸릴 것이다.

c. 목록조직론

전항에서 설명한 분류작업은 정보자료를 서가에 체계적으로 배열
하기 위한 것이다. 그러나 자료의 축적량이 방대해지면 이러한 정보
자료 가운데에서 이용자 각자가 필요한 문헌을 신속하고 정확하게
검색할 수 있도록 해야 한다. 그리하여 이 방대한 용적을 차지하고

있는 자료의 실물 대신에 이를 간단한 형태의 것으로 집약하여 다른 형식으로 표현해서, 편리하게 열람할 수 있는 도구를 고안한 것이다.

이러한 도구를 목록이라고 한다. 다시 말하면 목록은 이용자와 문헌을 매개하는 하나의 검색용 도구인 것이다. 따라서 목록은 일정한 형식과 규칙에 따라서 각종의 필요한 사항을 기록하여 일정한 체계에 따라서 배열한 것으로서, 이용자가 필요한 문헌을 그 저자명, 편자명, 역자명, 서명, 부서명, 주제명 등 가능한 모든 사항을 단서로 삼아서 검색할 수 있도록 고안된 것이다.

이러한 목록의 기원은 서양의 경우는 B.C. 300년경 Alexandria 도서관의 Callimachus(B.C. 310~240)가 편찬한 Pinakes 목록에서 비롯한다고 하며, 동양의 경우는 B.C. 240년경 前漢의 劉歆이 편찬한 『七略』에서 비롯한다고 한다. 그리하여 그 후 역대로 무수히 많은 목록이 작성되고 목록기술방법과 편성방법이 개발되었으며, 일관성 있는 목록편찬을 위해서 편목규칙이 제기되어 계속 갱신되어 왔다.

편목규칙은 개개의 도서관이 독자적으로 편찬하기보다는 전국적으로 통용될 수 있는 입장에서 편찬되는 것이 바람직하다. 전국적으로 어느 도서관에서나 동일한 규칙에 따라서 목록이 작성되면 이용자에게 더욱 편리하며 또한 책자식 목록을 작성하여 도서관 상호 간에 교환하거나 종합목록(union catalog)을 계획하는 것도 전국적으로 공통하는 목록규칙이 있음으로써 비로소 가능한 것이다. 또한 이것이 국제적으로 통용될 수 있는 것이라면 더욱 바람직한 것이다. 이러한 국제적인 관점에서 편찬된 편목규칙을 표준적 편목규칙이라고 한다. 그리하여 현대에는 목록정보의 국제적 유통을 위하여 목록기술법의 국제적 표준화를 이루게 되었다.

목록조직론은 목록편찬의 변천과정과 목록규칙의 변천과정, 목록의 이론, 도서관에서의 실제적인 목록기술방법과 표목의 선정방법 및 주제명표목법 등을 연구하고, 보다 새로운 과학적인 방법을 개발하는 분야라고 말할 수 있다. 이에 관한 문헌의 예를 들면, 우선 필자가 저술한 『목록조직론』,[50] Girja Kumar와 Krishan Kumar의 *Theory of Cataloging*,[51] Lois Mai Chan의 *Catalonging and Classification*,[52] Bohdan S. Wynar의 *Introduction to Catalqg and Classification*[53] 등이 있다.

한편 목록기술의 국제적 표준서는 ISBD(G)(General *International Standard Bibliographic Description: Annotated Text*)[54]이고, 국제표준적 편목록규칙은 ALA의 *Anglo—Amelican Cataloging Rules 2nd ed*[55]이라고 말할 수 있다.

또한 주제명표목표는 우리나라의 예로는 리재철 편 『主題名標目表』[56]와 한국도서관협회에서 편찬한 『주제명표목표 - 중등학교용』[57]이 있고, 미국의 예로는 *Library of Congress Subject Headings (LCSH)*[58]와 Barhara M. Westby가 편찬한 *Sears List of Subject Headings*[59]가 있다.

복록조직론은 이상에서 설명한 모든 사항을 기초로 하여 도서관에서의 실제적인 목록을 작성할 수 있는 방법 및 주제명표목법 등을 연

---

50) 정필모, 目錄組織論, 改訂增補版, 서울, 구미무역출판부, 1993.

51) Girja Kumar and Krshan Kumar, *Theory of Cataloguing*, 3rd rev. ed, New Delhi, Vikas Publishing House, 1975.

52) Lois Mai Chan *Cataloging and Classification: An Introduction*, New York, McGraw—Hill, 1985.

53) Bohdan S. Wynar, *Introduction to Cataloging and Classification*, 6th ed, Littleton, Libraries Unlimited, 1980.

54) International Federation of Library Associations, *ISBD(G): General Internayional Standard Bibliographic Description: Annotated Text*, London, IFLA International Office for UBC, 1977.

55) ALA, *Anglo—American Cataloging Rules*, 2nd ed, Chicago, ALA, 1978.

56) 리재철, 主題名標目表, 서울, 연세대학교, 1961.

57) 한국도서관협회 편, 주제명표목표 - 중등학교용, 서울, 한국도서관협회, 1968.

58) Library of Congress, *Library of Congress Subject Headings*, 8th ed, Washington, D.C. 1980.

59) Barhara M. Westby, *Sears List of Subject Headings*, New York, H. W. Wilson, 1977.

구하고, 목록의 이론과 목록규칙의 변천과정과 보다 새로운 과학적인
방법 등을 연구하는 분야라고 말할 수 있다.

d. 자동화 편목법

컴퓨터목록은 목록의 기록을 컴퓨터에 입력하여 터미널로 검색될
수도 있고, hard copy로 복제하여 사용할 수도 있도록 고안된 목록을
말한다.

자동화 편목법이란 목록기록을 컴퓨터에 입력(input)하여 필요에
따라서 자동적으로 검색할 수 있도록 처리하는 방법을 의미한다. 이
자동화 목록은 흔히 기계가독목록(Machine Readable Catalog＝MARC)이
라고도 하는데, 이것은 목록기록을 컴퓨터가 읽어서 입력하여 필요에
따라서 출력(output)될 수 있도록 처리된 목록을 의미한다.

우리가 현재까지 사용하고 있는 도서관의 카드목록은 그 표목이나
서지적 기술사항이나 기타의 요목들을 직접 눈으로 읽어서 식별할
수 있다. 그러나 컴퓨터는 목록의 구체적인 세목 하나하나를 정확한
위치와, 정확한 절차와 형식에 따라서 기계가독형으로 변환되지 않으
면 이를 식별하여 입력할 수가 없게 되어 있다. 즉 기계가독형식으로
서지기록을 작성하기 위해서는 입력형식의 규격이 필요하게 되는데,
이를 MARC 포맷이라 한다. 다시 말하면, MARC 포맷이란 저록레코드
의 구체적인 요목을 일정한 체제에 따라서 식별하여 입력할 수 있도
록 기계가독형 데이터로 변환하는 시스템을 의미한다.

기계가독형목록(MARC)의 경우도 재래의 도서관의 카드목록의 경
우와 마찬가지로, 개개의 도서관에서 소장문헌이나 새로 수입되는 모
든 문헌의 목록레코드를 모두 기계가독형으로 변환하여 자동화하는

목록시스템을 개발하기란 매우 곤란한 문제일 뿐만 아니라, 국내의 각 도서관 간의 목록의 정보교류나 국제 간의 정보교류를 위하여 MARC 포맷을 표준화하지 않으면 안 된다. 그리하여 미국의 경우는 LCMARC 포맷을 표준적인 MARC로 하고 거의 모든 도서관이 미국의 회도서관에서 생산하는 LCMARC(현재는 US MARC) 테이프를 활용하거나 온라인에 의한 목록네트워크를 통해서 목록업무를 전산화하고 있다.[60] 1983년에는 USMARC로 명칭이 변경된 LCMARC 포맷에는 도서, 연속간행물, 영화필름, 필사본, 지도, 악보 및 녹음물, 기계가독 파일이 수록되고 있다.

기타 영국, 프랑스, 독일, 호주, 캐나다, 일본 등이 앞을 다투어 미국의 LCMARC를 바탕으로 하여 자기 나라의 표준 MARC 포맷을 제정하여 왔다.[61] 한편 IFLA에서는 1977년에 각국의 국가서지작성기관 사이에서의 기계가독형식의 서지데이터의 국제적 교환이 용이하도록 하기 위하여 국제적 표준 MARC의 형식으로서 UNIMARC를 제정하였다. 국내에서는 1979년 국립중앙도서관이 KORMARC 실험용 포맷을 작성하였고,[62] 1984년에는 국립중앙도서관이 작성한 표준용 포맷에 대한 전반적인 개정작업을 거쳐 UNIMARC를 부분적으로 수용한 표준포맷 단행본용[63]을 완성하였다.

자동화 목록법에서는 이상에서 설명한 MARC의 원리와 그 구조체제 및 이에 따른 목록데이터의 입력방법, 검색 이용방법 등을 다루어

---

60) 정영미, 도서관정보전산화론, 서울, 구미무역(주), 1982, p.122.

61) Ibid. p.123.

62) 국립중앙도서관, 한국문헌자동화목록법(단행본용) 실험용포맷, 1980.

63) 한국문헌자동화목록법 개정기술위원회, 한국문헌자동화목록법, 표준포맷 단행본용, 서울, 국립중앙도서관, 1984.

야 할 것이다.

현재까지 국내 각 대학 문헌정보학과의 교과과정에는 '자동화목록법'이라는 교과목이 개설되지 않고, '도서관자동화론' 등의 교과목에서 개괄적으로 다루어지고 있으나 앞으로는 주요한 교과목으로 독립개설되어야 할 것이다.

e. 색인작성법(Indexing)

전항에서 설명한 목록은 이용자로 하여금 도서를 단위로 하여 이를 검색하도록 고안된 것이다. 그러므로 한 도서나 논문집이나 정기간행물 속에 수록된 기사나 논문 등 단편적인 정보자료는 목록에 의해서는 검색될 수 없다. 따라서 특히 대학도서관이나 전문도서관 등에서 조사연구를 위한 고도의 학술적인 정보를 효과적으로 신속하게 검색할 수 있는 도구가 필요한 것이다. 그리하여 이러한 단편적인 정보자료의 검색도구로서 고안된 것이 색인이다.

다시 말하면 색인은 도서, 연속간행물 등에 수록된 기사의 논제, 인명, 지명, 요어 등을 '가나다순' 또는 '알파벳순'이나 '분류체계순'에 따라서 배열하고, 각각 그것이 게재된 간행물과 그 위치(페이지 번호)를 지시해 주는 일람표이다.

흔히 단행본의 권말에 인명, 지명, 사항, 주제명 등이 일람표식으로 배열된 색인이 있다. 이 색인은 그 단행본 속에 수록된 내용의 항목을 신속하게 검색할 수 있도록 고안된 것이다.

이와 마찬가지로 현대와 같이 학술과 문화의 발전에 따라 단행본, 잡지, 보고서, 공보 등이 대량으로 생산되면, 전문 분야의 조사·연구자들은 이러한 대량의 정보자료 가운데 자기가 구하는 정보에 관계

가 있는 표제, 주제, 내용의 항목 등을 신속히 열람하여 이를 파악할
필요가 있는 것이다.

그리하여 이러한 요구에 따라서 다수의 간행물에서 많은 권책(1년
분이나 반년분)에 걸쳐서 수록된 논문이나 기사의 저자, 표제, 주제
등을 표목으로 하여, 이를 '가나다순'이나 '알파벳순'으로 배열하고,
각각 그것이 게재된 간행물과 그 위치를 지시하여 이용자로 하여금
효과적으로 신속히 검색할 수 있도록 하기 위해서 색인이 고안된 것
이다. 예를 들면, 국회도서관에서 발행하고 있는 「정기간행물기사색
인」이 바로 그것이다. 이러한 색인은 현재 점차로 그 이용도가 높아
져서 학술적인 정보를 조사·연구하는 대학도서관이나 전문도서관
에서는 목록 이상으로 이용되고 중요시하고 있는 것이다.

이러한 색인지는 각 전문 분야별로 계속적으로 발간하여 배포하는
기관이 상당히 많으나, 색인지가 편집되고 발간·배포되는 시간적 간
격이 길기 때문에 최신 자료는 당해 간행물을 일일이 조사해야만 한
다. 그리하여 각 도서관에서는 이용자의 시간을 절약하고 편의를 제
공하기 위하여 새로이 입수되는 간행물과 다른 색인지에 수록되지
않는 간행물의 기사에 대하여 일정한 카드로 색인을 작성하여 신속
한 이용에 대비해야만 한다.

한편 이러한 색인도 색인작성기관마다 임의로 작성하는 것이 아니
라 각 도서관 간이나 국제적 정보교류를 원활히 하기 위하여 표준화된
기술형식과 체제에 따라서 작성되어야만 한다. 그리하여 ISO(International
Standard Organization)에서는 1975년에 색인작성의 표준화를 위한 표
준안을 제시한 바 있다.[64] 따라서 각 도서관은 이러한 국제적 표준화
기준에 따라서 색인을 작성해야만 한다.

종래의 도서관학에서는 색인작성법에 대한 연구가 소홀했으나 앞
으로 문헌정보학에서는 중요한 교과가 될 것이다.

f. 자동화 색인법

전항에서 설명한 것은 종래의 수작업에 의한 색인작성법이다. 그
러나 현대에는 도서관의 업무가 모두 자동화되어 가고 있고 또한 이
러한 자동화가 인력과 시간과 경비 면에서 경제적이고 신속 · 정확하
여 편리하므로 색인작업도 자동화되지 않을 수 없다. 따라서 문헌정
보학의 교과에서도 자동화 색인법을 다루지 않을 수 없게 된 것이다.

자동화 색인도 역시 각 색인항목의 기술요목이나 형식은 전항에
설명한 수작업에 의한 색인의 경우와 동일하다. 그리하여 ISO 권고사
항에서도 "일반적으로 수작업에 의한 색인작성을 위해서 마련되었으
나 그 기본 원칙의 대부분은 기계에 의한 색인작성에도 똑같이 적용
된다"고 규정하고 있다.[65]

그러나 색인의 데이터를 기계가독형으로 변환하는 시스템, 다시
말하면, 아직은 공인된 명칭은 없으나 가칭 MARIN(Machine Readable
Index)의 포맷에 따라야만 한다. 이와 같이 컴퓨터에 입력된 색인은
컴퓨터 터미널로 검색하여 영상으로도 물론 볼 수 있으나, 이를 프린
트하여 자료화할 수 있으므로, 이를 인쇄된 책자로도 용이하게 만들
수 있다. 예를 들면 국내에서도 국회도서관에서 격월간으로 발행하고
있는 「정기간행물기사색인」이 1977년부터 계속 컴퓨터에 의해서 생
산되고 있다.

---

64) ISO 999 - 1975. Documentation - index of a publication. 1975.

65) 정필모 편역, 學術情報媒體의 標準化에 관한 指針, 서울, 한국도서관협회, 1978, p.54.

자동화 색인법도 종래의 '도서관학'에서는 독립적인 교과로서 다루어지지 않고, 다만 최근 '도서관자동화론'에서 포괄적으로 논술되고 있으나,[66] 앞으로는 자동화 색인법을 독립적인 교과로 다루거나 아니면 전항에서 설명한 색인작성법의 교과목 내에서 다루어야 할 것이다.

5. 이용 및 전달방법 연구

이 연구 분야는 3항의 연구 분야와 직접적으로 밀접한 관계를 가지며, 그것이 기초가 된다고 볼 수 있다. 그러나 이 분야의 실제적인 연구교과는 독서교육론, 참고문헌조사론, 주제별 문헌조사론, 정보검색론, 서지학으로 구분할 수 있는데, 이들은 모두 이용자들을 대상으로 하는 봉사활동과 밀접한 관련이 있는 연구 분야라고 볼 수 있다. 여기에서 독서교육과 참고문헌 조사론은 종래부터 도서관학의 한 교과였으며, 정보검색론은 근년에 도입된 새로운 교과라고 볼 수 있고, 특히 서지학은 고전적인 자료의 선택·수집·조직·이용 등에 관련된 분야라고 볼 수 있다.

a. 독서교육론

독서교육론은 종래에 아동도서라는 교과로서 다루어 온 바 있다. 교과목명에서 볼 수 있는 바와 같이, 이 분야는 주로 아동들의 독서교육을 위한 연구 분야로서 아동을 위한 도서의 평가 및 선택 그리고

---

66) 정영미, 도서관정보전산화론, 서울, 구미무역(주), 1982, pp.163-182.

효과적인 지도방법 등을 연구하는 분야이다.

아동의 독서는 현대의 지식사회에 입문하는 가장 기초적인 단계이기 때문에 여기에서 가장 바람직한 건전한 내용의 도서를 선정하고 이를 각 아동의 지적 수준과 취향에 맞도록 단계적으로 독서함으로써 스스로 정보를 입수하고, 자기의 지식을 형성하고, 인격을 형성하게 하는 데 목적이 있다고 볼 수 있다. 따라서 이것도 하나의 중요한 연구 분야라고 볼 수 있다.

b. 참고문헌조사론

도서관에서의 궁극적인 봉사활동은 이용자의 요구에 대한 문헌에 의한 정보의 제공이라고 볼 수 있다. 참고문헌 조사론은 바로 이러한 봉사활동에 대비하기 위한 연구교과라고 볼 수 있다. 종래에는 이 분야의 교과목명은 '참고봉사(reference service)', '참고업무(reference work)', '참고조사(reference research)' 등 여러 가지로 지칭되어 왔다. 참고봉사란 "도서관의 이용자가 어떤 정보를 얻고자 하거나 조사·연구를 위하여 도서관자료를 이용하고자 할 경우, 그 이용자에게 협조하는 도서관업무의 일면"을 말한다.[67]

이러한 도서관 봉사업무에 대비하기 위한 교과명을 그대로 참고봉사나 참고업무라고 한다는 것은 동양에 있어서의 학문명칭의 관례로서는 부합되지 않는다. 따라서 최근 우리나라에 있어서는 '참고조사론' 또는 '문헌조사론' 등으로 지칭하고 있다. 그리하여 이를 좀 더 명확히 말한다면 '참고문헌조사론'이 될 것이다.

---

67) *ALA Glossary of Library terms*, Chicago, ALA, 1948, p.113.

참고문헌조사론은 두 가지 측면으로 구분해서 생각할 수 있다. 그 하나는 참고봉사업무에 대비해서 참고문헌 자체를 인식하고 평가하고 조사하기 위한 교과의 측면과, 다른 하나는 직접 참고봉사업무를 수행하는 방법론적 측면이다.

한편 이 연구 분야는 1차적으로는 일반참고문헌의 조사분석과 주제별 전문적 참고문헌의 조사분석으로 구분할 수 있다. 일반참고문헌은 모든 분야에 걸쳐서 일반적으로 이용되는 참고문헌, 즉 언어사전류, 백과사전류, 편람류, 연감류, 도록류, 서지류, 인명사전류, 지명사전류 등을 조사 분석하는 것이다.

주제별 참고문헌은 우선 인문과학 분야, 사회과학 분야, 과학기술 분야로 구분하여, 이들 각 주제 분야에서 필요로 하는 주제별 사전류, 편람류, 연감류, 도록류, 서지류, 색인류, 초록류, 전문학술지류 등을 조사 분석하는 것이다. 또한 이러한 주제들을 철학, 종교, 문학, 정치, 경제, 법률, 사회, 교육, 산업, 수학, 물리, 화학, 생물, 공학, 의학, 약학, 농업 등으로 다시 세분하여 이러한 각각의 주제 분야에서 필요한 참고문헌을 조사 연구할 수 있으며 이를 더욱 세분화할 수도 있다.

이러한 조사 · 연구는 기록정보의 인식과 평가를 위한 연구인 동시에 기록정보의 수집을 위한 연구이며 또한 문헌의 효과적인 이용을 위한 연구라고도 볼 수 있는 것이다. 이것은 기록정보의 인식과 평가 그 자체가 효과적인 이용의 전제가 되기 때문이다.

이러한 주제별 연구 분야에 대한 종래의 교과목은 인문과학서지(Bibliography in the humanities) 또는 인문과학정보자료(The source of information in the humanities), 사회과학서지(Bibliography in the social science) 또는 사회과학정보자료(The source of information in the social science), 과학기

술서지(Bibliography in the science and technology) 또는 과학기술정보자료(The source of information in the science and technology) 등으로 호칭되고 있다. 또한 고전에 관한 참고봉사와 관련해서 '동양전적', '한국전적' 등의 교과목이 있다.

c. 정보검색론

도서관이나 기타의 정보관리기관의 기능을 요약하면, 결국 이용자에게 정보를 제공하는 데 있다. 열람·대출도 이용자가 요구하는 정보자료를 제공하는 것이다. 또한 정보봉사도 마찬가지로 도서관 직원이 이용자가 구하는 정보를 검색하는 활동을 의미하는 것이다. 도서관에 있어서 이용자 스스로가 정보를 구하기 위해서 많은 정보자료 가운데에서 탐색하는 경우도 있으며 또한 직원이 이용자를 대신하여 탐색하여 얻은 정보를 이용자에게 제공하는 경우도 있다. 여하간 이 정보의 탐색 또는 검색이라고 하는 것이 도서관으로서는 핵심적인 활동으로서 도서관의 근본적인 기능이며, 생명선인 것이다. 정보를 검색하지 않고서는 정보제공을 생각할 수가 없기 때문에, 도서관에서는 정보를 구하기 위해서 검색하고자 하는 이용자에 대해서 여러 가지 검색용구를 작성하여 이를 이용해서 검색하게 하는 것이다.

정보의 검색이 사회의 각광을 받고 등장하게 된 것은 미국에서 컴퓨터가 개발되고 정보학이 출현한 이후의 일이다. 이러한 사정을 배경으로 하여 정보라고 하는 것이 중대한 의미를 가지게 되었으며, 이에 대한 이론과 운용의 문제를 연구하게 된 것이다.

'정보검색'이란 말은 영어의 'information retrieval'에 대한 말이다. 이 말은 일본의 喜安善市가 최초로 그렇게 번역하여 동양에서 이미 정착

된 말이다.[68]

　정보검색이란 일반적으로 문헌(document)을 다시 발견하거나, 뽑아
내거나, 조회·탐색하거나, 확보하거나 하는 활동이다. 또한 자료에
서 정보를 추출하는 조작활동에 사용된다[69]고 정의하고 있다. 또한
藤川正信은 "정보활동이란 기록된 각각의 정보를 수집하고, 분석하고,
파일형식에 따라 배열하고, 색인을 작성하고, 이용에 봉사하는 전 과
정을 말한다"[70]고 설명하고 있다.

　이상의 정의에서 볼 수 있는 바와 같이, 정보검색이란 결국 정보를
색출해서 이용하는 기술이라고 볼 수 있다. 이러한 방식과 기술은 현
재까지 전통적인 도서관학에는 없었던 것이다. 그러나 이러한 기술은
이상의 정의와 일치되는 것은 아니라 할지라도, 과거의 도서관학에도
실제의 운용업무에 있어서 그 일부분은 실행되었다고 볼 수 있다.

　이 정보검색이라고 하는 낱말에 대해서 정보탐색이라고 하는 말이
도서관계에서 통용되고 있다. 정보검색은 검색하는 대상이 확실히 판
명된 경우를 말하며, 정보탐색이란 검색하는 대상이 판명되지 않은
경우를 말한다. 여하간 자료 가운데서 정보를 찾아내고 뽑아내서 이
용하는 것이기 때문에 탐색과 검색과의 개념의 차이는 거의 없다.

　검색의 대상인 정보자료는 형체상으로 본다면 여러 가지가 유통되
고 있으나 일부분의 자료를 제외하고는 대부분 문자로 기록된 것, 즉
기록정보이다. 또한 그 기록된 언어는 대부분 자연어이다. 따라서 자
연어, 즉 문자로 기록한 자료를 검색하는 경우 역시 자연어를 '검색

---

68) 椎名六郎, 新圖書館學槪論, 東京, 學藝圖書株式會社, 1973, p.330.

69) 日本圖書館協會編, ドキュメンテション用語集, 東京, 1960, p.123.

70) ～藤川正信, 情報檢索の意義(情報管理實務講座 5), 東京, 日刊産業新聞社, 1965, p.8.

어’로 사용하는 것이다. 이 검색어에 대해서 색인어라는 말도 사용되고 있다. 그러나 자료의 축적량이 증가하여 방대한 양에 이르면 인력으로는 도저히 검색처리가 불가능하게 되므로 이러한 경우는 기계를 사용해서 검색하는 수밖에 없다.

검색에 있어서는 자연어에 의존하여 검색하는 것을 ‘자연어계검색’이라고 하며, 기계에 의존하는 검색을 ‘기계어계 검색’이라고 한다. 자연어계 검색방법은 현재까지 주제어에 의한 검색법, 주제분석법, 키워드법, 디소러스 등이 개발되고 있고, 기계어계 검색에는 코드화하는 방법이 있다.

주제어에 의한 검색법은 어떤 자료의 내용이나 개념을 정확하게 표현하는 어구, 즉 주제어를 표목으로 하여 그것을 검색어 또는 색인어로 하는 방법이다. 따라서 주제검색법에 있어서는 주제명표목표 또는 디소러스가 필요하다.

주제분석법은 복잡한 내용을 가지는 주제를 그 구성요소인 중요한 개념으로 분석하여 처리하는 것이다.

키워드법은 문헌 가운데 용어를 뽑아내어 그것을 검색의 단서로 하는 방법이다. 학술논문이나 저서를 구성하는 문맥 가운데에는 중요한 의미를 가지는 낱말이 상당수가 있다. 다시 말하면, ‘하나의 문헌 가운데 결정적인 의미를 가지는 문법상의 요소’가 있다. 이를 요어(key word)라고 하는데, 이러한 요어를 문맥에서 뽑아내서 빈도수가 많은 낱말을 순서대로 배열하면 대략 그 문헌의 내용이 이해될 수 있다는 입장에서 이를 리스트화하고, 이 키워드에서 주제를 색인하고 논문의 내용을 파악하여 정보검색에 사용되도록 하는 방법이다.

디소러스는 언어에 의한 정보검색의 한 방법으로서 사용되는 자료의 내용을 단적으로 표시한 표목어이다. 그리하여 一概念 一語主義로 적절한 낱말을 골라서 리스트화한 것이다. 그러므로 검색어로 사용하기 위한 기본적인 용어집이라고 볼 수 있다.

기계어계 검색에 있어서는 자연어를 기계어로 변환하여 사용하는 것으로, 실은 자연어를 부호화 또는 기호화하는 것이다. 그리하여 이를 기계에 기억시켜서 축적하고 정보검색의 과정에 있어서 어떤 부분을 기계에 의하여 검색하고자 하는 것이다.

이러한 정보검색에 관련해서 OCLC[71]는 'Channel 2000'이라는 실험 시스템을 가동하고 있는데 이용자는 가정에 있는 케이블 TV를 통해서 그 지역 공공도서관의 목록데이터와 기계가독형으로 변환된 백과사전의 본문을 검색할 수 있다.[72] 그러므로 정보검색론은 도서관에서의 참고봉사의 자동화에 기여하는 교과목이 될 것이다.

d. 목록학과 서지학

書誌學은 서양의 Bibliography를 번역한 학문명칭이고 동양에서 이와 대등한 재래의 학문은 주로 目錄學이라고 하는데 현재는 모두 서지학이라고 부르는 경향이 있다. 그리하여 이들 양자를 혼돈할 가능성이 많으므로 여기에서는 동양의 목록학과 서양의 서지학을 구분해서 설명하고자 한다.

---

71) OCLC는 1967년에 설립된 것으로 원래는 Ohio College Library Center였으나 1981년에 Online Computer Library Center로 개명됨.

72) Glyn T. Evans, library Networks. In: *Annual Review of Information Science and Technology*. v.16. ASIS. 1981, p.24.

① 동양의 目錄學

昌彼得에 의하면 "중국의 고대에는 도서를 연구대상으로 하는 학문을 校讐學이라 하였으며 그 내용은 도서의 수집·선택·교감·분류·목록편찬 등이 그 대상이었다"[73]고 한다. 동양에 있어서는 이것이 문헌정보학의 시원이라고 볼 수 있다.

校讐學 다음으로 등장한 것이 目錄學이다. 昌彼得에 의하면 "목록학은 漢代의 劉向과 劉歆 父子의 '別釘'와 『七略』에서 비롯한다"[74]고 하며, 許世瑛에 의하면 目錄學은 "여러 책을 분류하고 異同을 구분하며, 大意를 밝히고, 同流를 소통시키며, 학술을 분석하고, 源流를 탐구해서 사람들로 하여금 책을 용이하게 얻어 볼 수 있도록 연구하는 전문학술"[75]이라고 한다.

漢나라가 흥하자 成帝(BC 25~5)는 奏始황제의 焚書坑儒 이후 고전이 고갈되어 가는 것을 개탄하고 천하에서 유서를 모아서 秘府에 소장하고, 劉向으로 하여금 그 정리작업의 책임을 맡게 하였다. 劉向은 책마다 교정이 끝나면 그 篇目을 적고 그 요지를 기술하여 成帝에게 보고하였다.[76] 이것을 『叔錄』이라고 하며, 이 서록을 토대로 후에 다시 편집한 것을 『別錄』이라고 한다. 그러나 劉向은 이 사업을 완성하지 못하고 별세하여 그의 아들 劉歆이 이를 이어받게 되었다. 劉歆은 아버지의 유고를 다시 類別로 구분해서 정리하여 목록을 편찬한 것이다. 이 목록을 『七略』(BC 5)이라고 한다.

---

73) 昌彼得, 中國目錄學의 源流, 中國圖書館學會 編, 「圖書館學」, 沈隅俊 譯(圖書館學과 情報科學), 서울, 正一出版社, 1993, p.149.

74) Loc. cit.

75) 許世瑛 編著, 中國目錄學史, 台灣, 華岡出版公司, 民國, 43(1964), p.4.

76) 班固, 漢書藝文志, 香港, 大平書局, 1963, p.2.

『七略』은 輯略, 六藝略, 諸子略, 詩賦略, 兵書略, 數術略, 方技略으로 되어 있으나 정리된 목록의 실제 내용은 六略뿐이며, 輯略은 도서를 분류한 類門이 아니라 六略 전반에 걸친 총설에 해당된다. 이『七略』이 바로 目錄學적인 방법에 의해서 편찬된 것이며, 이것이 동양에 있어서의 문헌분류와 목록의 시원이라고 볼 수 있는 것이다.

淸나라 초기에는 校勘學이 출현하여 일종의 전문적인 학술로 발전하였다. 교감학은 '考證學의 한 부분으로서, 같은 종류의 여러 책들을 비교하여 잘못이나 차이 나는 것들을 바로잡는 학문'이다. 따라서 校勘學의 범위는 고대의 校學이나 目錄學에 비하여 좁아진 면이 많다. 또한 '目錄學도 근대에는 서양도서관학의 영향을 받아서 도서의 수집도 목록학의 범위를 이탈하였다. 그리하여 目錄學은 다만 도서분류와 편목만을 위주로 하는 서양목록학과 크게 구별 지을 수 없게 된 듯하다. 다만 중국목록학의 체재와 서양의 것이 다르므로 그 의의도 차이가 있는 것이다.'[77]

한편 校勘學의 기초가 되는 것으로 板本學이 있다. 板本學은 현대에 출현한 것으로 '도서가 어느 때 어디에서 누가 어떻게 하여 만들어졌다는 史實을 밝히기 위한 것'[78]으로서 그 내용은 중국의 고대로부터 근대에 이르기까지 역대의 도서형태의 변천과 刻板本의 내용과 鑑別法을 체계적으로 서술하고 있다.

② 서양의 書誌學(bibliography)

書誌學은 France에서 태동한 학문명칭으로서 본래 '책을 쓰는 것

---

77) 昌彼得, op.cit. p.149.

78) 屈萬里, 昌彼得 共著 沈隅俊 譯, 圖書板本學要略, 서울, 중앙대학교 도서관학과, 1975, 譯者序文.

(writing of books)'이었는데 18세기 말엽부터 '책에 관해서 쓰는 것 (writing about books)'으로 그 의미가 변환되었으며, 동시에 이에 대한 학문이 발생한 것이다.[79) Walter Greg에 의하면 "서지학은 자료적인 대상으로서의 도서에 대한 연구"[80)라고 하고, 미국의 문헌정보학용어집에 의하면 "원문의 역사와 傳來를 판단하기 위한 물리적인 대상으로서의 도서에 대한 연구"[81)라고 한다. 이와 같이 미국 문헌정보학용어집의 정의는 "원문의 역사와 전래를 판단하기 위한 것"이라고 하는 서지학의 목적을 추가하여 앞세웠고, '자료적인 대상'이라는 말 대신에 '물리적인 대상'이라는 말로 표현했을 뿐 이들 내용은 동일하다고 볼 수 있다. 따라서 서지학은 동양 재래의 目錄學과 대등한 것이다.[82)

6. 운영관리 연구

도서관 또는 정보관리기관의 운영관리는 개개의 기관의 운영관리와 정보관리로 구분하여 설명될 수 있으며, 현재 일반적으로 이러한 방향으로 교과가 구분되어 있다.

a. 도서관운영론

현대사회의 특징은 사회가 조직화되고 있다는 점이다. 도서관은 이러한 사회에 대해서 발전적 봉사의 기능을 발휘하는 기관이므로, 이러한 사회의 조직에 부응하도록 도서관도 조직화해야만 한다. 그리

---

79) Roy B. Stokes. *The Function of bibliography.* London, Ardor Deutsch, 1969, p.12.
80) *Loc. cit.*
81) *The ALA Glossary of Library and Information Science.* Chicago, ALA, 1983.
82) 長澤規矩也, 書誌學序 東京, 吉川弘文館, 昭和 40(1965), p.7.

하여 도서관의 기능을 충분히 효과적으로 발휘하기 위해서는 도서관을 조직화하고 이에 따라 합리적이고 과학적으로 경영해야만 한다. 이것은 도서관 업무의 시스템화를 의미하는 것이다.

이러한 시스템이란 공통의 목적(이용자에 대한 정보제공)을 위해서 각 부분의 구성에 따라서 형성되는 통일적인 패턴이라고도 볼 수 있다. 만약 과거의 도서관의 경우처럼 시스템이 없이 설치자나 관리책임자 임의로 무계획적으로 경영된다면 조직적 관리가 이루어질 수 없기 때문에 현대의 조직적 사회에 대처할 수가 없으며, 사회의 봉사기관으로서의 의미가 없는 것이다. 따라서 도서관은 사회조직의 구조의 변화에 적응하여 도서관조직의 구조도 경신해 나가야만 한다.

여기에서 관리조직이란 도서관시설 또는 설비의 조직화와 관내 직원의 조직화를 의미하는 것이다. 직원의 조직화는 필요한 부서 또는 위치에 적격한 직원을 배치하여 업무를 정비하게 하는 것이고, 도서관의 시설이나 설비의 조직화는 도서관의 규모에 따라서 서무실이나 정리실, 대출실, 서고, 참고도서열람실, 정기간행물실 등의 위치를 배정하고, 필요한 시설이나 설비를 각각의 크기나 용도에 따라 필요 적절한 위치에 배치하는 것이다.

현대사회에 있어서는 이러한 조직관리가 민주적인 도서관 규정으로 표현되고 각각의 업무가 규정된다. 이러한 규정을 세밀히 나타낸 것이 업무분장 또는 업무편람(staff manual)이다. 이러한 업무편람을 효과적으로 제정하고, 이에 따라 업무를 집행함으로써 도서관의 경영은 합리적으로 이루어질 수 있으며, 도서관의 기능이 충분히 발휘될 수 있는 것이다.

이러한 업무는 사회의 조직과 구조가 변화함에 따라서 결정되는 것이므로 영구불변한 것이 아니다. 시대의 변천과 사회의 동향에 따라서 또는 이용자의 요구의 변화에 따라서 항상 변화하는 것이다. 언제나 동일한 시스템에 따라 동일한 이념을 가지고 업무를 지속한다면 그 업무는 침체하게 된다. 이러한 의미에서 행정기구의 개혁이 빈번히 이루어지는 것이다.

조직구조를 개혁하는 것은 사회의 동향이나 이용자의 요구에 따라서 새로운 업무를 수행함으로써 새로운 기능을 발휘하기 위한 것이다. 도서관운영론은 도서관의 이러한 효과적인 업무수행에 기여하기 위한 교과라고 볼 수 있다.

b. 정보관리론

정보란 지식이나 과학의 요인으로서 인간의 사회조직의 기초구조를 형성하고 있는 것이다. 정보는 또한 인간이나 사회의 목적확립과 의사결정의 문제를 해결하는 요인인 것이다. 따라서 인간이 생존하는 한 여러 가지의 형태로 전달되고 있는 정보 가운데 가능한 한 필요 적절한 정보를 다량으로 수집하여 축적하고, 그것이 필요할 경우는 언제든지 이용될 수 있는 조직체제를 정비해 둘 필요가 있는 것이다. 이러한 정보의 조직화를 관리하는 것을 정보관리라고 하며, 이 정보관리가 사회의 중대한 관심과 의의를 가짐으로써 인간의 조직으로서의 여러 가지 사회단체나 교육 및 연구기관이 앞을 다투며 정보의 관리기구를 설치하게 된 것이다.

이러한 정보관리의 주요한 목적은 ① 급변하는 사회적 동향에 적응하여 생존경쟁에 있어서 승리하기 위한 것이며, ② 급변하는 사회구조의 변혁에 상응하여 체질을 개선하고 기술을 혁신하기 위한 것이며, ③ 모든 학문 분야의 새로운 발전과 창조를 위한 것이다.

따라서 정보는 상품생산의 기술혁신을 위한 기업에만 필요한 것이 아니라 인간 개인이나 특히 교육기관, 연구기관 그리고 이에 종사하는 교육자, 연구자에게도 필요한 것이다. 특히 기업에 있어서는 기술혁신을 위한 정보가 그 생명선이라고 볼 수 있으며, 교육기관이나 학술연구기관에 있어서는 새로운 발전과 창조를 위한 정보가 그 생명선이라고 볼 수 있다. 적절하고 필요한 정보를 입수함으로써 인간과 인간사회에서 발생하는 문제를 보다 효과적으로 또한 합리적으로 해결하고, 인간사회에 필요하고 유효한 문명의 이기를 개발할 수 있는 것이다. 그리하여 새로운 기술을 개발하지 못하면 다른 기업과의 경쟁에서 패배하게 되고, 더 나아가서는 국제경쟁에서 패배하는 것이며, 학술에 있어서도 후진성을 면치 못하게 되는 것이다.

이러한 학술의 발전과 기술의 혁신을 위해서는 방대한 양의 정보를 구사해야만 하기 때문에, 국내외를 불문하고 각 교육기관이나 학술연구기관이나 기업체는 정보관리기구를 완비하고자 노력하여, 정보의 수집과 조직 및 배포활동에 있어서도 경쟁을 하게 되는 것이다. 이와 같이 "정보를 수집하고 조직하고 배포하는 일련의 업무를 어떤 기구하에서 제어(control)하는 것을 정보관리라고 한다."[83]

정보관리라고 하는 개념이 사회의 각광을 받고 비약적으로 등장하게 된 것은 컴퓨터와 MIS(Management Information System)의 선풍 때문이다. 이것은 경영에 정보시스템을 수립하고, 컴퓨터의 적용에 의하여 기업경영의 효율을 높이고, 다시 발전과 확대를 시도한 기업경영 전략의 일종이다. MIS라고 하는 용어가 기업계에 있어서의 하나의 유

---

83) 椎名六郎, 新圖書館學槪論, 東京, 學藝圖書株式會社, 1973, p.313.

행어가 되고, MIS가 진행됨에 따라서 정보처리기술이 MIS에 있어서는 불가결한 것이 된 것이다. 그리하여 경영정보시스템(MIS)은 스스로 어떤 기구하에서 정보의 수집, 조직, 배포를 제어하는 시스템을 설치하지 않을 수 없게 된 것이다. 따라서 이 시스템 전체를 일컬어 정보관리라고 하는 말로 표현하게 된 것이다.

경영정보시스템, 즉 MIS와 여기에서 다루고자 하는 정보관리와는 거의 동일한 것이다. 渡邊照雄에 의하면, "MIS란 경영의 각 층이 필요로 하는 자료를 정확하게 제공하기 위해서 객관성 있는 정보를 수집하고 가공하고 보관하는 인간과 기계로 구성되는 조직체"[84]라고 한다.

여기에서 말하는 정보의 수집, 가공, 보관(축적)이라고 하는 것은 정보관리의 기술의 영역으로서, 이 기술을 사용하지 않으면 MIS는 이루어지지 않을 것이다. 이와 같이 본다면, 정보관리도 도서관이나 정보기관에서만 사용되는 전문적인 기술이 아니라 모든 단체나 기관에서 사용되는 기술이다. 정보관리의 기술이 사회에서 사용되고 보편화했다는 것을 의미한다.

그러나 도서관에서의 정보관리 또는 문헌정보학에 있어서 정보관리론은 주로 수서업무의 자동화와 대출업무의 자동화를 위한 기술적인 문제를 다루어야 할 것이다. 왜냐하면 넓은 의미에서 보면 도서관 전체의 업무가 정보관리이며, 좁은 의미에서 보면 수서의 관리와 대출의 관리가 가장 직접적인 정보관리이기 때문이다.

그리고 종래의 도서관학에서는 수서의 문제와 대출의 문제만을 다루는 별도의 교과목이 없었으나, 도서관의 효과적인 관리를 위해서는

---

84) 渡邊照雄, MIS: その理解 のために, 東京, 日刊工業新聞社, 1968, p.15.

수서업무와 대출업무가 우선적으로 자동화되어야 하므로 문헌정보
학에서는 정보관리론이라는 교과명으로 이에 대한 자동화 기술을 주
로 다루는 것이 가장 합리적이라고 생각된다.

7. 기타

a. 정보정책론

현대의 민주사회에 있어서는 기본적 인권이 확립된 이래, 인간은
누구나 정보를 알고 배울 자유와 권리가 보장되어 있는 것이다. 이러
한 보장이 없이는 정보전달의 자유가 허용될 수 없는 것이다. 봉건시
대의 도서관에 있어서는 인간이 자유로이 자료를 이용할 수가 없었
다. 다만 한정되어 선택된 인간만이 도서관을 이용할 수 있었던 것이
다. 따라서 자료의 생산, 수집, 축적에 있어서도 자유가 없었다. 정보
자료의 생산, 수집, 축적 및 이용은 권력자의 의도에 따라서 언제나
억제될 수 있었던 것이다.

근대사회에 있어서 도서관이 성립될 수 있었던 전제조건은 기본적
인권의 확립과 보장이었던 것이다. 이 기본적 인권의 보장은 민주적
헌법에 기초를 둔 것이다. 이 헌법을 규범으로 한 관계법률에 의해서
도서관 설치의 기반이 확립되고 그 설치가 보장될 수 있는 것이다.
그 나라의 국민이 자유로운 의지에 따라서 대표자로서의 국회의원을
선출함으로써 그들의 의지를 반영하여 입법된 도서관에 관한 법률로
도서관의 안정성과 영속성이 보장되는 것이다. 이러한 도서관관계 법
률이 확립됨으로써 도서관행정이 이루어지는 것이다.

그러므로 도서관법은 국가나 지방공공단체 또는 개인이나 단체가

도서관을 설치하고 그 관리·운영을 실시하기 위한 법적인 근거가 되는 것이다. 다시 말하면 도서관행정은 어떤 권력 내지는 구속력이나 규제력을 가지고 실시되는 것으로서 도서관의 목적·내용·업무 등을 입법이라고 하는 절차를 밟아서 성문화한 이른바 각종의 도서관법규로 표현되는 것이다. 따라서 도서관법규에는 도서관의 정책·이념·관리·운영·조직 및 봉사 등이 규정되고 있는 것이다.

그러나 어느 하나의 도서관법규에 이상의 모든 것이 규정될 수는 없다. 또한 국가에 따라서 법규의 조직이 다르기 때문에 도서관법규의 표현이 일정하지 않다. 그러나 도서관법규가 적용되는 도서관의 범위는 공비로 경영되는 도서관이나 공익법인에 의해서 설치되는 도서관과 같이 국가나 지방공공단체의 원조를 받는 것에 대해서 규제하는 것이다. 이러한 도서관은 공공복지에 관계되는 것이며 사회에 영향을 주기 때문이다.

그러므로 개인이건 법인이건 누구나 도서관법규에 관계없이 도서관을 설치할 수 있는 것이다. 만약 반드시 도서관법규에 따르지 않을 경우 도서관이 설치될 수 없다면 그것은 결국 기본적 인권을 침해하는 것이며, 정보를 알고 배울 자유와 권리를 침해하는 것이다. 그러나 도서관을 설치한다 하더라도 공개도 하지 않고 자료의 축적도 빈약하여 이용되지 않는 것이라면, 이것은 도서관으로서의 가치나 존재의 의의도 없는 것이다.

한편, 도서관정책은 국가 전반적인 입장에서 볼 때, 모든 국민에게 균등하게 도서관봉사의 혜택이 미칠 수 있도록 각 지역사회에 도서관을 설치하고, 자료의 보급, 도서관운영·관리의 지도, 연락, 조정 등을 시도하여 국가 전체의 도서관진흥을 추진하는 시책을 의미한다.

물론 이러한 도서관정책도 이에 대한 법률을 근거로 해야 하지만,

국가의 도서관진흥위원회와 같은 기구를 설치하여 행정적인 차원에
서도 가능할 것이다. 여하간 도서관정책은 국가 전체적인 입장에서
각 도서관의 목적이나 기능을 발휘하기 위해서 각각의 도서관의 성
격을 존중하면서 도서관의 봉사활동을 원조하고, 도서관망이나 협회
조직망 등을 계획하여 도서관의 전반적인 발전을 시도하는 국가적인
시책(national plan)의 확립을 의미하는 것이다.

이러한 면에 있어서 미국은 백악관 내에 도서관발전을 위한 자문
위원회를 두고 공공도서관에 대한 도서관정책을 수립하여 이를 적극
추진하고 있다. 이 정책을 수행하는 데 있어서 연방정부가 중대한 역
할을 하고 의회도서관이 그 지주를 이루고 있다.

현재 우리나라에서는 개정된 도서관법(1987년 10월 30일)에 따라
1989년 9월에 문교부의 소속하에 도서관발전위원회가 설립된 바 있
고 또한 1991년에 정부의 기구개편과 더불어 도서관 및 독서진흥법
으로 개정되었으며, 다시 문화체육부 소속하에 도서관발전위원회가
설립되었다. 따라서 앞으로 이 위원회의 자문에 따라 도서관정책을
수립하고 정부에서 적극적으로 추진하는 동시에 도서관협회에서도
적극적으로 협력해야 할 것이다. 그러나 우리나라는 1995년부터 본격
적인 지방자치제가 시작되어 공공도서관과 학교도서관의 운영관리
책임이 지방자치단체에 있기 때문에 전국적으로 일관된 도서관정책
수행이 어려워질 것으로 보인다.

현재까지 우리나라의 문헌정보학과의 교과과정에는 이상에서 설
명한 도서관행정이나 정책에 관한 교과목이 거의 없었다. 그러나 앞
으로는 주요한 교과목으로서 다루어져야 할 것이며, 이에 대한 연구
가 수반되어야 할 것이다.

b. 도서관 상호 협력

도서관 상호 협력은 둘 이상의 도서관이 연합된 활동을 통하여 자료 및 봉사를 개선하고 증진시키기 위한 도서관인들 사이의 노력으로 나타난 것인데, 일반적으로 지리상 인접한 지역의 도서관이나 서로 같은 주제 분야의 도서관들이 서로가 필요로 하는 정보를 제공하고 제공받는 제도이다.

현대사회와 같이 정보가 대량으로 생산되고 유통되는 정보화 사회에서는 개개의 도서관자원만으로는 이용자의 정보요구를 충족시켜 줄 수 없기 때문에 도서관 상호 협력은 반드시 필요한 것이다. 상호 협력의 필요성을 살펴보면, 먼저 학문과 과학기술의 발달로 인하여 정보량이 급격히 팽창하여 이러한 정보를 수집, 축적, 정리, 검색, 봉사과정이 종전의 방법으로는 감당하기 어렵고, 이용자의 요구가 다양화, 세분화되어 단행본보다는 학술잡지, 연구논문, 연구보고서 등에 더 큰 관심을 가지게 되어 이용자의 정보요구가 세분화되었기 때문이다. 그리고 제한된 도서관 예산으로는 모든 자료를 망라하여 구입하기가 불가능하기 때문에 자관에 소장된 자료만으로는 이용자의 정보요구를 만족시켜 줄 수 없기 때문이다.

한편, 도서관 업무 중에서 상호 협력이 가능한 업무는 자료수집협력, 정리협력, 보존협력, 대출협력, 참고봉사협력 등을 들 수 있는데, 회계와 관리업무를 제외하면 거의 모든 도서관업무에서 상호 협력이 가능할 것이다.

그리고 도서관 상호 협력이 효과적으로 이루어지기 위해서는 종합목록, 상호 대차 규정, 컴퓨터, 통신시설 등의 도구들이 필요하다. 이러한 도구 중에서 가장 기본이 되는 것은 '외국학술잡지 종합목록',

‘외국도서 종합목록’, ‘과학단지 장서종합목록’ 등의 목록이다.

상호 협력의 방법으로는 자료수집ㆍ정리ㆍ대출ㆍ보존 등의 업무 기능별 상호 협력, 공공도서관, 대학도서관, 전문도서관 등의 관종별 상호협력, 지역, 국가ㆍ국제 등 지역별 상호협력을 들 수 있다.

이상에서 살펴본 도서관 상호 협력은 도서관자동화의 진전과 더불어 대단히 편리한 여러 가지 도서관 전산망을 통하여 용이하게 이루어질 수 있으므로 중요한 연구 분야라고 할 수 있다.

c. 사서직의 전문성

모든 조직에 있어서 마찬가지겠지만 특히 도서관은 이 조직을 움직이는 사서의 비중이 다른 요소보다도 크다고 할 수 있다. 워싱턴 도서관의 Heat는 현대도서관을 평가하기를 ‘건물이 5%, 도서관자료가 25%, 도서관 직원이 70% 기여한다[85]’고 한 점만 보더라도 현대도서관경영에서 사서가 차지하는 비중이 어느 정도인가를 짐작할 수 있을 것이다.

일반적으로 사서직을 전문직이라고 이야기하고 있다. 그러면 전문직이 무엇이냐부터 살펴보기로 한다. 전문직이란 영어의 ‘profession’의 역어로 원래 라틴어의 ‘profession－em’에서 유래한 것으로서 초기엔 ‘공식적인 선언’, ‘공개’ 등의 의미를 가지고 있었다. 즉 어떤 일에 대한 자신의 믿음, 종교적 신념, 의견 등에 대한 자신의 입장을 선언한다는 의미를 가지고 있었다. 그러나 사회구조가 복잡해지고 직업계층이 다양해짐에 따라 전문직이란 개념도 변해 그 직업이 다른 직업

---

85) 梁泰鎭, 圖書館 機能의 能率 極大化, **도협월보** 제16권, 제3호(1975. 3), p.5.

과 명확하게 구분될 수 있는 성격을 가지며, 고유한 학문성과 기술성을 가지고 있는 직업을 일컫게 되었다. 즉 법률가, 의사, 성직자, 교수 등과 같이 다른 직업에 종사하는 사람들로 대체할 수 없는 고유한 직업을 말하는 것이다. 전문직의 정의에 대하여 여러 학자들의 견해를 종합해 보면 '전문직이란 다른 직업과 명확하게 구분될 수 있는 고유한 것으로서 그 직업의 수행을 위해 고도한 지식과 경험을 필요로 하며, 중요한 인간의 실제문제의 해결을 위해 적용되는 하나의 직업계층'이라고 볼 수 있다.

그러면 전문직을 판단할 수 있는 특성은 무엇인가? 전문직의 특성이란 전문직만이 가질 수 있는 고유한 기본조건으로 성립될 수 있는 구성요소 또는 판단기준을 말한다.

전문직의 판단기준에 대하여 Abraham Flexner는 전문직은 ① 개인적인 책임하에 이루어지는 지적활동이다. ② 전문직의 지식과 기술은 학문을 통해 얻는다. ③ 지식과 기술은 실제의 목적을 위해 사용된다. ④ 秘傳되는 특수한 교육을 가진다. ⑤ 자율적 통제를 가진다. ⑥ 활동은 이타적 동기에서 출발한다고[86] 보고 있고, Myron Lieberman은 ① 사회봉사, ② 지식(장기간의 교육훈련), ③ 자율성, ④ 자치조직, ⑤ 윤리강령 등을 전문직의 본령으로 삼고 있다.[87] 한편 玄圭燮은 ① 지식의 양, ② 직업의 자주성, ③ 직업의 공공성, ④ 사회적 인정 등으로 보고 있으며,[88] 김중한은 전문직의 기준으로서 다음과 같은 5가지를 들고 있다.[89]

---

86) 崔成眞, 司書職의 專門性 考察, **도협월보** 제15권 제10호, 1974. 10, p.3.

87) **敎職과 敎師**, 서울: 現代敎育叢書出版社, 1962, pp.236－257.

88) 玄圭燮, 司書職 專門性의 再定義, **종로도서관보** 제3호, 1971, p.62.

89) 김중한, 도서관관계 전문직과 관계 학문의 재규정, **도서관학**(한국도서관학회) 제1집, 1970, pp.133－134.

1) 전문직은 사회가 그 중요성과 깊은 학문적 배경을 요하는 전문
   성을 인정하고 그들의 사회적 가치에 합당한 보수를 주는 동시
   에 자격증 또는 면허증을 발부한다.
2) 전문지식과 학식을 갖추고 능숙한 기술을 갖추어야 한다.
3) 고객에 대한 봉사책임을 진다.
4) 전문단체에 대한 관계가 소속기관과 거의 같을 정도로 충실하다.
5) 직업단체와 분리된 학술단체에 속한다.

이상에서 열거한 여러 학자들의 견해를 토대로 하여 어떠한 직업
이 전문직이 되기 위하여 갖추어야 할 기본요소를 종합하여 보면 다
음과 같이 7가지로 열거할 수 있을 것이다.

1) 전문직은 성격이 뚜렷한 고유의 분야를 사회적으로 분담하고 사
   회의 발전에 없어서는 안 될 직업적인 봉사를 하여야 한다.
2) 그 직업을 수행하기 위한 고도의 지식과 특수한 전문적 기술을
   가져야 하며 또한 지식과 기술은 이론적인 체계가 뒤따라야 한
   다. 경험이나 훈련만으로 된 지식과 기술과는 구별된다.
3) 그 양성교육은 고등교육기관에서 이루어져야 한다. 다만 그 교
   육을 마친 것만으로 되는 것이 아니라 상당한 기간에 걸친 실무
   경험에 의하여 확립되는 것이다.
4) 봉사의뢰자에 대해서 권위를 가지고 지시하거나 조언할 권한이
   있으며 그 직업의 자주성이 있어야 한다.
5) 그 직업에 종사하기 위해서는 높고 엄격한 기준에 의하여 규제
   된 자격증을 가져야 한다.
6) 봉사의뢰자의 인격이나 생명을 다루기 때문에 엄격한 윤리강령
   을 가진 자기규제가 필요하다.
7) 위와 같은 전문직의 성격을 유지하고 사회적 사명을 다하기 위
   하여 전문적인 집단조직을 가진다.

지금까지 살펴본 여러 가지 의견 중에서 전문직을 판단할 수 있는
요소는 대개 ① 지식, ② 자율성, ③ 공공성, ④ 사회적 인정, ⑤ 전문

단체 등이 될 것이다. 이러한 5가지 요소를 중심으로 사서직이 전문 직의 특성에 얼마나 합치하는가를 살펴보기로 한다.

ⓐ 지식

지식에 관한 문제는 크게 두 가지의 각도에서 살펴볼 수 있다. 그 첫 번째는 지식의 고유성이다. 전문직이 가지는 지식의 고유성은 다 른 직업과 명확하게 구분될 수 있는 특성을 가지고 있으며, 기술은 독특하여 다른 직업에 종사하는 사람들로 하여금 대체될 수 없는 성 격을 가지고 있는 것이다. 지식의 고유성은 지식의 독점권이란 용어 로도 표현될 수 있다.

사서직의 경우 직업의 고유성과 지식의 독점권은 명백하다. 사서 직은 다른 직업과 명백하게 구분될 수 있으며, 다른 직업을 가진 사 람들이 사서업무에 곧 효과적으로 종사할 수 없음이 증명한다. 그러 나 우리나라의 경우 일반적인 인식부족으로 무자격자가 도서관업무 를 수행하는 현상이 있으나 그들이 자료조직의 기본원칙이나 지식, 기술 또는 봉사의 본질에 입각해서 효율적인 봉사를 행할 수 없음은 분명한 사실이다. 이것은 전문직의 독점권을 침해하는 것으로서 무자 격 의사가 환자를 수술하고자 하는 것과 조금도 다를 바가 없는 위험 한 현상이다.

두 번째는 지식의 양이다. 지식의 양은 주로 교육과 훈련 또는 연 수에 의해 측정된다. Amitai Etzioni는 전문직으로서 필요한 교육연수 를 5년으로 보고 있다. 이는 교수, 의사, 법관 등이 되기 위한 교육연 수에서 현저하게 나타난다. 전문직이 아닌 일반 직종에서는 이런 높 은 수준의 학력을 요구하고 있지는 않다. 왜냐하면 그렇게 교육연수가 길지 않아도 직무수행에 아무런 어려움이 없기 때문이다.

Etzioni가 주장하는 교육의 양에 있어서도 사서직은 전문직으로서의 충분한 요소를 가지고 있다. 사서직의 연구를 위해 석사, 박사과정까지 설치되어 문헌정보학이 높은 이론적 수준으로 성장하였음은 그 좋은 예이다. 그러나 다양한 교육기관에서 교육을 받은 유자격자 전부를 대상으로 한다고 보면 어느 정도의 취약성을 가지고 있음도 사실이다.

한편, 전문직이 가지는 고유하고 고도한 학문과 기술은 형식적인 면에 있어서 국가기관에서 발행하는 자격증 또는 면허증이라는 증서로 나타나고 있다. 이런 증서는 전문직의 고유성과 독점권을 나타내는 것이며, 국가가 그들의 사회봉사를 중요하게 인식하여 사회가 받을 봉사의 질적인 보증을 해 주는 것이라고 볼 수 있다. 따라서 전문직업에 종사하는 사람들은 대부분 국가나 중요 기관에서 그 전문지식을 인정해 주는 자격증이나 면허증을 받게 된다.

사서직도 마찬가지로 국가에서 발행하는 사서자격증을 가지며 법적으로도 전문직임을 인정받고 있다.

ⓑ 자율성

전문직이 가지는 자율성이란 어떤 사회적 조직 또는 단체에서 업무수행상의 독자적인 권한의 정도를 의미한다. 전문직이 가지는 지식의 창조와 응용은 본질적으로 개인적인 것이며, 특수한 경우에 상위자로부터 명령 또는 조정될 수 있을 뿐이다. 따라서 자율성이란 개인적인 책임의 정도라고 볼 수 있는 것이다.

자율성에 대한 예를 들어 보면, 우선 교수는 그가 연구하고자 하는 주제와 방법을 스스로 결정할 수 있으며, 무엇을 어떻게 가르칠 것인가 하는 문제도 스스로의 판단에 따라 행할 수 있다. 그리고 의사는 환자에 대해 처방을 결정하며, 변호사는 그의 신념에 따라 피해자를 보호할 방법을 강구할 수 있다. 이것은 곧 전문직에 대해 자주성을 부여함으로써 효과적인 전문적 작업이 가능하기 때문에 사회는 그들로 하여금 지식과 신념에 따라 업무를 행할 수 있도록 제도화하고 있는 것이다.

그러면 사서의 경우도 자율성이 전적으로 보장되어 있는가? 여기에는 긍정적인 측면과 부정적인 측면의 두 가지로 생각해 볼 수 있다. 우선 부정적인 측면을 보면, 자료선택업무와 정리업무에 종사하는 사서들의 편에서는 자율성이 상당히 제한되고 있다. 자료선택은 이용자에 의해서 선택을 강요받는 일이 많으며, 도서관의 상급관리자의 영향을 많이 받는다. 또한 정리업무도 독자적인 판단에 따라 행하기보다는 정해진 규정이나 규칙 등에 따르는 기계적인 업무가 되기 쉽다. 그러나 이러한 측면에 있어서도 다른 어떤 일반직보다 개인적인 책임과 권한 아래에서 수행되는 직무의 폭이 넓은 것은 사실이다.

긍정적인 측면에서 자율성을 보장받는 분야는 특히 봉사 부문과 관련된다. 정보를 필요로 하거나 논문을 쓰고자 할 때 사서의 존재는 거의 절대적이다. 사서는 그의 전문지식과 주제배경을 통하여 개인적이고 독자적인 권한으로 이용자의 정보요구를 충족시키며, 논문을 쓰는 데 필요한 정보를 제공해 준다. 경우에 따라서는 원자료뿐만 아니라 2차 자료, 해석, 평가까지도 제공할 수 있으며, 연구방법도 안내할 수 있다. 이러한 경우 사서에게 있어서 자율성은 전적으로 보장되는 것이다.

ⓒ 공공성

전문직의 특성 중에서 또 하나는 그 직업이 개인적인 욕망을 충족시키는 데 필요하거나 한 조직의 이익만을 위해 봉사하는 것이 아니라 공공의 이익과 발전, 즉 利他的인 동기를 위해 존재한다는 점에 있다. 이것이 바로 公共性이다.

공공성에 대한 예를 들어 보면, 먼저 교수의 연구결과는 자신이 사용하기 위한 것이기보다는 그 결과를 학문과 사회발전에 공헌함을 목적으로 하고 있으며, 그가 가르치는 행위는 자신의 이익을 위한 것이 아니고 사회지도자를 양성하기 위한 것이다. 그리고 의사의 치료도 마찬가지로 질병 없는 명랑하고 건강한 사회를 조성하는 데 목적이 있으며, 변호사의 행위는 건전한 사회를 만들고 억울하게 벌을 받을 사람들을 구원해 주는 사회정의의 실현에 그 근본목적을 두고 있는 것이다.

이상과 같은 직업의 공공성은 사서직의 경우 매우 강하다고 볼 수 있다. 어떠한 직업이라도 사회공헌을 하지 않는다고 말할 수는 없지만 사서직만큼 사회봉사를 강조하는 직업도 드물 것이다. 원래 사서직은 문헌정보를 통해 인간과 인간, 인간과 사회의 의사전달을 성립시켜 주는 역할을 하고 있다. 다양한 전달매체 중에서 오늘날처럼 기록정보에 의한 전달방법에 의존하고 그것을 소중하게 여기는 때도 없었다. 그러므로 수많은 기록정보를 조정하여 이를 이용자와 연결시켜 주는 기능이 없다면 과거와 현재의 대화는 물론이고 오늘날과 같은 사회문화와 과학의 발전은 불가능할 것이 자명하다.

한편, 전문직의 공공성이란 넓고 거시적인 안목으로 보았을 때 사회봉사라는 형태로 나타나지만 좁게 본다면 문제를 가지고 있는 의

뢰자 개개인의 문제를 개개인의 접촉에 의해서 해소시켜 준다는 데에 특징이 있다. 개인적인 접촉에 의한 문제의 해소는 대다수 전문직에 공통되는 현상이지만 의사, 변호사, 성직자의 경우는 확연하다.

이러한 관점에서 볼 때 사서와 이용자의 관계도 동일하다. 일부에서는 사서직은 그 주요 직무가 인간이 아닌 문헌정보를 대상으로 하기 때문에 이러한 관계가 성립되지 않는다고 볼지 모른다. 그러나 엄밀히 말해서 사서직의 주된 관심은 이용자인 인간에게 있는 것이지 문헌정보에 있는 것은 아니다. 문헌정보는 단지 정보를 필요로 하는 고객의 욕구를 충족시키는 데 필요한 하나의 도구이지 문헌정보 자체가 사서직의 목표는 아닌 것이다. 그러므로 이용자에 대한 봉사를 제1의 사명으로 알고 있는 사서직은 전문직의 사회봉사 요소를 구비하고 있는 것이다.

ⓓ 사회적 인정

전문직의 기준 중에서 또 하나의 문제는 사회적 인정의 정도가 얼마나 높은가 하는 데 있다. 사회적 인정이란 전문직의 직무가 사회활동에 있어서 매우 중요하고 필수 불가결한 요소이기 때문에 사회가 전문직에 대해 표시하는 존경심이라고 볼 수 있다. 존경심은 그들을 자진해서 존경하는 他者에 의해 승인되지 않는 한 존경심을 향유하기는 어려운 것이다.

일반적으로 전문직은 사회로부터 그들의 전문성을 완전히 인정받고 있으며, 그들의 활동에 대해서 사회는 많은 존경심을 표시하고 있고, 그들을 사회계층에서 높은 서열에 위치하고 있음에 아무런 회의를 표시하지 않는다.

그러면 사서직도 사회계층에서 높은 서열을 유지하고 사회적 존경을 받고 있는가? 이러한 인식의 정도는 국가와 지역에 따라 각기 상이한 양상을 보이고 있다. 미국의 경우 대학도서관의 관장, 부관장, 과장 그리고 전문직 사서 중 상당수가 교수직위를 가지고 있어,[90] 사회적으로 전문직으로서의 대우와 존경을 받고 있다고 볼 수 있다. 그러나 우리나라의 경우는 이 문제에 있어서 회의적이다. 많은 사람들이 사서직이라 하면 책을 잘 정리하여 보관하고 대출업무를 하며 기록을 후세에 전승하는 일을 주로 하는 사람 정도로 생각할 것이다. 이러한 현상은 도서관 봉사의 대상이 인간인데도 불구하고 우리는 방법적인 문제에만 열중해 왔고, 봉사의 철학이나 봉사대상인 이용자에 대해서 접근할 수 있는 인간적 교육방법에 대해서는 너무 소홀히 다루어 왔기 때문이라고 생각한다. 그러나 최근에는 지식인들을 중심으로 사서직에 대한 일반적인 인식이 상당히 좋아지고 있음은 매우 고무적인 일이다. 이것은 대학에 문헌정보학과의 수가 많아져 졸업생들이 많이 배출되어 책임감 있는 전문적 봉사를 수행함으로써 사서를 보는 사회적 시각이 많이 달라진 것이다. 특히 최근에 발달한 전문도서관, 대학도서관 및 대규모 공공도서관의 봉사활동에서 비롯한 것이라고 볼 수 있을 것이다.

여하튼 사회적 인정은 전문직의 평가기준에서 상당히 중요한 요소이다. 어떠한 직업의 많은 요소가 전문직의 성격을 가지고 있다 하더라도 사회가 그것을 전문직으로 인정해 주지 않고 존경심을 표시하지 않을 때 그 직업은 실질적인 전문직으로 자리 잡을 수 없음은 확실하다.

---

90) Guy R. Lyle, *The Administration of the College Library*, 4th ed. New York: H. W. Wilson, 1974, pp.143-146.

ⓔ 전문단체

전문직의 특성에 대하여 많은 사람들은 각종 단체, 즉 협회나 학회의 설치가 전문직을 형성하는 데 무엇보다 중요하다고 의견의 일치를 보이고 있다. Carr-Saunders는 전문직 단체의 중요성에 대하여 "하나의 전문직은 전문직에 임하는 사람들 상호 간의 유대가 있을 때에야 비로소 존재 가능한 것이며, 이를 위해서는 공식적 단체라는 한 가지의 유형만을 취할 도리밖에 없다"[91]고 강조하였다. 즉 전문직의 인정은 단체행동을 통해서만 충족될 수 있고, 구성원들의 개별적인 노력에 의해서는 이루어질 수 없다는 의미이다. 이러한 이유로 대부분의 전문직은 그들 나름대로의 전문직 단체나 학회를 구성하여 그들의 공동관심사를 논의하고 그들이 창조한 새로운 지식에 대해 교류를 하고 있는 것이다. 아울러 협회와 같은 전문적 단체는 소속 구성원들에 대한 자율적 통제, 윤리강령 등의 행동지침의 설정, 자격증 발급 등을 행하는 것이 보통이다.

우리나라의 경우 사서들의 전문단체인 한국도서관협회와 한국문헌정보학회, 한국도서관·정보학회, 한국정보관리학회, 서지학회 등의 학회가 설립되어 여러 가지 활동을 하고 있다.

한국도서관협회는 사서직의 목표와 이상을 성취시키도록 노력하며, 사서직의 권익을 옹호해 주는 직업 단체적인 기능을 가지고 있는가 하면, 전문위원회를 통하여 학술단체로서의 기능도 아울러 수행하고 있다. 그리고 현장의 많은 사서들이 학회에 참석하여 학술발표를 하고 학술적 이론을 현장에 적용하고 있다.

---

91) Robert D. Leigh and Katheryn W. Sewny, The Popular Image of the Library and *Libraries, Library Journal,* Vol.85, No.11(June 1960), pp.2090-2091.

  이와 같이 사서직이 독립된 단체를 형성하고, 그들 단체가 학술단체에 속한다는 기본적인 면에서는 전문직의 요소를 갖추고 있다고 볼 수 있다. 그러나 한국도서관협회는 설립 자체만으로 의의를 가지는 것은 아니다. 미국도서관협회와 일본도서관협회에서는 윤리강령, 도서관권리선언 등을 가지고 있고, 사서들에 대한 자율적 통제권을 가지고 있다. 그러나 한국도서관협회에서는 회원들의 행동지침이나 윤리강령, 자율적 통제의 기능을 가지고 있지 못하며, 영국이나 미국과 같이 자격증의 인정권한도 가지고 있지 못하며 또한 무자격자가 도서관에 근무하고 있어도 규제할 만한 기준을 가지고 있지 못한 것이 현실이다. 그러므로 사서직이 전문직으로서의 위치를 확고하게 하기 위해서는 이러한 기준들을 설정하고 실행할 필요성이 있는 것이다.

제5편

문헌정보학의 약사

문헌정보학의 약사

종래의 도서관학은 도서관의 실무활동을 효과적으로 수행하는 데 필요한 전문적인 지식과 기술을 연수하기 위해서 발생한 것이며, 문헌정보학은 도서관학을 바탕으로 정보학의 이론과 방법을 도입하여 새로운 체계로 계승, 발전시키는 학문이라고 하는 것은 이미 논급한 바 있다. 그런데 여기에서 초기의 도서관의 실무수행에 필요한 전문적인 지식과 기술의 핵심은 도서관자료의 검색도구인 목록을 작성하는 데 필요한 지식과 기술이었다고 볼 수 있다.

따라서 문헌정보학은 원초적으로 도서관의 발생과 도서관자료의 검색도구인 목록의 발명에서 비롯하는 것으로 볼 수 있다.

도서관이 형성되고 정보자료의 축적량이 증가하면 증가할수록 그 가운데 필요한 정보를 신속히 찾아낸다는 것이 주요한 문제가 된다. 그리하여 축적된 정보자료 가운데 필요한 정보를 효과적으로 검색하기 위한 수단으로서 목록이 발명된 것이다. 그러므로 문자의 발명이

최초의 정보혁명이라고 본다면 목록의 발명은 제2단계의 정보혁명이
라고도 볼 수 있다.

　이상과 같은 관점에서 이 장에서는 문헌정보학의 발생과정을 동양
과 서양으로 구분하여 설명하고자 한다.

Ⅰ. 동양의 문헌정보학사

A. 중국

동양에 있어서 가장 선도적인 나라는 중국이었으니, 중국의 문헌
정보학을 중심으로 기술하지 않을 수 없다. 중국에 서양의 도서관학
이 소개된 것은 光緒 연간이었으며, 1923년부터 현재까지도 도서관학
이란 명칭을 사용하였고 본격적으로 도서관학을 연구하기에 이르렀
다. 이전에는 도서관학이란 개념이 없었고 書誌學만 연구되고 있었다.
서지학이란 명칭도 서양어를 번역한 말로 우리나라와 일본에서 사용
되고 있는 용어이다. 일반적으로 서지학은 校雛學, 目錄學과 板本學을
통칭한다. 그러나 중국에서는 전통적으로 이 세 분과학을 통틀어서
칭하지 않았고, 제각각 교수학, 목록학, 판본학으로 칭하고 연구하였
다. 따라서 본고에서의 서지학이란 용어는 이 세 분과학을 통칭하는
것이다. 오늘에 이르러서는 資訊科學(정보과학)의 도입으로 도약기를
맞고 있다. 이를 시대별로 나누어 기술하면 다음과 같다.

1. 선진(先秦) 시대

중국의 先秦 시대는 학문과 사상의 발원 시대였다. 중국은 역사와 문화가 유구하여 5,000년 전 전설 시대인 黃帝 때에 이미 문자를 창안했다고 전해지고 있다. 문자로 기록을 하게 된 후 그 기록의 관리방법이 있었겠으나 상고사의 기록이 너무나 소략하여 알 수 없다. 현재 알 수 있는 최고의 기록물은 商代 盤庚 이후의 것이다. 그 형태와 체제는 甲骨卜辭와 簡策이다. 갑골복사는 점괘를 龜甲 혹은 獸骨에 칼로 새긴 것인데 먼저 쓰고 나중에 새긴 것이다. 민국 17년 河南省 安陽에서 발굴된 第36坑의 龜甲에서는 卜骨을 수장하는 법칙이 있었음을 증명할 수 있는 증거를 찾아낼 수 있었다. 일부 甲骨의 꼬리 오른쪽 튀어난 부분에 '册幾' 혹은 '編幾'라는 의미의 글자가 있음을 보아 방치된 것이 아니었음을 나타내고 있다. 또한 갑골의 하단에는 絲字의 小부분이 손상된 형태의 문자가 있는데, 이것은 '絲幾'로서 타래의 수를 지칭하는 것이라고 한다. 商代에는 卜辭가 완성되면 龜甲을 책으로 엮어서 책마다 六甲으로 했는데, 이는 月日의 선후와 서열을 밝혀 전적을 수장한 것이다. 이로써 검색이 편리하게 되었다.[1]

周代에도 자료를 담당하는 大史, 小史, 內史, 外史, 御史의 관직이 있었다. 이를 五史라고 하였다. 周代의 주요 국가 장서처는 守藏室이었고 관리자로 柱下史를 두었다. 궁전의 기둥 아래에서 공문서를 관장했기 때문에 柱下史라고 하였다. 주하사는 어사에 해당된다고 보는 견해도 있고, 대사의 별명으로 보는 견해도 있다. 또는 대사는 관직이고 수장

---

1) 姚名達, 中國目錄學史, 臺北, 臺灣商務印書館, 民國 60, p.38.

사 또는 주하사는 그 직무라고 보는 견해도 있다.[2] 왜냐하면 이런 관직명이 없기 때문이다. 周代 宋의 正考父가 일찍이 周의 大師에게 가서 그가 수장한 12편 商頌의 선후순서를 대교하였다고 하였는데, 이것은 周나라 대사가 관장하고 있던 도서는 모두 편차를 거쳤음을 증명하는 것이다. 다만 문제가 되는 것은 商周 시대의 편목방법을 알 수 없다는 점이다.

春秋戰國時代에는 각 제후국에도 모두 史官을 설치하였다. 이는 周代 후기 정세변화에서 기인된 것이지만, 제후국이 대외적으로 패권을 쟁탈하고 대내적으로는 통치력을 강화하기 위한 것이었다. 결과적으로는 중앙의 장서체제를 보완하는 효과도 있었다. 국가장서로는 周의 왕실장서가 한곳에 집중된 데 비해 제후의 장서는 각지에 두루 설치된 것으로 나타났다. 그중 魯, 楚, 宋이 문화가 가장 발달되었으므로 전적을 가장 많이 보존하고 있었다. 특히 魯國의 장서에는 東周 왕실의 서적이 가장 많이 수장되어 있었다. 제후국의 장서처에는 통일된 명칭이 없었다. 기록상 天府, 盟府, 策府, 周府, 月午, 公府, 周室, 室 등이 사용되었다. 명칭과 기능은 완비되지 못했으나 문고의 초창기 형태였음은 틀림없다.

春秋時代 말기 孔子에 의해 서적이 편찬되기 시작하였다. 그가 編定한 도서는 중국 정식도서의 창시로 인정되고 있다. 孔子 시대까지 학문은 王官 또는 學官에서만 가능하였고, 장서는 모두 史官이 관장하였다. 따라서 귀족자제만이 학관에서 교육을 받을 수 있었다. 일반인은 원천적으로 장서에 접근할 수 없었으나 춘추 말에 이르러 周와 제후

---

2) 盧荷生, 中國圖書館事業史, 臺北, 文史哲出版社, 民國 75, pp.29-30.

국의 장서는 귀족과 독서능력이 있는 사람에게 개방되었다. 이에 孔子로부터 학문은 학관에서 배운다는 관념이 타파되었고, 학문과 문화가 관부에서 민간으로 전입되기 시작하였다. 도서가 생산되자 문화의 발전은 촉진되었고 그 결과로 전국 시대에는 藏書家가 점차 등장하게 되었다.

도서의 유통과 전파로 당시 학술사상은 각종 학술유파를 형성할 정도로 발전되었다. 이에 학술의 분류가 시작되었다. 孔子는 학술을 六藝로 구분하였고, 孟子는 3개 유파로 분류했다. 莊子는 7파로 분류했고, 荀子는 분류원칙, 의의와 기능을 언급한 바 있다. 淮南子와 司馬談도 각각 학술로 주제를 구분하였다.[3]

이는 학술을 구분한 것이지만 학술을 수록한 도서를 분류한 것은 아니다. 따라서 문헌정보학의 맹아는 아직 싹트지 않은 시대이다.

2. 진(秦)나라 한(漢)나라 시대

그러나 이와 같이 발달했던 언론과 학문의 자유는 秦始皇의 焚書坑儒로 서리를 맞게 된다. 始皇이 통일한 직후에는 周代의 제도를 계승하고 유가사상에 대해서도 관용적이었으므로 儒生과 법리의 차별이 없었다. 국가에서도 '圖書計籍'을 매우 중시해서 전문관원을 배치했을 뿐 아니라 자료도 완비되어 있었다. 이로써 통일된 제국의 장서로 발전될 수 있는 조건이 갖추어졌고 장서도 풍부했으며, 국가장서의 체계도 세워졌다. 도서를 관장하는 관리로는 御史大夫를 두었다. 어사대

---

3) 中國圖書館學會, 圖書館學, 臺北, 臺灣學生書局, 民國 69, p.143.

부는 문서와 비서를 관장하고 황제의 언행을 기술하고 문서를 기초하였다. 승상 張蒼은 도서와 律曆을 관장했고 어사로서 柱下方書를 주관한 주하사를 겸했다. 이로써 秦代에는 丞相과 御史 등이 서적을 관장했음을 알 수 있다.

秦이 전 중국을 통일한 후 통치계급 내부에 중앙집권을 주장하는 무리와 분봉제후를 주장하는 무리가 논쟁을 벌였다. 이 논쟁은 결과적으로 焚書坑儒란 역사적 사건을 초래하게 되었다. 학파 간의 투쟁으로 권력을 장악한 法家는 옛날 제도만 주장하는 儒生은 중앙집권적인 통치와 皇權强化에 방해가 된다고 생각하게 되었다. 마침내 始皇 34년에 李斯가 건의하여 분서를 단행하게 되었고, 시황 35년에는 儒生들이 王을 비방한 사건이 발생하여 연루된 460여 명을 생매장하였으니 이것이 焚書坑儒이다. 분서갱유의 결과로 민간의 장서는 땅속, 벽과 동굴에 숨겨졌다. 따라서 전국시대 이래 百家爭鳴의 국면은 진정되었고 통행되는 서적이 없는 암흑시대가 되었다.

분서갱유 후에 일반백성은 서적을 수장하지 못했지만 丞相과 御史에는 장서가 있었다. 漢의 高祖가 咸陽에 입성하였을 때 여러 장수들이 모두 보물과 재물창고로 다투어 달려갔으나 蕭何만이 승상과 어사에 수장되었던 律令, 호적과 지도 등 통치에 필요한 서적을 접수하였다. 그 결과로 漢은 군사요총, 호구 수, 강약처, 민생고를 모두 알게 되어 漢帝國의 기반을 공고히 하게 되었다. 漢나라의 기반이 공고하게 되자 成帝는 秦始皇의 분서갱유 이후 고전이 고갈된 것을 개탄하고, 유서를 모아서 '秘府'에 수장하게 하였다. 그리고 그 정리작업은 光祿大夫 劉向으로 하여금 經典, 諸子, 詩賦의 정리를 담당하게 하고, 步兵將校 任宏은 병서, 太史令 尹咸은 數術, 侍醫 李柱國은 方技를 담당하게 했다. 校讐方法은 먼저 중복되는 편권을 제외하고 문자의 차이를 교감한 뒤 定本을 필사하였다. 책마다 교정이 끝나면 그 篇目을 적고 旨意를 撮錄하여 도서의 전면에 놓고 상주하였으니 이것이 '敍錄'이다. 서록은 책 전체의 편목과 차서를 정하여 형질을 확인한 후, 저자의 생애, 사제관계, 도서내용의 요지, 그 우열득실을 평론한 것이다. 이 서록을 모아 서목을 편찬하였는바 그것이 『別錄』(20권)이다.[4]

劉向은 이 사업을 완성하지 못하고 별세하여, 哀帝는 劉向의 아들 劉歆에게 명해서 이것을 완성시켰다. 유흠은 정리된 서적을 주제별로 구분하여 『七略』이라고 표제하였다. 기원전 5년에 편성된 이 『七略』은 六藝略, 諸子略, 詩賦略, 兵書略, 數術略, 方技略, 輯略으로 구성되어 있다. 이는 당시의 도서를 학술주제에 따라 6대류로 구분한 것이다. 다시 세분하여 38개 小類로 나누어 603家의 저술을 수록하였으니 모두 13,219책이 저록되었다. 서목 앞에 수록된 輯略에는 학술발전의 대략이 기술되었다.

따라서 『別錄』은 각 책의 오류를 교정하고 해제한 목록, 즉 해제목록이라고 추정되며, 『七略』은 6주제로 분류하여 편성한 분류목록이라고 볼 수 있다. 당시 『七略』을 편찬할 때 대상자료의 誤脫을 정정하고, 중복을 刪削하고, 서명을 정정하고, 편차를 식별하고, 내외편을 분석하고, 佚文을 증보하는 데 校讐學이 그 바탕이 되었다.[5] 劉向은 이미 『別錄』에서 교수에 대한 정의를 내리고 있다. '校'는 교정하려는 저본과

---

4) 『別錄』은 북송까지 『新唐書』에 기재되어 있었으나 그 후 망실되어 전래되지 않는다. 許世瑛의 『中國目錄學史』(臺北, 中華文化出版事業委員會, 民國 43)에 의하면 『別錄』은 劉向이 각 서적의 敍錄을 마련하였던 당시 동시에 따로 기록하고 총집한 것이라고 한다. 한편 姚振宗이 편찬한 『七略別錄』에서는 『別錄』은 그 당시 이루어진 것이 아니라 후에 유흠이 완성한 것이라고 주장하고 있다.

5) 蔣元卿, 校讐學史, 臺北, 商務印書局, 民國 58, p.35.

대조하려는 자료를 한 사람이 직접 교정함을 일컫는 것이고, '讐'는 한 사람이 대조하려는 문헌을 읽으면 다른 사람은 교정하려는 저본을 대비하되, 정밀을 기하기 위해 읽어 주는 책의 본문을 원수처럼 따진다는 뜻이다.6) 본래는 두 사람이 교정하는 것을 원칙으로 했으나 후세에 와서 한 사람으로도 가능하다는 뜻에서 校勘이라고도 한다. 이와 같이 한대에 이미 校讐學은 학문으로 성립되었으니 문헌정보학의 기원이 된다.

이와 같이 교수학은 '訓詁를 통하고 故事를 考證'7)하는 학구적 입장에서 정보자료의 오류를 정정하고, 이들을 분류, 편목, 정리하여 체계화하는 학문이었다. 따라서 현대적인 의미로 말한다면 정보자료를 정화시켜서 효과적으로 이용하게 하는 데 목적이 있었다고 볼 수 있다. 劉向과 劉歆은 전 시대의 각종 사상을 융화시켜『別錄』과『七略』을 편성하여 완전한 書目의 체제를 갖추어 후세에 준수하도록 하였으니, 그를 書誌學의 鼻祖로 보는 것이다. 그러나『別錄』과『七略』은 唐末 五代의 교체기에 망실되었다. 漢代에 서목은 편찬되었으나 이론화와 체계화시키지 못했으므로 目錄學으로 성립되지는 못하였고, 이후 서목만 淸代까지 발전되었다. 이는 목록학의 싹이 되었음은 물론이다.

東漢에 이르러 班固는『漢書』를 편찬하면서 藝文志를 편입시켰다. 이 예문지는『七略』을 근거로 편찬된 것이다. 6주제의 목차는 변경시키지 않고, 서록은 삭제하였다. 輯略의 내용을 각각 분리시켜 각 주제의 서목 후면에 수록해서 小序를 만들었기 때문에 집략의 원문은 망실된 것이 아니고 분산되어 전래되는 셈이다. 6주제 후면에는 總序를

---

6) 王叔岷, 校讐學, 臺北, 臺聯國風出版社, 民國 61, p.2.
7) 蔣伯潛, 校讐目錄學纂要, 臺北, 正中書局, 民國 46, p.92.

두었다. 권두에는 大序를 추가하여 緣起를 서술했다.『漢書·藝文志』는
『七略』을 근거로 한 것이지만 꼭 일치하는 것은 아니다. 이『漢書·藝
文志』는 후세 史志書目의 비조가 되었다. 거대한 국가장서목록일지라
도 시간의 경과에 따라 일실된 경우가 많지만 史志書目만은 일실되지
않았으므로 후대에 깊은 영향을 미치게 되었다.

3. 위(魏)나라 진(晉)나라 시대

　　漢代의 도서분류법은 魏代의 秘閣장서에 이르기까지 큰 영향을 미
쳤다. 魏代에는 대대적으로 서적을 수집하여 비서각, 중각, 외각에 수
장하고 비서랑 鄭默에게 서목을 편찬하게 하였으니『中經』이 편찬되
었다.『中經』이란 국가장서목록이란 의미이다.『中經』의 분류에 대해
서는 두 가지 견해가 있다. 하나는 사분법의 효시로 보는 견해이다.[8]
또 하나는『七略』이나『隋書·經籍志』에서 체제 변경에 대해 언급하고
있지 않으므로『中經』은『七略』의 분류법을 답습한 것으로 보는 견해
이다.『中經』은 14권으로서 1,886부 29,845책이 수록되었다고 하는데
일찍이 산일되어 그 내용은 자세히 알 수 없다.

　　晉代 초기에는 비서감 荀勗이『中經新簿』(40권)를 편찬했다.『中經』을
보충하여 29,945책의 서적을 사부분류로 편성한 것이다.『中經新簿』를
사분법의 효시로 보는 견해도 있다.[9] 그러나『七略』에서 辨章學術 하여
考鏡源流함에는 미치지 못한 것이다. 실물은 망실되었으나 그 주제명은
『隋書·經籍志』에 인용되어 있다.『中經新簿』의 분류체계는 다음과 같다.

---

8) 長孫無忌, 隋書, 권33, 經籍志一.

9) 王欣夫, 文獻學講義, 上海, 古籍出版社, 1986, p.32, 33, 99.

甲部: 六藝 및 小學書
乙部: 古諸子家, 近世子家, 兵書, 兵家, 數術
丙部: 史記, 舊事, 皇覽簿, 雜事
丁部: 詩賦, 圖讚, 汲家書

東晋 초기에는 저작랑 李充에게 명하여 비각의 장서를 정리하고『晋元帝書目』이라는 목록을 만들었는데 3,014책이 수록되었다. 晋末 五胡의 난으로 상당히 많은 서적이 산실되었음을 볼 수 있다. 이때 李充은『中經新簿』의 분류방법을 그대로 따랐으나 다만 乙部와 丙部의 순서를 바꾸었다. 李充이 확립한 네 주제의 순서는 오늘에 이르기까지 1,000여 년간 계승되었다.

4. 남북조(南北朝) 시대

劉宋의 後廢帝 원휘 연간에는 秘書丞 王儉이 비각의 도서를 정리하여『四部書目錄』을 편찬하였다. 漢魏 이후 유학은 통치이념으로서 정통의 학문으로서 확고한 위치를 점하게 되었다. 이 儒家의 분류가 四分法이었으므로 국가장서목록에는 사분법이 적용되었다. 그러나 王儉은 사분법을 준수하는 것에 불만이 있어서 별도로 7주제로 분류한『七志』를 편찬하였다.『七志』(30권)는 망실되어 자세히 알 수 없으나『隋書·經籍志』에 의하면 주제는 다음과 같다.

一. 經典志: 六藝, 小學, 史記, 雜傳
二. 諸子志: 古今諸子
三. 文翰志: 詩賦
四. 軍書志: 兵書

五. 陰陽志: 陰陽圖緯
六. 術藝志: 方技
七. 圖譜志: 地域 및 圖書
附: 道經錄
附: 佛經錄

위에서 보는 바와 같이『七志』는『七略』을 모방하여 순서와 명칭을 변경시키고 圖譜志를 추가해서 명실 공히 칠분법으로 만들었다. 道敎와 佛敎書籍도 부록하고 있다. 명칭상 비록 7주제이지만 실은 9주제인 셈이다. 南北朝부터 隋代에 이르기까지의 각종 목록에 佛經과 道經을 별도로 첨부하고 있는데 이는 이 시대의 풍조였다.

梁代에는 또 하나의 걸출한 서목이 편찬되었으니 阮孝緖의『七錄』이다. 이는 私家目錄이다. 그는 관직에 나아가지 못했으므로 관찬목록의 편찬에 참여할 기회가 없었다. 그는 개인장서만으로는 충분하지 않았으므로 당시 장서가들의 서목을 광범하게 조사하여 宋으로부터 齊에 이르기까지의 서적을 대상으로 편찬하였다. 수장목록과 대조히는 한편 관찬목록도 참고하여 누락된 것을 보충해서 새로 편찬한 목록이다. 王儉의『七志』는 복고적인 서목인 데 비해『七錄』은 고금을 참작하고 서적의 다과에 따라 실제를 반영한 것으로『七志』보다 발전된 것이다.『七錄』은 일찍이 망실되어 전래되지 않지만 阮孝緖의 自序는 당대 승려 道宣이 저작한『廣弘明集』권3에 편입되어 전래되고 있다. 그 자서에 의하면 그 분류의 주제는 다음과 같다.

一. 經典錄: 易, 尙書, 詩, 禮類, 樂類, 春秋, 論語, 孝經, 小學(9부)
二. 紀傳錄: 國史, 注曆, 舊事, 直館, 儀典, 法制, 僞史, 雜傳, 鬼神,
    土地, 譜狀, 簿錄(12부)

三. 子兵錄: 儒, 道, 陰陽, 法, 名, 墨, 縱橫, 雜, 農, 小說, 兵(11부)
四. 文集錄: 楚辭, 別集, 總集, 雜詩(4부)
五. 技術錄: 天文, 緯識, 曆算, 五行, 卜筮, 雜占, 形法, 醫經, 經方,
　　　　　　雜藝(10부)
六. 佛法錄: 戒律, 禪定, 智慧, 疑似, 論記(5부)
七. 仙道錄: 經戒, 服餌, 房中, 符圖(4부)

앞의 5록 46부는 內篇이고 佛法과 仙道 2록 9부는 外篇이다. 또한 명실상부하게 七分法이다. 『七志』나 사부분류법에 비해 합리적인 점이 많으나 당대에는 사분법에 얽매였으므로 阮孝緒의 분류이론은 더 이상 발전되지 못하였다.

5. 당(唐)나라 시대

太宗 정관 연간에 칙명으로 『隋書』를 편찬하였다. 『隋書』에는 5,456부 44,122책이 수록된 경적지가 편입되어 있다. 『隋書·經籍志』는 魏徵을 중심으로 李延壽와 敬播 등이 편찬하였다. 목록을 편성할 때는 『隋大業正御書目錄』이 토대가 되었다. 이 목록의 주제설정에는 司馬遷의 『史記』, 班固의 『漢書』, 王儉의 『七志』, 阮孝緒의 『七錄』 등이 참고되었다. 주제는 經·史·子·集 4部로 나누고 다시 40類로 세분되었으니 그 분류의 개요는 다음과 같다.

經部: 五經 등
史部: 史記 등
子部: 諸子 등
集部: 詩賦 등
附: 道經, 佛經

이것은 『漢書 · 藝文志』를 모방한 것으로 部마다 總序가 있고, 類마다 小序가 있다. 따로 道經과 佛經 2部 15類의 유목과 類의 部帙이 붙어 있다. 이후 역대로 편찬된 정사[10]의 예문지와 경적지는 『隋書 · 經籍志』의 사부분류방법을 따르고 있다. 다만 그 세목의 설정, 명칭과 배열에 있어서만 당시 학문의 발달과 관련해서 다소 차이가 있을 뿐이다.

6. 송(宋)나라 시대

五代에는 전란이 심하여 각국의 장서가 발달되지 못하였다. 宋이 건국된 이후 조판인쇄술이 전국적으로 보급되어 비교적 용이하게 도서를 입수할 수 있었다. 또한 도서의 형태는 권자본 또는 經折裝으로부터 책자형태로 되어 열람, 수장, 보관에 있어 전에 비해 편리하게 되었다. 또한 書目의 편찬도 증가되고 전래되는 것도 적지 않아 書誌學의 발전에 커다란 공헌을 하였다.

宋代의 관찬서목은 대체로 『隋書 · 警籍志』의 사분법을 계승하고 類目만 일부 수정했다. 체제는 당대의 목록을 답습했으므로 소서와 敍釋이 있다. 宋代의 국가장서는 官閣인 昭文館, 史館, 集賢院과 秘閣에 수장되었다. 이 관각을 합해 崇文院이라고 칭하였다. 仁宗 연간에 한림학사 王堯臣과 관각교감 歐陽修에게 명해 목록을 편찬했는데 그것이 『崇文總目』이다. 목록은 66권이었고 서적마다 敍釋이 있었으며, 따로 序錄

---

10) 正史란 史記, 前漢書, 後漢書, 三國志, 晋書, 宋書, 南齊書, 梁書, 陳書, 北魏書, 北齊書, 北周書, 隋書, 南史, 北史, 新唐書, 新五代史, 宋史, 遼史, 金史, 元史(이상 二十五史), 舊唐書, 舊五代史, 明史(이상 二十四史), 新元史(이상 二十五史), 淸史稿(이상 二十六史)이다. 그 가운데 藝文志와 經籍志가 있는 것은 漢書, 隋書, 舊唐書, 新唐書, 宋史, 明史, 淸史稿의 7종이다. 宋史 이전은 고금의 전적을 종록한 것이지만 明史와 淸史稿는 각각 그 시대의 저작만 수록하고 있다.

2권이 있었다. 이 목록은 후에 망실되어 淸 嘉慶 연간에 錢東垣, 奏鑑 등이 原書 30편과 原釋 980조를 구해 5권을 엮었다. 이 輯本『崇文總目』이 전래되는 가장 오래된 것이다. 집본에 의거하면 4部 45類로 분류되어 있다.[11]

南宋代에는 孝宗 순희 연간에 비서소감 陳騤가 편찬한『中興館閣書目』70권과 英宗 가정 연간에 비서승 張攀이 편찬한『中興館閣續書目』30권이 있다. 이 두 서목도 실전되었는데 현재는 趙士의『輯考』5권만 전래되고 있다. 宋代에는 이들 장서목록을 제외하고도 경적지가 5차례 편찬되었는데 대체로『崇文總目』을 모방한 것이다.

宋代에는 인쇄술의 발달로 대규모 藏書家가 많았으므로 개인의 장서목록도 많이 편찬되었다. 이들 장서가의 장서는 많으면 10만에 달하는 것도 있었다. 장서가 중에는 書目을 편찬한 사람도 있어서 전래되는 것은 晁公武의『郡齋讀書志』, 尤芯의『遂初堂書目』, 陳振孫의『直齋書錄解題』등이 있다.『郡齋讀書志』는 晁公武가 榮州군수로 있을 때 四川轉運使가 보내 준 서적을 열독하고 교감해서 서적의 대략을 써서 편성한 것이다. 高宗 소흥 31년에 편성되었다.『崇文總目』을 增刪하고 개편하여 4部 42類로 분류하였는데 부마다 서가 있다.『遂初堂書目』1권은 광종 연간에 편찬된 특수한 서목이다. 4부류로 분류하였는데 대체로 권수와 저자도 밝히지 않았고 해제도 없다. 그러나 별집과 총집에는 간혹 권수와 저자를 밝히고 해제를 한 것도 있다. 해제에 판본을 밝힌 것도 있는데 이는 후세의 서목에서 판본을 기입하는 시초가 되었다.『直齋書錄解題』는 이종 연간에 간행된 바 있으나 원본은 전래

---

11) 中國圖書館學會, 圖書館學, 臺北, 臺灣學生書局, 民國 69, p.154.

되지 않고 『永樂大典』에서 집출하고 『文獻通考·經籍考』를 참고해서 재편성한 22권본이 전래되고 있다. 그 체제는 대체로 『郡齋讀書志』를 모방한 것이나 총서는 없다. 4部 53類로 분류했고 서적마다 해제가 있는데 그 책의 득실을 평가하고 있다.

『隋書·經籍志』 이후 사부분류법의 체제를 처음으로 타파한 서목은 北宋 仁宗 연간에 李淑이 편찬한 『邯鄲圖書志』(10권)이다. 그는 家藏의 도서를 經, 史, 子, 集, 藝術, 道, 書, 畵의 8志로 구분하였다. 완전히 사부분류법의 범주를 타파한 것은 鄭樵의 『通志·藝文略』이다. 그는 도서를 經, 禮, 樂, 小學, 史, 諸子, 天文, 五行, 藝術, 醫方, 類書, 文의 12대류로 나누고 다시 155소류로 나누었다. 소류 아래에 다시 284목으로 나누어 매우 세밀하게 분류한 것이다.

宋代 서목에 나타나기 시작한 특징은 판본을 밝힌 점이다. 이는 인쇄술의 확산으로 각지에서 간행된 판본의 차이를 인식하고 이를 반영한 것이다. 또한 인쇄술의 보급은 교수학도 발전시켰으니 사부서적에 두루 많은 업적이 남아 있다. 판본의 이동을 고증한 대표적 학자는 岳珂였고, 학술의 원류를 고구한 대표적 학자는 鄭樵였으며, 군적을 鈞考하여 證補한 대표적 학자는 吳縝이었다. 宋代 理學의 대표적인 학자 朱熹도 校讐를 매우 중시하여 『孝經刊誤』와 『韓文考異』 등을 저술하였다. 『通志』에는 『藝文略』 외에도 도서와 관계있는 『金石略』과 『校讐略』이 있다. 『校讐略』은 교수학의 전문서적으로 求書, 校書 및 분류 편목에 대하여 논술하였다. 그는 '類, 旁類, 地方, 家, 公, 私, 個人, 時代'에 따라 서적을 구하는 8가지 방법을 제시하고 있다. 中國에서는 漢代에 校讐學이 성립되었으나 교수학의 전문서적은 이 책이 효시이다.

7. 원(元)나라와 명(明)나라 시대

元明代는 서지학이 약간 부진한 시기였다. 그러나 분류는 오히려 개방적이었다. 비교적 체계적인 서목은 元代 초기의 馬端臨이 편찬한 『文獻通考 · 經籍考』(76권)이다. 이는 『郡齋讀書志』, 『直齋書錄解題』, 『崇文總目』 등의 서목에 근거하고 名家의 筆記, 雜說, 문집 중의 序跋을 모으고 직접 열독한 서적을 포함시켜 편찬한 서지이다. 주제는 55類로 분류하였다.

明代의 국가장서목록은 英宗 연간에 대학사 楊士奇가 주관하여 편찬한 『文淵閣書目』(20권)이다. 千字文順으로 배열하여 '天' 자부터 '往' 자까지 모두 20號 50廚로 나누었다. 서목을 기술함에 책마다 서명과 책 수만 수록하고, 권수와 저자는 수록하지 않았다. 또한 神宗 연간에는 張萱 등이 『內閣藏書目錄』(8권)을 편찬했다. 저자와 권수도 기록하고 간혹 해제했으므로 『文淵閣書目』보다 조금 개선된 것이다.

明代에는 개인장서가가 매우 많았으므로 목록도 적지 않게 편성되었다. 淸 초 黃虞稷의 『千頃堂書目』에 수록된 서목이 50여 종에 달한 것을 보아도 산일된 것이 상당히 많은 것을 알 수 있다. 그중 사부분류법에 의한 것은 高儒가 편찬한 『百川書志』, 朱睦㮮이 편찬한 『萬卷堂書目』, 徐㪍이 편찬한 『紅雨樓家藏書目』 등으로 『文淵閣書目』의 영향을 많이 받았다. 私家의 장서목록에는 사부분류를 준수하지 않은 것도 많았다. 초(焦)가 편찬한 『國史經籍志』는 정초의 『通志 · 藝文略』의 방법을 취한 것이다. 부류 아래에는 자목을 세분하였고 수록된 책의 존일 여부는 논하지 않았다. 陸深의 『江東藏書目』은 14類로 구분하였고, 孫樓의 『博雅堂藏書目錄』은 18類로 구분하였으며, 沈節甫의 『玩易樓藏書目錄』

은 12類로 구분하였고, 茅元儀의 『白華樓書目』은 9學 10部로 구분하였다. 『白華樓書目』은 동양에서는 최초로 학문으로서 분류하였으니 經學, 史學, 文學, 說學, 小學, 兵學, 類學, 數學, 外學의 9학에 다시 世學을 가한 것이다.

明代에 목록기술에 공헌한 사람은 祁承業이었다. 그의 澹生堂은 明末 淸初의 유명한 장서루였다. 그가 편성한 『澹生堂家藏書目』에는 10만 책이 수록되었다. 그는 도서를 4部 46類 235목으로 구분하고 최초로 叢書를 독립시켜 하나의 주제로 설정했는데 이는 淸代의 여러 목록에 영향을 미치게 되었다. 또한 『澹生堂家藏書目』을 편찬하면서 '因', '益', '通', '互'의 4종의 새로운 편목방법도 창안하였다. '因'은 사부분류를 답습한 것이고, '益'은 새로 증설한 유목을 표현한 것이다. '通'에 수록된 것은 본래는 편폭이 적은 단행본이었으나 후에 문집이나 관련 저작에 편입되고 단행본은 전래되지 않는 서적이다. '互'는 다른 주제에 속하는 서적도 상호 참조할 수 있게 한 것이다.

元明 두 시대의 학술은 쇠퇴된 감이 있고 서적의 간행도 宋에 미치지 못하였다. 따라서 교수학도 크게 발전된 것은 아니었다.

8. 청(淸)나라 시대

중국 서지학은 元明 이래 淸初에 이르기까지 거의 500년간 발달되지 못하였으나 建隆 연간에 이르러서 비로소 중흥의 분위기가 되었다. 高宗 건륭 37년(1772) 왕명으로 전국에서 서적을 구해 四庫全書館을 翰林院에 설치하였다. 文淵閣直學士 兵部侍朗 紀昀 등을 총책임 편찬관으로 임명하고 『四庫全書』를 편찬했다. 『四庫全書』는 건륭 47(1782)

년까지 10년 동안 紀昀 陸錫態, 孫士毅 등이 중국 전역에서 수집된 善書 10,223부 172,626책을 7부씩 繕寫하고 南北七閣에 수장한 일대총서이다. 『隋書·經籍志』의 4부분류법은 淸代에 이르러 『四庫全書總目』을 정리하는 데 더욱 발전되어 4부 44류 66자목으로 확대되었다. 이 『四庫全書總目』에 적용된 분류법은 다음과 같다.

> 經部: 易類, 書類, 詩類, 春秋類, 孝經類, 五經總義類, 四書類, 樂類, 小學類(10類).
> 史部: 正史類, 編年類, 紀事本末類, 別史類, 雜史類, 詔令奏議類, 傳記類, 史抄類, 載記類, 時令類, 地理類, 職官類, 政書類, 目錄類, 史評類(15類).
> 子部: 儒家類, 兵家類, 法家類, 農家類, 醫家類, 天文算法類, 數術類, 藝術類, 譜錄類, 雜家類, 類書類, 小說家類, 釋家類, 道家類(11類).
> 集部: 楚辭類, 別集類, 總集類, 詩文評類, 詞曲類(5類).

『四庫全書總目』이 편찬된 지 몇백 년간의 혼란상황이 정리되고 사분법이 제도화되었다. 이 사부분류법은 金檀이 편찬한 『文瑞樓藏書目錄』, 張之洞이 편찬한 『書目答問』 등에 적용되고 있다. 다만 그 세목의 명칭과 배열의 정조에는 다소 차이가 있다. 淸初 개인장서목록으로 유명한 것은 黃虞稷이 편찬한 『千頃堂書目』이다. 類目은 대체로 宋·明의 서목을 增刪하여 4部 50類로 나누었고 서적마다 서명, 권수, 저자의 약전을 수록했다. 저자의 출신지, 본관과 관직 등의 전기자료를 고증하는 데 참고가 된다.

淸代 사가에서는 사부분류법에 의거하지 않은 서목도 많았다. 초기에는 錢謙益이 편찬한 『絳雪樓書目』, 錢曾이 편찬한 『述古堂書目』, 季振宜가 편찬한 『季滄葦書目』, 徐秉義가 편찬한 『培林堂書目』, 王聞遠이 편찬한

『孝慈堂書目』 등이 있었고, 후기에는 孫星衍의 『孫氏祠堂書目』이 있다. 손성연은 家藏의 서적을 대상으로 『孫氏祠堂書目』, 『平津館藏書記』 3권과 『廉石居藏書記』 2권을 편찬했다. 『孫氏祠堂書目』은 12部 45類로 분류한 것이다.

淸代 말기의 특기할 역사적인 사실은 目錄學의 확립이다. 서목은 이미 漢代부터 조직되었으나, 학문으로의 성립은 淸代 乾隆年間에 王鳴盛이 편찬한 『十七史商榷』에서 확인된다. 淸代에 이르러 교수학에서 목록학으로 분립된 것이다.[12]

目錄學은 여러 책을 분류하고 차이를 구분하며, 대의를 밝히고, 동류를 소통시키며, 학술을 분석하고 원류를 탐구하여, 사람들로 하여금 책을 용이하게 얻어 볼 수 있게 하는 전문학술이다. 目錄의 어원은 '目'은 篇目을 가리키고, '錄'은 序를 말하는 것이다. 이 말은 『漢書·藝文志』에 수록된 것으로서 劉向이 비부의 서적을 정리할 때 '條其篇目 撮其旨意'란 말에서 그 뜻이 잘 나타나 있다. 즉 目은 篇次와 要目을 분석하는 것이요, 錄은 그 책의 요지를 발췌해 냄을 뜻하고 있다.[13] 중국 재래의 書目에는 서명, 편 권수와 저자를 기록했으나 판본에 대해서는 언급하지 않았다. 또한 소서와 서록에서도 그 학문의 근원을 밝혔으나 판본의 형태와 款式은 수록하지 않았었다. 인쇄술이 발명된 후 서적이 널리 보급되었으나 번각본과 저본이 다르게 나타나 내용상 차이가 있는 것도 있었다. 또한 각수의 학식과 목적이 달랐으므로 동일 서적이라도 판본에 따른 차이도 있었다. 書目에 版本을 수록하기 시작한 것은 宋代의 『遂初堂書目』에서 비롯되었는데, 明代에는 晁의

---

12) 蔣元卿, 校讐學史, 臺北, 商務印書局, 民國 58, pp.178－180.
13) 許世瑛, 中國目錄學史, 臺北, 中華文化出版事業委員會, 民國 43, p.1.

『寶文堂書目』이 대표적인 서목이다. 嘉慶年間에 秦恩復은 尤表의 방법을 확충시켜 저록한 서적 모두에 版本을 밝힌『石研齋書目』을 편찬하였다. 이후부터 목록에서 版本을 밝히는 것이 관례가 되었다.

明代 正德年間까지는 장서가들이 특별히 宋版을 진귀하게 여기지는 않았다. 嘉靖年間 이후 宋本을 복각하는 풍조가 성행되어 宋版을 중시하게 되었다. 이에 淸代 초기부터 元明刊本들이 너무나 열악해서 송판을 필사하려는 풍조도 성행하였다. 그러나 宋本은 전래되는 것이 제한적이었으므로 서적상들이 이윤을 위해 宋本을 복각하여 장서가들을 속이게 되었다. 서적상들은 책의 수미를 떼어 버리거나, 서명을 바꾸기도 하였고, 책지를 염색하여 옛날 책으로 둔갑시키기도 하였고, 결본이 있으면 다른 판본을 섞고, 책이 완전히 없는 것은 다른 책으로 대치시키는 경향이 있었다.14) 장서가들은 서적상의 속임수에 넘어가지 않기 위하여 眞籍을 감정하게 되었고 자기가 수장하고 있는 珍本의 각종 상황을 기술하여 사람들이 참고하게 하였다. 이에 版本의 원류와 간각연도를 감정하는 저술이 등장하였으니, 최초로 강희 연간에 錢曾이『讀書敏求記』를 편찬하였고, 이어 건륭 가경 연간에 내부에서『天祿琳瑯書目』과 그『後篇』을 편찬하였다.

이로써 서적의 款式,15) 刻工, 避諱字, 刻書牌記, 藏書印, 題跋, 紙墨, 字體, 符箋,16) 活字,17) 彫刻과 裝幀의 精巧性을 참고하여 俗刻僞造를 식별해 내기 위해 版本學이 대두되었다. 이는 淸 말에 나타난 또 하나의 특

---

14) 蔣元卿, 校讐學史, 臺北, 商務印書局, 民國 58, p.181.

15) 行款의 형식, 즉 邊欄(板匡), 版心, 中縫, 象鼻, 魚尾, 書耳, 耳題, 外題, 木記, 墨等, 墨蓋子, 白匡, 墨圍, 陰文, 書眉, 眉批, 書腦, 書背, 書根 등의 형식을 말함.

16) 山岸德平, 書誌學序說, 東京, 岩波書店, 1978, pp.7 - 8.

17) 屈萬里, 昌彼得, 圖書版本學要略, 臺北, 華岡出版有限公司, 民國 675, pp.62 - 63.

기할 만한 역사적 사실이다.

版本學은 淸代에 僞書가 너무나 성행되었기 때문에 이러한 위서를 식별해 내기 위한 방편으로 출발한 것이다. 이것은 결국 정보자료의 정화를 위한 학문으로서 보다 바람직한 정보자료를 당대 또는 후세에 전달하고 전승하는 데 큰 의의가 있었다. 版本學 이론의 개척서는 葉德輝의 『書林淸話』와 『書林餘話』였다.

淸代 서지학의 최대 성과는 校讐學의 발전이었다. 顧炎武는 明代에 서적을 함부로 개각한 점을 비판하고 實事求是의 학문을 제창하였다. 그는 『音學五書』와 『韻補正』을 저술하여 古音을 고증했고, 『九經誤字』, 『五經同異』, 『石經考』 등의 경전을 고증해서 淸代 교수학의 기초를 세워 놓았다. 후에 漢學派는 劉師培와 王國維 등에 이르기까지 교수학을 중시하였다. 淸代 서지학의 발전에 공헌한 또 다른 학자는 章學誠이었다. 그는 서지학 관계저작으로 『天門縣志·藝文히』, 『和州志·藝文書』, 『史籍考』, 『校讐通義』 등을 저술하였다. 앞의 3종은 서목이고 후자는 교수학에 관한 이론서이다. 그는 서지학은 학술을 구분하고 원류를 연구하는 데 의의가 있다고 보았다.

이와 같이 淸末에는 校讐學, 目錄學, 版本學이 정립되어 많은 서적을 迅速히 검색하는 데 공헌하였고, 역대 서적의 전래과정과 존망을 통해 학술의 원류와 발전을 고찰할 정도로 발전되었다.

淸末에는 전통적인 서지학의 발전 이외에 또 다른 흐름이 있었다. 이는 대의전쟁에서 거듭 패배한 후 變法自彊을 주창하는 움직임의 여파로 나타난 것이다. 그 결과로 과거제를 폐지하고 학교를 설립하고 도서관을 설치하기 시작하였다. 청말 變法維新運動期間에 중국도서관학의 근대화도 비롯된다. 유신변법을 제창한 학자 가운데 鄭觀應은 서양식 도서관의 장점을 인식하고 그의 著『盛世危言』(광서 18)에서 학교, 장서, 신문을 강조하였다. 특히 장서에 대해서는 유럽 각국의 도서관 특히 대영박물관도서관에 대해 상세히 소개하였다. 이로써 서양의 도서관이 중국에 소개되기 시작한다. 이어 광서 22년 孫家도『官書局開設緣由』에서 학교, 신문과 잡지, 도서관의 중요성을 강조하였으므로 유신운동은 확산되었다. 이후 도서관은 도서의 보관소라는 인식에서 지혜의 계발, 인재양성, 문명의 발달에 있어 중요한 기관이라는 인식으로 변화되었고, 이용을 위주로 하는 도서관으로 변모되기 시작하였다. 서양도서관사상의 도입에 따라 淸國朝廷도 도서관의 감독과 관리 문제의 중요성에 관심을 나타내게 되어 광서 28년에『學堂章程』, 29년에는『奏定學堂章程』을 반포해서 대중소학 도서관의 행정, 업무, 직원에 대한 규정을 반포하였다.

광서 31년 과거제를 폐지한 후 각급 학교의 도서관은 더욱 활발히 가동되었고, 관립의 공공도서관도 광서 31년 장사에 호남도서관이 설립되어 중국근대도서관의 발단이 되었다. 개인의 노력으로 근대도서관을 창설한 사람은 미국인 Wood(Mary Elizabeth Wood: 韋華, 1862~1931) 여사였으니, 광서 29년 武昌에 文華公書林(Boone library)을 설립하였다. 이는 文華大學의 도서를 武漢의 민중에게 공개한 것이다. 그녀는 도서관학교도 창설해서 도서관학교육을 실시하였다. 이로써 藏書樓라고 하는 구식관념을 타파하고 개가제를 채택한 최초의 미국식 공공도서관을 설립하였으니 그녀의 영향은 매우 컸다. 그녀의 주도로 中華圖書館協會도 설립되었다. 宣統年間에는「京師及各省圖書館通行章程」을 반포해서 도서관이 크게 발전되었다.

9. 민국(民國) 시대

　민국 건국 후 군벌이 할거하고 내란이 빈번했으므로 문화사업도 정체되었다. 그러나 민국의 書誌學은 청대의 전통을 계승하여 발전되었다. 魯迅은 『嵆康集』을 정리하면서 목록학, 판본학과 교수학을 결합시켜 서지학의 典範을 확립시켰다. 郭沫若은 갑골문과 金文을 깊이 연구하여 고서에 대해 정치한 연구를 하였다. 종래의 『管子』 연구성과를 집대성해서 『管子集校』를 완성하여 校讐學의 영역을 확대시켰다. 이런 학자들의 제창에 따라 전국 각지의 개인이 수장한 선본서적은 각 지역도서관으로 집중되었고, 알려지지 않은 진귀한 자료도 발굴되었다.

　이어 淸末부터 대량으로 유입된 서양학술 서적에 전통적인 四部分類法을 적용시키는 데는 문제가 있다는 것을 인식하였다. 이에 도서분류법 연구가 활발하게 진행되어 새로운 방법을 채용하거나 옛 방법을 개수하는 방향으로 진행되었다. 편목, 유통과 구입에도 발전이 있었다. 또한 민국 이후에 나타난 새로운 현상은 이용을 위주로 하였기 때문에 관리방법이 복잡하게 되었다는 점이다. 그 중점은 校讐, 排架와 分類였다. 여기에 서양식 경영방법을 도입해서 해결하기 시작하였다. 도서관 업무가 복잡해짐에 따라 관리인의 전문적인 훈련과 교육도 필요하게 되었고, 도서관학연구도 심화되어 도서관 업무, 제도와 원리에 대해 연구하기 시작하였다. 도서관이 발전됨에 따라 여러 문제를 공동으로 해결하기 위해 도서관협회를 결성하여 도서관의 발전과 도서관학의 연구를 도모하였다.[18]

---

18) 嚴文郁, 中國圖書館發展史, 新竹, 楓城出版社, 民國 72, pp.46－47.

민국 4년 교육부는 「圖書館規程」과 「通俗圖書館規程」을 반포해서 도서관의 설립, 설비, 직원자격 등을 규정하였다. 이로써 도서관이 발전될 수 있는 기틀이 마련되었다. 20세기에 설립된 대표적인 국립도서관은 國立北平圖書館과 국립중앙도서관이다. 국립북평도서관의 모체는 京師圖書館이다. 경사도서관은 宣統 원년부터 설립을 위한 준비작업을 하였으나 민국 원년에 개관되었다. 민국 17년에는 국립북평도서관으로 개명되었고, 민국 18년에는 北平北海圖書館과 합병되었다. 국립북평도서관에는 敦煌寫經, 宋元明版, 宋元明寫本, 金石碑帖, 淸代禁書 등 善本 5,000종 60,000책이 수장되어 있었다.

국립중앙도서관은 민국 22년에 남경에 설립되었다. 국립중앙도서관은 中日戰爭期間 중 고난을 당해 長沙, 岳陽, 重慶 등지로 소개되었다. 이 기간에 전국에 적용시킬 「中文圖書分類表」와 「中文藏書編目規則」을 제정하였다. 분류표는 민국 29년 시작되어 1945년에 완성되었다. 중국 도서분류의 고유한 체계를 유지하면서 미국 의회도서관분류표와 유럽 각국 도서분류표의 장점을 가미해서 40주제로 구분해서 大北에서 간행했다. 編目規則은 몇 차례 수정을 거쳐 35년 상무인서관에서 간행되었다. 또 『全國圖書總目』을 편찬하기 시작했고, 上海 상무인서관과 협력으로 文淵閣本 『四庫全書』珍本 初集 220종 1,960책도 영인하였다. 1945년 日帝의 패망으로 환도한 후 정비되기 시작하였다.

광서 31년 湖南圖書館이 근대적 도서관으로서 처음으로 省立圖書館이란 명칭을 사용하였다. 이어 宣統 연간에는 省마다 도서관을 설립하도록 규정하여, 四川, 雲南, 陝西, 河南, 江蘇 등지에 설치되었다. 또한 1,900개 縣에도 공립도서관이 설치되기 시작하여 민국 25년에는 2,500개 도서관이 설치되었다. 이후 대학도서관과 전문도서관이 속속 설립되어 각 분야에서 활발한 활동을 하게 되었다.

도서관학 교육은 전문직원의 양성이 필수적임을 인식한 Wood 여사가 武昌의 文華大學에 민국 9년에 도서관학과를 설치함으로써 시작되었다. 민국 19년에는 文華圖書館學專科學校로 개칭되었다. 대학 3학년 학생 이상과 대학 졸업생을 대상으로 모집한 2년의 전문과정이었다. 이후 상해 국민대학(민국 14), 金陵大學(민국 17), 北京大學(민국 36) 등에 도서관학 교육과정이 설치되었다.

이로써 종래의 서지학 연구에서 도서관학으로 발전되기 시작하였다. 1907년 孫毓修가 '圖書館'이란 기사를 『敎育雜誌』에 게재한 것이 도서관학에 대한 체계적인 연구의 시초가 되었다. 민국 6년 일본도서관협회의 『圖書館小識』을 번역한 것이 도서관학 서적의 濫觴이 되었다. Wood 여사의 지원으로 미국에 유학한 沈祖榮이 민국 6년에 돌아와 미국 도서관학을 도입하여 교육하였고, 민국 12년 楊昭가 『圖書館學』을 저술하면서 도서관학 연구가 활발하게 진행되었다. 민국 35년까지 12종의 분류표, 15종의 편목서, 7종의 색인서, 6종의 참고업무서, 14종의 서지학서, 55종의 축차간행물이 간행되어 매우 활발한 연구가 진행되었다.

1919년 五四運動 이후 신문화운동이 일어남과 동시에 현대의 도서관경영방법이 중국에 도입되었다. 北京, 上海, 南京, 武漢, 廣州 등에 대규모 도서관이 있었지만 상호 연계는 없었다. 이에 도서관을 발전시키기 위해 민국 14년 中華圖書館協會가 성립되었다. 그 취지는 도서관학연구와 도서관의 발전을 위해 도서관의 협조를 도모하기 위한 것이었다. 계간지로 『圖書館學季刊』을 간행했다. 중화도서관협회는 미국, 독일, 영국, 프랑스 등의 협회와 연계하여 서적과 인사교류를 증진시키고 있다.

20세기에는 현대적 도서관 사상이 도입되고, 도서관학 교육을 실시하게 되고, 도서관 단체를 조직했으며, 도서관학 연구를 조직화했고, 국제관계를 증진시키고 있다. 최근에는 서양의 발전된 도서관학을 도입하고 응용하여 CHINESE MARC를 개발했다. 이로써 資訊科學(정보과학)과 中文電腦는 도서관에 있어 중요한 문제가 되었다. 그러나 이 두 문제는 연구되어야 하지만 도서관학 내 다른 분야와 균형을 이루고 조화가 되어야 할 것으로 보고 있다.[19]

B. 한국

우리나라는 삼국시대 이전부터 중국으로부터 한자와 漢籍이 전래되었고, 고구려에서는 국립으로 太學을 설립하여 상류계급의 子弟들을 가르치고, 평민층을 위해서는 사립으로 堂을 설치하여 교육하였으며, 백제와 신라에서는 國學을 설치하여 五經 · 論語 · 孝經 · 三史 · 文選 · 諸子百家 등을 가르쳤다. 그러나 이러한 교육과 전적에 관련된 도서관적인 기능을 가진 기관에 관해서는 전해지는 바가 없다.

1. 고려 시대

고려 시대에는 삼국시대부터 중국에서 전래되었거나 수입된 문헌과 국내에서 생산된 문헌을 보존하기 위해서 國初에 秘閣(또는 秘書閣)

---

19) 嚴文郁, 中國圖書館發展史, 新竹, 楓城出版社, 民國 72, 沈序 p.11.

과 秘書省[20]이 설치되었다. 秘閣[21]은 궁궐 내에 위치한 것으로 왕실의
도서보존, 편찬 및 講學을 하는 곳이었으며, 秘書省은 궁궐 밖에 위치
한 것으로 經籍과 香祝을 맡아보는 동시에, 印書와 板本을 관리하는 곳
이었다.

이 외에도 어느 시기에 창건되었는지는 명확하지 않으나, 궐내에
는 王室文庫가 있었고, 宮內의 文臣들이 講學하던 곳으로 文德殿,[22] 長
齡殿,[23] 重光殿,[24] 延英殿,[25] 臨川閣, 弘文館(崇文館), 文牒所 등이 있었다.

成宗 9년(990)에는 西京에 修書院을 설치하고 서적의 보존을 위한 국
가시책으로서 修書院의 儒生들로 하여금 歷代의 史籍을 抄寫하여 간직하
게 하는 한편, 講學을 실시하게 하였다. 또한 成宗 11년(992)에는 國子監
(후에 國學으로 개칭)을 설치하여 상류계급의 子弟들을 교육시켰으며,
여기에 필요로 하는 서적을 보급하기 위해서 書籍鋪를 두고 책을 발행
하게 하였다.

仁宗 때에는 국립의 京師六學의 제도와 지방에 鄕學을 설립하였으
며, 따라서 私學이 발달하여 12公徒가 설립되었다.

고려 시대에는 불교도 보편화되었으며, 따라서 寺刹의 수는 더욱
증가하여 開京(開城)에만 70여 사찰이 있었고, 전국의 사찰을 합하면

---

20) 國初에는 內書省이라고 명명했다가 그 후 여러 차례에 걸쳐 다음과 같이 改稱된 것으로 보인다. 秘書省
    (成宗 14년 995), 御書院 또는 御書房(文宗 5년 1051), 秘書監(忠烈王 24년 1298), 典校署(忠烈王 34년
    1308), 秘書監(恭愍王 5년 1360), 典校寺(1363), 秘書監(1369), 典校寺(1372).
21) 秘閣은 궁전 내의 寶文閣, 大章閣, 淸讌閣 등의 三閣을 지칭하는 종합적인 명칭이었던 것으로 보인다.
22) 文德殿은 처음에 文功殿이라고 하던 것을 顯宗朝에 文德殿으로 개칭하고, 그 후 仁宗 14년에 다시 修文
    殿으로 개칭하였다.
23) 長齡殿은 長寧殿이라고도 하며, 李資謙의 亂으로 소실되고 印宗 16년에 新闕이 준공된 후에 千齡殿이라
    고 改名하였다.
24) 仁宗 16년에 安康殿으로 改名.
25) 원래는 紫宸殿이었으나 顯宗 12년 正月에 景德殿이라고 했다가 동년 7월에 延英殿으로 개명하였다. 이
    것은 李資謙의 亂으로 소실되었으며, 仁宗 16년에 新闕이 완성되어 集賢殿이라고 개명하였다.

수천에 달했다고 한다. 현재도 삼국시대 혹은 고려 시대에 건립된 대
사찰이 많이 남아 있다. 이러한 大利에는 經板閣이나 藏經閣이 건립되
어 經板을 새기고 그 經板과 佛書를 보존했던 것이다. 그 대표적인 것
으로는 개성의 玄化寺와 興王寺, 妙香山의 普賢寺, 陜川의 海印寺, 대구
八公山의 符仁寺 등을 들 수 있다.

한편 經板과 藏經으로 유명한 것이 高麗大藏經과 義天의 續藏經이다.
高麗大藏經은 3차에 걸쳐 刻板刊行 되었다. 제1차는 契丹의 침입을 받
아 곤경에 처했을 때 佛力으로 이를 물리치기 위해서 각판된 것으로
顯宗朝에 개성의 玄化寺에서 각판하여 玄化寺의 經板閣에 보존하였으
나 그 후 대구의 符仁寺로 옮겨서 보존되었다가 壬辰年(1232)에 蒙古兵
에 의하여 분멸되었다.

제2차는 文宗朝에 (高麗國의 獨立을 기념하기 위하여?) 개성의 開國
寺·興王寺·歸法寺 등에서 각판하여 興王寺의 經板閣에 보존하였으나
그 후 海印寺로 옮겨서 보존되었다가 다시 朝鮮朝 초기에 妙香山의 普
賢寺로 옮겨서 보존되고 있는 것으로 보인다.[26]

제3차는 高宗 때 蒙古의 침입을 받아 王室이 江華島에 피난 중 그 禍
를 佛力으로 막기 이하여 江華의 禪源寺에서 각판한 八萬大藏經이다.
이것은 高宗 38년(1251)에 완성된 것으로 朝鮮朝 초기까지 禪源寺에 보
존되었으나 朝鮮 太祖 7년(1398)경 海印寺로 옮겨져서 현재도 海印寺의
藏經閣에 보존되어 있다. 이것은 國寶 제32호로 지정되었고, 1995년 12
월에는 UNESCO 산하의 세계유산위원회(WHC)에서 佛國寺의 石窟庵,
서울의 宗廟와 함께 '세계의 문화재'로 지정하였다.

---

26) 정필모, 高麗四大藏經板의 顚末, 書誌學硏究 제10집, 書誌學會, 1994, pp.31-44 참조.

續藏經은 高麗 文宗 때 義天에 의해서 이루어진 것으로 開京의 與王
寺에서 刻板되어 正藏과 함께 여기에 보존되었다가 그 후 海印寺로 옮
겨서 보존되다가 다시 妙香山의 普賢寺로 옮겨서 현재도 보존되고 있
는 것으로 보인다. 27)

한편 제1차로 각판인행 된 顯宗 때의 高麗大藏經에는 이에 대한 정
교한 목록이 편찬된 바 있고,28) 제2차와 3차의 大藏經에도 이에 대한
목록이 편찬되었으며,29) 續藏經에 대한 목록도 편찬되었다.30) 아마도
이 세 가지의 目錄이 우리나라에 있어서의 目錄의 기원이며, 동시에
문헌정보학의 기원이라고 볼 수 있을 것이다.

2. 조선 시대

朝鮮의 문화는 제3대 太宗과 특히 제4대 世宗으로부터 비롯된다고
볼 수 있다. 太宗 3년에는 鑄字所를 새로 설치하고 銅으로 活字를 鑄造
하여 서적을 인행하고, 法典인 元六典과 續六典 그리고 東國史略을 편찬
하였다. 世宗은 우리나라 역사상 가장 위대한 聖君으로서 訓民正音의
제정과 集賢殿의 설치가 가장 뚜렷한 업적이라고 볼 수 있을 것이다.

集賢殿은 王室의 학술과 문화정책을 위한 중심기구로서 도서관의 기
능을 가진 기관으로서 역대의 귀중한 문헌들을 정리하여 수장하고, 學
士文獻士를 두어 국정시책에 필요한 제도 · 법률 등을 조사 · 연구하여

---

27) Ibid.

28) 이 目錄은 일직이 佚失되었으나 최근에 復元. 鄭駜謨, 高麗初雕大藏目錄의 復元, [書誌學硏究] 제2집
    (1987), pp.3 - 108 참조.

29) 정필모, 高麗再雕大藏目錄考, 도서관학 17집, 1989 참조.

30) 정필모, 新編諸宗敎藏總錄考, 인문학연구 12, 13합집, 1986 참조.

주로 王의 자문에 응대하는 기능을 가지고 있었으며, 학술과 교육적인 이용에도 이바지하였다. 訓民正音도 이 集賢殿을 중심으로 제정된 것이다. 集賢殿의 사방의 벽마다에 마련된 書架에는 도서가 經·史·子·集의 四音分類法에 의해서 정연히 배열되어 있었으며 目錄도 마련되어 있었다.31) 그러나 集賢殿의 초기에 편찬된 장서목록은 현재 전하지 않고 있다. 集賢殿은 世祖 2년(1465)에 폐지되고 世祖 9년(1463)에 설치된 弘文館으로 그 기능이 이관되었으며, 이 弘文館은 또한 正祖 때에 奎章閣으로 그 기능이 이관되었다.

奎章閣은 과거 集賢殿의 경우와 마찬가지로 역대의 귀중한 문헌들을 정리하여 수장하고, 이들을 통해서 국정시책에 필요한 제도·법률 등을 조사·연구하여 주로 王의 자문에 응대하는 도서관의 기능을 겸하는 한편 많은 文獻을 편찬했으며, 經書와 史籍을 인쇄 반포함으로써 朝鮮 후기의 문운을 일으킨 것이다. 그리하여 奎章閣의 산하에는 閱古觀, 皆有窩 등의 부속건물이 있었는데 閱古觀은 문헌열람실이고 皆有窩는 書庫였던 것으로 보인다. 그리하여 正祖 5년(1781)에 閣臣 徐浩修에 의해서 『奎章總目』(4권 3책)이라는 정교한 장서목록을 편찬했는데 이 目錄을 閱古觀書目 또는 皆有窩書目이라고도 한다. 이 目錄은 經·史·子·集의 四部分類法으로 분류된 중국본서목으로서 이 目錄도 우리나라의 문헌정보학상 중요한 의미를 가지는 것이다.

이 奎章閣의 장서는 弘文館·集玉齊·史庫·北漢山行宮·春坊 등 王室 소속의 제 장서와 더불어 14만여 책이 현재 서울대학교 奎章閣에 소장되어 있다.

---

31) 李載喆, 集賢殿의 機能에 대한 硏究, 人文科學 제13집, 서울, 延世大學校, 1973, pp.163-166.

朝鮮 시대에 대학도서관의 구실을 한 것은 成宗 6년(1475)에 설립된 成均館의 尊經閣이다. 成均館은 三國시대의 太學, 高麗 시대의 國學·國子監 등을 계승한 朝鮮 시대의 국립대학이라고 볼 수 있는데 여기에 부설된 尊經閣에는 각종의 문헌을 수집하여 보존하고 교육의 자료로써 이바지하였다. 尊經閣에는 四書五經 각 100질을 기본장서로 하고, 전국에 있는 書板을 인행하고 수집해서 수만 권에 달했다고 한다. 이것은 中宗 9년(1514)에 失火로 소진되었으나 그 후 校書館·文武樓의 문헌과 明으로부터 문헌을 구입·보충하여 복원시켰으며, 현재 成均館大學校 구내의 尊經閣에 보존되어 있다.

朝鮮 시대에는 高麗 시대에 국가에서 설립하였던 지방의 鄕學이 지속되었으며, 私學으로서는 書院이 많이 설립되었다. 이러한 書院에 문헌을 소장하는 書庫가 있어서 학생들에게 이용하게 하였다. 현재까지도 남아 있는 것으로는 刻多書院과 安東의 陶山書院 등이 있다. 그 밖에도 지방에는 門中의 도서관이라고 볼 수 있는 門中文庫가 있다. 그중의 壽峰精舍文庫와 映奎軒文庫는 현재도 남아 있다. 이러한 문헌들을 근거로 편찬된 目錄이『海東文獻總錄』이다. 이 目錄은 朝鮮朝의 仁祖 15년(1637)에 金烋가 편찬한 것으로 이것은 壬辰倭亂을 겪고 兵火를 면한 경상도 지방의 여러 名門에 소장된 문헌을 주로 하여 수집 편찬한 解題書目이다.

1901년에 부산에서 讀書俱樂部가 창설되었는데 이것은 공공도서관으로서의 성격을 가졌던 것으로 한국의 근대 도서관은 여기에서 비롯된다고 볼 수 있다. 이것은 현재의 부산도서관으로 이관되었다. 한편 1906년에는 평양의 鐘路에 大同書觀이라고 하는 사립도서관이 설립되었고, 같은 해에 서울에서는 韓國圖書館이 설립되었는데 이것이 4년 후인 1910년에 宗正府로 이관되어 大韓圖書館이라는 이름으로 국립도서관이 되어 일반시민들도 이용하게 하였다. 그러나 동년 8월에 大韓帝國의 국운은 끝나게 되었고 1911년 5월에 大韓圖書館의 모든 장서는 總督府의 取調局에 몰수되고 말았다.

3. 일제 시대

우리나라는 1910년 日帝의 침략과 더불어 日帝의 치하에서 모든 문화적 활동이 정체되고 日人들의 제약을 받아야만 했다. 1919년에 서울의 종로에 京城圖書館이라는 사립도서관이 설립되었으나 이것은 1926년에 京城市에 이관되었다.

한편 1925년에 日人들이 문화정책을 표방한 朝鮮敎育會 발족기념사업으로 조선총독부도서관을 설립하였다. 이 밖에도 日人들은 1910년에 부산부립도서관을 설립하고 몇 개의 공공도서관을 설립하였으며, 1920년에는 철도도서관을 설립하였다. 그리고 1931년에는 평양에 仁貞圖書館이 설립되었다.

한편 학교도서관으로서는 경성제국대학 부속도서관을 비롯해서, 연희전문·보성전문·이화여자전문·成均館·혜화전문 등 각 전문학교에 도서관이 설립되었다. 그러나 日帝 시대에는 도서관에 관한 연구나 교육이 시행된 바가 없고, 주요한 목록 등이 편찬된 바도 없다.

4. 현대

a. 국립도서관학교시기

종전 후 우리나라의 도서관계는 새로운 국면에 임하게 되었다. 日人

들이 관리하던 모든 도서관을 우리가 인수하여 새로운 운영체제를 갖추어야만 하였다. 1945년 8월에 조선총독부도서관을 국립중앙도서관으로 기구를 개편하고, 1946년 4월에는 국립중앙도서관 내에 조선도서관학교(후에 국립도서관학교로 개칭)를 설치하여 현직 司書들에 대한 도서관교육을 시작하였다. 이 학교는 1950년까지 단기과정으로 운영되었는데 당시의 필요한 사서를 속성으로 양성하여 배출하고자 하는 데 그 목적이 있었으므로 수강자의 자격도 낮고 교육내용도 충실하지 못한 면이 있었다.

국립도서관학교는 1946년부터 1950년 6·25동란으로 폐교되기까지 5회 77명의 졸업생을 배출하였다. 당시의 수강교과목은 일반교양과목(사회교육개론, 국사, 국어, 한문학, 문학개론, 영어, 독일어, 불어 등)과, 전공교과목(도서관관리법, 도서관사, 도서분류법, 동서편목법, 동서편목실습, 양서편목법, 양서편목실습, 서지학 등)으로 구분하여 교육을 실시하였다. 이러한 교과내용은 이후의 도서관학교육과정에 크게 영향을 미친 것으로 생각된다.

한편 국립도서관은 도서관학교와는 별도로 1950년 6·25동란이 일어나기 전까지 세 번의 강습회를 개최하였다. 강습회의 주목적은 실무자들에게 도서관에 대한 새로운 이론과 기술을 습득하게 하기 위한 것이었다. 이러한 와중에 6·25사변으로 학교는 폐교되고 그 뒤 1956년까지는 도서관학교육의 불모지로 남게 되었다.

이상과 같이 1946년에서부터 1950년까지 '국립도서관학교'와 단기과정이 개설되었던 시기는 우리나라 '도서관학의 발아기'라고 볼 수 있을 것이다.

b. 연세대학교 도서관학의 새로운 출발

1957년에 미국 피바디 사범대학 교육사절단의 내한으로 4월에 연세대학교에 학부과정과 대학원과정이 동시에 개설되고, 별도로 부설된 한국도서관학당이 개설되어 종래의 고등학교 내지 전문학교 수준에 머물렀던 도서관교육을 대학수준으로 격상시켜 우리나라 도서관학교육의 질과 품격을 높이는 데 커다란 공헌을 하였다. 특히 한국도서관학당의 고급사서과정은 도서관실무자들의 전문적 자질을 향상시키기 위해 개설되었다. 1년 과정으로 초창기 3년간은 주간에 개설되었다가, 그 후 한동안 토요일에만 강의를 하는 방식으로 그리고 다시 야간과정으로 변경되어 1971년까지 존속되었다.

또한 이 학당에서는 1958년부터 문교부와 공동으로 학교도서관 담당교사들을 대상으로 하는 사서교사과정을 운영하기도 하였다. 이 과정은 방학 동안을 이용해서 150시간씩 도서관학교과를 이수하게 한 뒤 수료자에게 사서교사자격증을 교부하였다. 이 과정은 1963년까지 존속되어 우리나라 중등교육현장에 교육도서관의 개념을 싹트게 만들었으며, 사서교사의 필요성을 제고시키는 데 이바지하였다.

이때 학과창설 전임교수진은 閔泳珪 교수(학과장) 그리고 피바디 사범대학 교수단에서 차출된 스와이거(Ethel C. Swiger) 교수와 엘라드(J. McRee Elrod) 교수 등으로 구성되었다.

한편 이화여자대학에서는 1955년부터 3, 4학년 학생들에게 선택과목으로 도서관학과목 중에서 12학점을 취득하도록 하고, 그 강의를 李鳳順 교수가 전담하였다. 이것이 우리나라 대학에서 최초로 이루어진 도서관학 강의이다. 이것을 기초로 하여 이화여자대학에서도 1959년에 도서관학과가 학부와 대학원에 동시에 개설되었다.

c. 1960년대: 서울지역 4개 대학 도서관학과의 시기

1963년에는 중앙대학교에 도서관학과가 개설되고, 64년에는 성균관대학교에 개설되어, 기존의 연세대와 이화여대 등 서울지역의 4개 대학이 활발한 학문연구의 기틀을 쌓게 되었다. 한편 1965년에는 일선 사서들의 재교육과 자격증을 교부하기 위한 이원적인 목적하에 성균관대학교의 부설로 한국사서교육원이 개설되기도 하였다. 이 시기는 도서관학과의 확장기로 볼 수 있을 것이다.

d. 1970년대: 도서관학의 중흥기

1970년대는 도서관학과가 학부과정에 6개 대학에 확대 개설되고, 대학원과정이 3개 대학에 확대 개설되고, 학회가 발족된 시기라고 말할 수 있을 것이다. 학부과정에는 1974년에 경북대학, 76년에 숙명여대, 77년에는 효성여대, 78년에 강남대학, 79년에는 부산여대와 청주대학에 각각 도서관학과가 개설되었다. 한편 부산여자전문대학(70), 숭의여자전문대학(72), 계명전문대학(74), 동래여자전문대학(79) 등 4개 전문대학에 각각 도서관학과가 개설되었다.

대학원 석사과정에는 1971년에 성균관대, 73년에는 중앙대, 78년에는 경북대에 각각 연이어 개설되었다. 또한 1974년에는 우리나라 최초의 도서관학 박사과정이 성균관대학교에 개설되고, 1979년에는 연세대학교에 개설되었다.

한편 1970년 1월에는 도서관학회 창립총회가 개최되고 동시에 학회가 결성되어 학문의 진작을 도모하는 데 견인차 역할을 하게 되었다. 1970년 말기부터 학회지가 『도서관학』이라는 제호로 발간되기 시작하여 1992년(23집)까지 발간되었다. 1974년에는 대구지역에 거주하는 학자들을 중심으로 '도서관정보학회'가 발족되어 지방에서도 학회를 중심으로 학문연구활동이 활발하게 시작되었다. 학술지의 제호는『도서관학논집』으로 연간 주기로 현재 21집까지 발행되어 그 학문역량을 과시하고 있다.

또한 1970년대 초기부터 '도서관학'이라는 명칭이 부적절하다는 이론이 제기되어[32] 이에 대한 논의가 활발해지자 1974년 서울의 4개 대학 교수들로 구성된 한국대학도서관학과 교수협의회에서 이 문제를 공식적으로 논의하게 되었다. 이 회의에서 논의된 결과, 각 대학이 연대하여 동시에 학과명칭을 '문헌정보학과'로 변경하기로 합의하여 동 협의회의 명칭으로 관계대학총장 앞으로 학과명칭 변경신청 건의문을 발송하고, 해당 도서관학과에서는 각각 대학 당국에 학과명칭 변경신청의 품의서를 올렸다. 그러나 당시 대학 당국과 문교 당국의 학과명칭에 대한 이해부족으로 성취되지는 못하였다. 그럼에도 불구하고 학회명칭이나 학과명칭의 변경과는 별도로 1977년에는『文獻情報學原論』[33]이라는 저서가 출간되었다.

이상에서 보는 바와 같이 1970년대는 학과의 확대개설, 대학원의 석사·박사과정의 개설, 학문명칭변경을 위한 노력, 학회를 중심으로 한 연구활동이 활발해진 시기로서 도서관학의 중흥기라고 볼 수 있을 것이다.

---

32) 리재철, 文獻科學과 文獻士의 所任, 圖書館報 제26권 25호, 1971. 5.
　　鄭駬謨, 情報科學의 屬性과 文獻情報學, 圖書館學報 제2집, 1973.
　　鄭駬謨, 文獻情報學의 形成論理, 韓國비블리아 제2권, 1974.
33) 鄭駬謨, 文獻情報學原論, 서울, 亞細亞文化社, 1977. 9.

e. 1980년대: 학과의 급성장과 문헌정보학으로의 변환기

1980년대에 이르러 두드러진 현상은 대학에서의 도서관학과가 대대적으로 신설되었고, 학과명칭과 학회명칭이 '문헌정보학과'와 '문헌정보학회'로 변경되었다는 점이다.

1980년 한 해에 계명대학, 덕성여대, 동덕여대, 명지대학, 상명여대, 전남대학, 전북대학, 충남대학 등 8개 대학에 도서관학과가 신설되었고, 81년에는 서울여대, 한남대학, 한성대학 등 3개 대학에 신설되고, 82년에는 대구대학과 동의대학에 신설되고, 83년에는 경기대학, 경성대학, 전주대학, 공주대학 등 4개 대학에 신설되었으며, 84년에는 건국대학, 부산대학, 광주대학에 신설되었다.

한편 1983년에는 중앙대학교에, 88년에는 이화여자대학교에 각각 대학원 박사학위과정이 개설되었으며, 숙명여자대학(83), 청주대학(84), 상명여자대학(85), 계명대학(89), 부산대학(89), 서울여자대학(89)에는 각각 대학원 석사과정이 개설되었다. 또한 창원전문대학(80)과 인천전문대학(81)에도 도서관학과가 신설되었다.

한편 1980년대에 접어들면서 한국도서관학회에서는 70년대 초기에 제기되었던 학문명칭의 변경문제가 다시 제기되었다.

1982년 11월에 한국도서관학회에서 '학회명칭개정소위원회'를 구성하고 1983년 4월과 9월에 2회에 걸쳐 '학회명칭세미나'를 열어 개정문제를 토의하였으나 이때에도 결실을 이루지는 못하였다. 그러나 1985년에 전남대학교에서 최초로 학과명칭을 '문헌정보학과'로 변경하게 된 것이다. 이후 전국의 '도서관학과'라는 명칭은 점차 '문헌정보학과'로 변경되어 현재는 이 명칭으로 통일되기에 이르렀다. 그리고 학과명칭의 변경에만 그친 것이 아니라 정보학 관련 교과목이 확

장되고, 이에 대한 교수요원의 충원이 중요한 과제로 부상되었다.

이미 1970년대 초기부터 논의되었던 학회명칭 변경문제가 근 20년 만에 다시 대두되어 드디어 1989년 학회총회에서 '한국문헌정보학회'로 개칭하기로 만장일치로 결정되었다.

한편 1984년에는 '한국정보관리학회'가 발족되어 『정보관리학회지』가 반년 간으로 발행되고 있고, 매년 워크숍을 개최하여 실무자의 이론과 실제를 연마할 수 있도록 행사를 정례화하고 있으며, 이론의 정립과 현장에서의 다양한 요구를 수렴하기 위해서 『현대정보관리학총서』를 23권까지 발행하고 있다.

또한 1986년에는 '서지학회'가 창립되어 학문의 전문화 및 세분화를 이루게 되었고, 이 학회에서도 『書誌學硏究』가 연간으로 발행되고 있다.

f. 1990년대: 문헌정보학으로서의 학문의 정착

바로 전항에서 보는 바와 같이 1989년에 학회명칭이 '한국문헌정보학회'로 개칭됨에 따라서 1993년부터는 학회지의 제호도 (제24집부터) 『한국문헌정보학회지』로 발행되기 시작하였다. 이 학회지는 초창기에는 연간으로 발행되어 오다가 1989년 16집부터 1995년 말까지는 발행주기를 반년 간으로 하여 6월과 12월에 발행하였고, 1996년부터는 계간으로 발행하게 되었다. 이러한 현상은 학과의 급격한 증설과 연구인력의 증원으로 나타난 결과이다.

1990연대에도 대진대학과 중부대학에도 문헌정보학과가 신설되고 대림전문대학에도 도서관과가 신설되었으며, 전남대학에는 대학원 석사과정이 개설되고, 부산대학과 상명여자대학에는 각각 대학원 박

사과정이 개설되었다. 그리하여 1995년 현재 한국에 있어서의 문헌정
보학교육기관은 박사과정이 6개 교, 석사과정이 14개 교, 학부과정이
32개 교, 전문대학이 7개 교이며, 기타 도서관 교육기관이 6개 기관으
로 양적으로 엄청난 팽창을 거듭하여 교육의 질적 저하 문제와 인력
의 수급 면에서 크게 우려되고 있다.

C. 일본

日本에 있어서의 도서관학의 발달과정을 개괄해 보면, 일본의 도서
관학은 明治 이후가 그 주요 대상이 되며, 明治 이전은 前史로 구별하
여 고찰할 수 있다. 그 이유는 일본의 근대 도서관의 발달은 명치 시
대가 그 기점이 되기 때문이다. 물론 명치 이전에도 역사상 오랜 시
대를 통해서 문고의 형태가 있었으며, 도서가 보존되고 또한 이용되
었으며, 이미 고대로부터 서목이 발달되었다. 또한 근대에 이르러서
는 분류법의 창안도 중국의 영향권에서 벗어나서 독자적으로 편찬되
기도 하였다.

武居權內에 의하면 일본의 도서관학의 발전단계를 명치 이전의 도
서관학, 준비기(明治의 도서관학), 계몽기(자유주의시대), 형성기(昭和
의 도서관학)의 4단계로 구분하고 있다.

명치 이전의 시기는 고대부터 근세까지의 기간으로 도서관학 전사
라고 생각된다. 이 시기는 서목의 작성과 분류의 초기 상태가 나타난
것이다. 또한 문고의 발달과 그 형태도 고려할 수 있는 요소이다.

둘째, 준비기는 명치 초년에서 大正 3년까지의 시기로서 근대도서

관이 점차적으로 생성되고, 그 맹아가 나타나 준비를 시작한 시기이다. 우선 이 시기에 미국의 도서관학이 소개되기 시작한 것이다. 도서관학의 주요 저서도 이 시기에 출판되기 시작했는데 이들을 일별해 보면 다음과 같다. 1892년 西村竹間의 『도서관관리법』, 1900년 田中稻城의 『도서관관리법』 등이 출판되었으며, 그 후 1907년에 일본 도서관협회에서 『도서관잡지』가 창간되어 도서관관리법에 대한 논문이 다수 수록되었다. 서명이나 논문에서 '도서관관리법'이라는 제목이 두드러진 이유는 당시 미국의 Library Economy라는 용어에서 기인된 것이다.

셋째, 계몽기는 大正 4년에서 11년까지의 시기로서 중앙과 지방을 통하여 근대 도서관건설의 계몽운동이 일어나서 府·縣·市의 주요 도서관이 건설되기 시작했으며, 다양한 방법으로 도서관학을 소개하고, 강습, 강연, 연구발표 등을 통해 계몽활동이 이루어졌다. '도서관관리법'이라는 책들의 출판은 이 시기에도 계속되었다.

넷째, 형성기에는 계몽기의 영향을 받아 도서관학이 형성된 단계이다. 이 시기는 昭和時代에 해당되는데 이 시기에는 도서관 기술이 대단한 발전을 보였고, 특히 미국의 도서관 기술을 수입해서 그것을 개선하여 일본화시킨 것이다. 이 시기에는 군대도서관의 발전으로 중앙도서관제도가 확립되고, 마을도서관(町村圖書館)이 활발하게 발전하였으며, 도서관과 국가 및 사회와의 관계가 재정립되었다. 또한 독서 및 독서지도가 하나의 운동으로 승화되었으며, 이에 따라 도서관학의 진전이 매우 두드러진 시기이다.

도서관원의 양성과 재교육을 시키기 위해서 도서관강습이 매우 활발하게 이루어졌으며, 도서관학교 및 대학에서 도서관학강좌가 개설된 것도 이 시기이다. 또한 도서관학회도 이 시기에 성립되었다. 한편 1922년에는 '문부성도서관원교습소'라는 명칭을 가진 최초의 도서관 학교가 上野에 개설되었다. 이것은 제국도서관에 소속된 것으로 이 도서관에 인접해 있었는데 이 도서관학교는 1925년에 '문부성도서관 강습소'로 변경되었고, 1945년에는 '국립도서관부속 도서관직원양성 소'로 변경되었으며, 1950년에 다시 '문부성도서관직원양성소'로 명 칭이 수차에 걸쳐 변경된 끝에 1965년에는 '도서관단기대학'으로 개 설되었다. 이 대학은 특정한 종합대학에 소속되지 않고 독립된 단기 대학 형태를 유지하였으나 여기에 대학졸업자를 대상으로 하는 과정 도 병설되었다. 이 단기대학 역시 1980년에 개교한 筑波大學校의 도서 관정보대학이 발족한 후에 폐교되었다.

일본에서 도서관학이라는 학문영역이 인식되고 주목되기 시작한 것은 유럽의 많은 국가들처럼 제2차 세계대전 이후부터이다. 학문의 발전에 크게 영향을 끼친 것은 1951년 게이오대학 문학부에 도서관 학과가 개설된 이후부터라고 볼 수 있다.

Ⅱ. 서양의 문헌정보학사

A. 고대

현재까지 최고의 도서관이라고 알려지고 있는 Sumeria의 Tello의 도서관(B.C. 2700년경)이나, B.C. 2500년경의 Egypt의 Gizeh에 있었던 도서관 및 B.C. 1250년경 Egypt의 Thebes에 있었던 도서관 등에서의 자료의 축적방법은 알 수 없으며, B.C. 1900년경의 Babilonia Dorsipa 도서관에는 Ibnissaru라고 하는 전문직원이 도서관자료를 정리했다고 하나[34] 그 내용은 미상이다.

또한 BC 800년경 Assyria의 Nineveh에 있었던 Assurbanipal 왕 도서관의 장서는 점토판이 주제나 혹은 형태에 따라서 배열되어 있었으며, 이에 대한 목록이 있었다.[35] 이것이 우리가 알 수 있는 최초의 정보자료의 검색도구라고 볼 수 있고 또한 이러한 목록이 서양에 있어서의 문헌정보학의 원류라고 말할 수 있을 것이다.

---

34) Dorothey May Norris, *A History of cataloguing and cataloguing methods*, London, 1939, p.34.

35) Jean Key Gates, *Guide to the use of books and libraries*, New York, McGraw-Hill, 1962, p.6.

B. Greece 시대

  B.C. 4세기경 Greece에는 상당한 규모의 도서관이 있었으며, 이러한 도서관을 중심으로 Aristoteles는 문헌 전반에 걸쳐 그 수집의 완전을 기하려고 노력하는 한편, 지식 전 분야에 대한 확고한 기초를 세우는 데 주력하였고, 특히 문헌과 문헌사의 원칙을 세운 원조가 되었다.[36] 이것이 문헌학의 始原이라고 볼 수 있을 것이다.

  그 후 Aristoteles의 제자인 Alexander 대왕이 이룩한 Alexandria는 Hellenism 학문의 중심지로서 신속한 발전을 이룩했으며, 특히 도서관을 중심으로 Greece의 문헌에 대한 체계적인 연구가 시작되었다. 권위 있는 원전들은 문헌학적인 또는 역사학적인 비판과 저작상의 제 문제, 진위의 여부, 각 저작의 범위와 구분 등을 조사 · 결정하여 수집 · 정리하였다. 동시에 Alexandria학파는 도서제작 분야에 있어서도 획기적인 결과를 가져오게 하였다.[37]

  Alexandria 도서관에 있어서 문헌정보학상 특기할 것은 Callimachus(BC 310~240)의 분류법이다. 그가 Alexandria 도서관을 위해서 고안한 분류법에 의해서 이루어진 Pinakes 목록은 이 도서관의 필사본목록으로서 장서 전 자료를 시부와 산문부로 나누고, 각 부를 다시 ① 서사시, ② 희곡, ③ 법률, ④ 철학, ⑤ 역사, ⑥ 수사학, ⑦ 의학, ⑧ 수학, ⑨ 자연과학, ⑩ 雜件 등 주제별로 10구분하였으며,[38] 각 주제부문에 있어서는 저자명의 ABC순으로 배열하고, 각 저자에 대해서는 간단한

---

36) Alfred Hessel, *History of libraries*, tr. with supplementary material by Reuben Peiss, 李春熙 譯, 西洋圖書館史, 서울, 韓國圖書館協會, 1968, p.12.

37) Ibid. p.13.

38) 推名六郎, 新圖書館槪論, 東京, 學藝圖書株式會社, 昭和 48(1973), p.73.

전기와 그들의 저작을 열거하였다. 그리고 각 저작에 대해서는 서명과 그 저작의 첫 구절과 행수를 기입하였다. 이 Pinakes 목록은 오랫동안 표준서목으로서의 평가를 받아 왔고, 그 후 모든 고문헌서지의 기초가 되었으며,39) 동시에 서양의 서지학(bibliography)의 기초가 되었다.

C. Rome 시대

4세기 초에 수도 Rome에는 28개나 되는 많은 수의 공공도서관이 있었다. 그 가운데 가장 유명한 것은 Ulpian 도서관이었다. 이러한 도서관의 자료들은 Greece어부와 Latin어부로 나뉘어 있었으며, 도서관은 또한 국가의 중요한 문서보관소로서의 역할도 했다는 정도의 기록밖에는 없으며, 몇 개의 단편적인 목록만이 남아 있으므로 당시의 장서배열법이나 정보자료의 검색수단에 대해서는 정확한 사실을 파악하기 어렵다.

D. 중세

중세의 초기에 있어서는 당시에 남아 있던 대부분의 문헌을 轉寫하는 일이 성행하였으며, 한 문헌에서 동일한 문헌을 여러 벌 복사해냈다. 原文書誌學的 고찰을 통하여 이루어진 이 轉寫는 현대의 문헌정

---

39) Alfred Hessel. op.cit. p.13.

보학상 중요한 의의를 차지하는 것이다. 이것은 축적된 정보의 검색수단이 아니라 문헌의 정확한 전수수단 또는 문헌의 생산수단이라고 볼 수 있다. 또한 이 시대에 들어와서 양피지가 papyrus를 대신함에 따라서 도서의 형태상에도 많은 변화를 가져왔다. 즉 그것은 두루마리 형태인 papyrus 권자본 대신 두꺼운 표지를 댄 양피지사본이 나오기 시작한 것이다.

중세 초기의 수도원도서관에 있어서도 문헌자료를 정리하는 방법은 그 전대와 다름이 없었으나 목록에 있어서 어떤 통일성을 엿볼 수 있다. 중세의 수도원도서관의 목록들에는 거의 같은 종류의 필사본들이 포함되어 있으며 또한 이를 주제별로 구분하는 방법에 있어서도 각 목록이 거의 통일되어 있음을 볼 수 있다. 맨 처음에 성서류, 다음에 초기 敎父와 후기 성직자들의 저자순으로 하되, 이를 다시 저자명순으로 배열하고 기타 종교도서와 고대이교문헌을 포함한 비종교도서를 일정한 主題에 따라서 구분하였다. 또한 각 문헌에는 소재기호의 표시가 있었다.[40]

이와 같이 여러 도서관의 장서목록에 수록된 문헌의 종류가 대등하고 주제별 구분방법이 통일되어 있으며, 문헌에는 각각 소재기호의 표시가 있다고 하는 것은 분명히 이 시대에는 일원화된 분류법과 목록을 작성하는 원칙이 있었다는 것을 의미한다. 그러나 이 당시의 분류법이나 편목규칙에 대한 기록은 아직 밝혀지지 않고 있다.

중세 후기의 도서관에 있어서의 정보자료의 정리방법을 일률적으로 기술하기는 어렵다. 그러나 대체로 도서목록은 일종의 서가목록

---

40) Alfred Hessel, *History of libraries*, 李春熙 譯, 西洋圖書館史, 서울, 韓國圖書館協會, p.32.

(shelflist)의 형식을 취하였고, 때때로 이에 ABC순의 索引을 더 첨부하기도 하였다. 각 책에 대한 목록기술을 보면 완전할 경우 그 책의 서명 · 장절 · 서가번호 · 출처 및 가격 등을 기입하고, 때로는 사본의 서체라든가 또는 조본형태에 대해서도 상세히 부기하고 있다.

Renaissance 시대에 있어서도 정보자료의 정리기술, 즉 서가배열이나 분류법, 편목방법은 전대와 다름이 없었다. 고전과 더불어 인문주의자들의 많은 저작의 유입으로 장서가 증가했다고는 하지만, 이것이 결코 재래의 도서정리방법을 변경시킬 이유가 될 수는 없었다. 그리하여 영국 · 프랑스 · 독일 등지의 도서관들은 한때 그들이 닦아 놓았던 옛길을 그대로 따르고 있었을 따름이다.[41]

E. 16~17세기

16세기에 있어서 독일은 冊 속에 묻혀 있었으며, 당시의 국제 도서교역의 중심지였다. 그리하여 독일에서는 「프랑크푸르트도서전시회목록(Frankfurter Messkatalog)」을 작성하여 이로써 전 Europe의 문헌을 가장 완전히 공보하는 역할을 하였다.

1. Gesner

16세기에 있어서 資料처리기술을 확립하고 후세에 크게 영향을 준 학자는 독일의 Konrad von Gesner(1516~1565)이다. 그는 Zurich(취리히)

---

41) Ibid. p.50.

대학의 교수로서 철학·의학·박물학에 있어서의 당시의 최고권위
자의 한 사람이었다. 그는 1545년에 『세계서지(Bibliotheca universalis)』
를 편찬하였다. 이것은 모두 3부로 이루어진 것으로 당시에 유포되고
있던 Latin, Greek, Hebrew의 모든 자료를 수집하여 이러한 저작을 각
각 註解하고 이를 저작자별로 집대성한 것이다. 그리하여 제1부는 국
제적인 인명사전으로서 저자명을 ABC순으로 배열하고, 각 저자에 대
한 간단한 전기를 수록하고, 그 저자의 모든 저작을 註譯한 것이다.
제2부는 그 서명이 Pandectae(1548년 간)로서 제1부에 수록된 자료를
21부문으로 분류하고, 이를 각 주제하에서 서명의 ABC순으로 배열한
것이다. 또한 제3부는 그 서명이 『Partitions』(1549년 간)로서 제1부와
제2부에 수록된 자료를 주제명과 서명의 ABC순으로 배열한 색인이
다. 이들 주제색인은 당해 인명에 관한 논술이 수록되고 있는 제1부
(Bibliotheca universalis)로 상호 참조가 되어 있다.[42]

이와 같이 그는 분류에 있어서도 독자적인 21부문의 정밀한 분류
법을 개발하여 歐州 각국에 크게 영향을 주어 France의 국립도서관에
서는 1810년까지 이 Gesner의 분류법이 사용되었다.

이러한 자료처리방법으로 저자에 의해서나, 서명에 의해서나, 주제
명에 의해서나, 분류번호에 의해서나, 여러 가지 각도에서 자료를 검
색할 수 있도록 한 것이다. 이러한 기술은 현재도 변함이 없으며, 그
당시나 현재에 있어서 학술문화의 연구에 위대한 공헌을 하고 있는
것이다. 이러한 기술은 현대의 자료검색법의 기초를 개발한 것이라고
볼 수 있다.

---

42) Archer Taylor, *General subject index since 1548*, Philadelphia, of Pensylvania Press, 1966, pp.40 – 41.

2. Cabriel Naude

France의 Gabriel Naude(1600~1653)는 1627년에 『도서관건설에 관한 조언(Advis pour dresser une bibliotheque＝Advice on establishing a library)』이라고 하는 유명한 저서를 저술하였다.[43] Naude는 도서관의 역사적 발전을 인식하고 도서관 설치의 이념, 운영, 자료의 수집 · 축적의 자세, 자료처리기술, 도서관 건축 등 도서관의 모든 문제점 등을 총괄적으로 파악하여 독자적인 견해를 총론적으로 저술한 것이다. 다시 말하면 이것은 도서관사상 최초의 도서관통론이며, 도서관사상의 일반적인 원리를 확립한 것이다.

Naude의 사상의 영향은 구주뿐만 아니라 영국 · 미국에까지도 영향을 주어 현재의 문헌정보학의 원천을 이루고 있는 것이다. 그 후의 도서관학자는 거의 그의 영향을 받았다고 해도 과언이 아니다.

Naude의 명저는 그가 27세 때 저술한 것으로 소책자이지만, 그의 사상과 실현은 현재 세계의 도서관계에 생생하게 보급되고 있다. 본서는 1644년 Naude 자신에 의하여 교열되어 인쇄되고, 1646년과 1668년에 간행되었다. 1668년에는 J. A. Schmide에 의해서 독일어로 번역되었고, 영국에서는 John Evelyn에 의해서 영어로 번역되었다. 이것은 Evelyn이 Paris에 駐在하고 있을 때 1646年版을 보고 이에 감탄하여, 1661년에 영국의 왕립협회(Royal Society＝學士院)가 결성되었을 때 紀念紀要(Philosophers)에 이를 게재한 것이다.

미국에서는 Archer Taylor가 주와 참고문헌 및 색인을 부록하여

---

43) Gabiel Naude. *Advice on establishing a librry.* Noted by Archer Taylor. Los Angels, Univ. of California Press, 1950.

1950년 California 대학에서 간행하였다. 이로써 세계의 도서관계에 보급되었다.

Naude의 도서관론을 요약하면, 도서관은 모든 민중의 문화적인 세습재산을 보존하는 전 인류의 문화시설이다. 따라서 전 인류의 지식의 보고라고 하는 보편주의에 입각한 것이다. 일부의 인간을 위한 서고, 보관소로만 생각되었던 도서관을 사회에 절대적으로 필요한 가치있는 기관이라는 점을 강조함으로써, 사회적으로 도서관의 지위를 향상시키고 종래의 도서관사상을 변혁시킨 것이다. 또한 Naude는 정치가나 집권자는 인민에게 문화를 제공하기 위해서 많은 도서관을 설치해야 한다고 제언하고 상당한 경비를 요하지만 결과적으로 민중을 기쁘게 하고 칭송받는 것이다. 이것이 善政인 것이다.

과거 Greece 신화에 나오는 Demetrius의 거대한 대포, Alexander 대왕의 원정, Egypt 대왕의 피라미드, Solomon의 신전건설의 사업 등은 민중에게 고통을 주고, 민중에게 이익이 없는 불필요한 사업이었다. 그와는 반대로 민중을 위해서 훌륭한 도서관을 설치한 정치가나 집권자는 현재도 민중의 기쁨을 사고, 그 덕을 감사받으며 칭송되고 있다. Greece의 Bessarion이라든가 영국의 Bodley 경 등 많은 실례를 들고 있다. 또한 정치가나 집권자가 도서관을 설치했을 경우, 학식 있는 우수한 문헌사를 채용하여 관리시키는 것이 필요하다. 그리고 정치가나 집권자는 가능한 한 문헌사를 우대하고, 최대의 존경을 베풀고 최고의 지위를 부여해야 한다. 이러한 위대한 관리자가 재직했던 도서관은 그 당시의 사회와 민중에게 절대적인 이익을 주었기 때문에 현재도 그 업적이 높이 평가되고 상찬을 받고 있다. 그 예로 Greece의 Demetrius, Aristoxenus, Callimachus 등 많은 인물을 열거하고 있다. 이러한 것은 현대의 정치가나 집권자로서도 경청해야 할 견해일 것이다.

Naude는 도서관의 사상과 이념에 있어서도 사상 최초의 제언을 했을 뿐만 아니라, 도서관의 관리와 봉사에 있어서도 탁월한 슬기로운 노력을 기울이고 또한 기술 면에서도 독자적 분류법을 개발하였다. 그의 분류법은 ① 신학, ② 의학, ③ 서지학, ④ 연대학, ⑤ 지리학, ⑥ 역사학, ⑦ 군사기술, ⑧ 법리학, ⑨ 종교와 종교회의법, ⑩ 철학, ⑪ 政治, ⑫ 文學의 12문으로 분류하였다.

목록은 reference로서 일반적으로 이용될 수 있도록 배려하고 주제목록의 작성을 권장하고 다시 주제에 관한 저자의 ABC순 일람표를 작성하면 더욱 효과적이라고 논술하였다.

한편, 특수한 주제의 문헌은 단행본에만 국한할 것이 아니라 논문도 구입하도록 장려하고 있다. 또한 논문은 그 후에 출간되는 단행본보다 최신의 정보를 수록하고 있기 때문에 더욱 가치가 있으며, 경량의 논문이나 서사본도 단행본과 동일하게 취급하여 축적하고, 이를 일괄하여 보존해야 한다고 논하고 있다. 그는 당시의 단행본만을 중시하는 도서관에 대해서 단편적인 자료를 중시하도록 권장한 것이다.

이러한 사례는 현재의 documentation의 맹아라고 볼 수 있다. 이 외에도 공개서가, 관외대출, 이용자가 요구하는 지식이나 정보의 제공 등 현재 도서관이 실천하고 있는 업무는 이미 Naude가 주장하고 이를 실천한 것이다.

이러한 Naude의 사상을 계승하여 발전시킨 사람들은 France의 Clemant (1594~1660), 독일의 John Dury 및 Leibniz이다. 특히 Dury와 Leibniz는 많은 뚜렷한 업적을 남겼다.

3. John Dury

Naude의 사상과 도서관의 운영은 그의 고국 France뿐만 아니라 전 Europe의 도서관계에 많은 영향을 주어 도서관의 개선과 발전에 기여하였다. 그리하여 Naude의 최초의 계승자는 John Dury(Durie 1596~1680)이다. Dury는 Scotland계 태생으로 종교가정에서 태어났다. 부친 Robert가 종교상의 이유로 영국에서 추방되어 Olanda로 이주해서 Dury는 여기에서 출생하였다. Dury는 France에서 유학하고, 후에 Oxford 대학을 졸업하고, 1628년에 독일에서 교사가 되었다. 그는 종교운동 때문에 다시 영국에 돌아왔으나 수차에 걸쳐 대륙에 왕래하였다. 도서관과 관계를 가지게 된 것은 1649년 영국왕실의 기념상패 보존실 겸 문고의 관리자가 되었을 때부터이다. 여기에서 훌륭한 업적을 쌓았으나 정치상의 이유로 1654년 왕실문고를 떠나서 다시 대륙에 건너가 종교활동을 하는 한편, 교회의 부속도서관과 기타의 도서관을 지도하다가 독일에서 별세하였다.

John Dury는 1650년 왕실문고 재직 중에 「혁신적 도서관 관리자(The Refonned Library Keeper)」라고 하는 論文을 발표하였다.[44] Dury는 이 논문에서 다음과 같은 요지를 논술하고 있다.

"종교개혁에 의하여 시대는 크게 변혁되었다. 따라서 도서관도 또한 종래의 인습을 타파하고, 도서관은 민중을 위해서 개방하고, 민중으로부터 사랑을 받는 도서관이 되어야만 한다. 자료는 민중의 정신을 함양하고 학문을 향상시키기 위한 日用品이다. 관리자인 사서가

---

44) John Dury, Reformed library keeper andits author's career as librarian. In: *The Library*, 1892, no.4, pp.81-89.

책을 지키고 배급하는 사람이어서는 아니 된다. 학문의 안내자, 문화의 전달자와 도서와의 중개자이다. 따라서 왕실문고도 국민의 장서가 되어야 한다. 또한 사서는 전문직이어야만 한다. 그러기 위해서 숭고한 신념과 태도를 가지고 고도의 학문을 함양하는 훈련이 필요하다. 그리하여 이러한 고급의 전문직인 사서에 대해서는 최고의 명예와 충분한 급여를 해야 한다. 이렇게 함으로써 민중으로부터 신뢰를 받는 것이며, 그렇지 못하면 직원은 형체에 불과한 것이다. 우수한 사서로 인해서 도서관은 보편적 학문을 발전시키는 기관이 될 것이다."[45] 이러한 사상은 확실히 Naude의 사상을 계승하고 있다고 볼 수 있다.

Dury는 또한 기술 면에 있어서는 목록의 필요성을 논하고, 특히 서명목록을 권장하고 있다. 목록은 학문의 분야와 표현국어를 고려하여 주제별로 분류할 것을 제언하고 있다. 관내에 어떠한 목록을 완비하더라도, 평범한 민중은 관내의 자료에 대한 정보를 모른다. 그러므로 인쇄목록을 작성하여 여러 장소에 비치하고, 민중이 도서관의 자료를 언제나 알 수 있도록 해야 한다. 인쇄목록도 매년 추가목록을 작성하지 않으면 그 목록의 의미가 없다. 이와 동시에 저자명의 ABC순 배열의 일람표를 작성하여 비치할 필요가 있다. 도서의 배열도 관내용, 관의용, 참고용으로 별치하고 언제나 이용할 수 있게 해야 한다.

Naude의 정신을 기반으로 하는 Dury의 실제 지도는 영국을 비롯해서 Europe 대륙에 널리 침투하여 도서관의 개선과 발전을 촉진시켰던 것이다. 그가 별세한 후 당시의 유명한 고전학자였던 Richard Bently(1662~1724)에 의하여 그의 사상이 계승되어 영국에 있어서 Naude와 Dury의 사상

---

45) Loc. cit.

은 점차 보급되어 현재까지도 존속되고 있다. 후에 당시의 왕립문고
의 사서관이었던 Bently의 노력에 의하여 현재의 대영박물관도서관
(British Museum Library) 건설의 기초가 이루어지게 된 것이다.

4. Leibniz

Gottfried Wilhelm Leibniz(1646~1710)는 Naude의 정신을 구현하고
이를 실천한 사람이다. 그는 독일의 천재적인 학자로서 철학, 형이상
학, 수학, 언어학, 공학 등에 위대한 업적을 남긴 만능박사인 동시에
탁월한 외교가였다. 그리고 그 후에 도서관계에 크게 영향을 준 위대
한 도서관 관리자였다. 그의 학문 연구는 훌륭한 많은 업적을 남겼으
며, 그는 40년간이나 도서관사업에 정진하였고 관장실에서 집무 중에
병을 얻어서 별세하였다.

Leibniz의 도서관관도 역시 Naude의 보편주의와 동일한 입장에 있
었던 것이다. 그는 도서관이 시민의 편의적인 교육기관이나 단순한
독서시설, 오락이나 수양의 집회장이 아니라 '인간을 위한 백과사전',
모든 '과학의 보고', '인류의 혼의 보고', '모든 시대의 위인들과의 대
화장'이라고 주장하였다.46) 또한 도서관을 특수한 계급의 소유에서
민중의 것으로 전환시켜야 한다고 주장하였다. 그의 보편주의는 도서
관이 민중을 위한 보편뿐만 아니라 국경을 초월한 보편이라고 제창
하고 있다. 그는 또한 학술문화의 정보센터인 동시에 최고의 정책을
결정하는 학사원을 설치할 것을 제안하였다. 이 시대에는 영국의 왕

---

46) 椎名六郎, ライフニッツの圖書館活動, 圖書館界, 1960, vol.12, no.2, pp.42-44.

립협회(Royal Society)와 Paris의 학사원만이 있었다. 그리하여 Leibniz는 세계 각국에 학사원을 설치하는 운동을 주도하였다. 각국에 도서관이 설치되면 그 사업으로서 우선 백과사전을 편집출판하여 그것을 국민에게 제공한다. 그 편집에 소요된 방대한 자료를 기초로 하여 도서관을 설치하고, 그것으로 전 세계를 연결하는 세계적인 도서관망을 조직한다. 이로 인해서 학술문화를 교류하고 정보를 교환함으로써 민중에 의한 세계평화를 건설한다고 하는 것이 그의 구상이었다.

Leibniz는 관리 면에 있어서도 여러 가지 특색 있는 업적을 남기고 있다. 자료의 수집방침도 민중에게 관심이 있는 자료는 보편적으로 수집할 것을 주장하고, 도서관의 평가는 자료의 양보다도 질을 주시할 것을 제창하였다. 목록은 주제목록을 작성하여 주제하에서 서명·저자명을 기입하고, 한 책 가운데 여러 가지 주제가 포함되어 있는 것은 주제가 있는 대로 여러 개의 목록을 작성하며, 그 목록을 ABC순으로 배열하였다. 이것은 현재의 분출목록이라고 볼 수 있다. 그는 결국 서명·저자명·주제명을 각각 ABC순으로 배열하는 3종의 목록을 작성하였다.

한편 분류법도 독자적인 것을 연구했다. 즉 ① 신학, ② 법학, ③ 의학, ④ 지식철학, ⑤ 수학, ⑥ 물리학, ⑦ 언어학과 문학, ⑧ 민중사, ⑨ 문헌사와 서지, ⑩ 총서와 잡지로 분류하여, Naude의 12문 분류를 10문으로 고침으로써 당시 이에 대해서는 논란이 있었다.

봉사 면에서는 장시간의 입관을 허가하고, 관외대출을 자유롭게 하며, 동기에는 난방장치를 하였다. 한편 자료에 대한 정보를 알리기 위해서 반년간의 핵심적인 '도서목록'을 발행하려고 계획하였다.

그러나 이것은 여러 가지 사정으로 실현되지는 못하였으나 Leibniz

처럼 도서관과 그 이용자를 아끼고 사랑한 사람은 없을 것이다. 다년 간에 걸친 열성적인 운영에 대해서 당시의 민중으로부터 존경을 받고, 그 명성은 세계에 떨치게 되었으며, Wolffenbütte의 도서관은 세계의 모범적인 도서관이 되었다. Leibniz의 도서관 운동은 Naude, Dury의 도서관이념을 그대로 실현하고 전 Europe에 새로운 도서관운동을 일으킨 것이다.

F. 18세기의 서지학

Stephen Gaselee에 의하면 서지학(Bibliography)은 B.C. 300년경의 Alexandria 도서관 시대부터 비롯하는 것이라고 주장한다. Alexandria에는 거대한 도서관이 많이 있었고 이를 운영한 사서들의 중요한 기본적인 기능이 서지적인 것이었기 때문이라는 것이다.[47] 그러나 Roy B. Stokes에 의하면 서지학은 학문적으로는 18세기 말엽부터 불란서에서 태동했다고 한다.[48] 여하간 서지학은 18세기에서 비롯하는 것으로 보고 여기에서는 서지학의 개요를 설명하고자 한다.

Bibliography라는 낱말은 본래 '책을 쓰는 것(writing of books)'이었는데 18세기 말엽부터 '책에 관해서 쓰는 것(writing about books)'으로 그 의미가 변환되었으며, 동시에 이에 대한 학문이 태동한 것이다.[49]

Walter Greg에 의하면 "서지학은 자료적인 대상으로서의 도서에 대

---

47) Roy B. Stokes, Bibliography. In *Encyclopedia of library and information science*. New York, Marcel Dekker, 1978, p.408.

48) Roy B. Stokes, *The Function of bibliography*. London, Ardre Deutsch, 1969, p.12.

49) Loc. cit.

한 연구"[50]라고 한다. 다시 말하면 서지학은 도서를 자료적인 측면에서 연구하는 학문이라는 것이다.

서지학의 방법은 합리적으로 두 가지로 구분되는데, 그 첫째는 분석적 또는 비평적 서지학이며, 둘째는 체계적(열거적) 서지학이다.[51] 분석적 또는 비평적 서지학은 "著者性, 판차, 출판년, 출판지 및 판본의 완성 등이 충분히 확정될 수 있게 하는 연구"[52]로서, "도서에 대해서 활자와 장정 등의 측면에서 그(도서) 생산의 세부사항을 확정하고 동시에 이를 기록하는 것"[53]이라고 한다.

체계서지학은 참고와 연구를 위해서 개개의 도서에 대하여 그것이 요구되는 경우에 따라서 간단하거나 혹은 정교한, 결과적으로는 기술항목을 논리적인 유용한 배열로 편집하는 것이라고 한다.[54] 다시 말하면 체계서지학은 현대의 도서관에서의 목록편찬법과 같은 것이다.

이 외에도 역사서지학이 있는데 이것은 비평서지학과 아주 밀접한 관계를 가지고 있으며 도서의 중요성과 그 발전 그리고 문학사나 고대의 저자의 편찬물에 있어서 그 도서가 작용하고 있는 그 변천에 관한 어떤 아이디어가 주어져야만 한다는 것이다. 그리하여 도서에 대한 진화론적 연구라고 할 수 있다.[55]

日本의 長澤規矩也에 의하면 "서지학도 도서를 연구대상으로 하는

---

50) Arundell Edsdail. revised by Roy B. Stokes, A *Students manual of bibliography.* London, George Allen, 1954. p.22(Bibliographyy is the study of books as materal objects).

51) *Ibid.* p.23.

52) Ibid. p.24.

53) *Loc. cit.* (……to establish them for a book and to record at the same time the details of its production in typography, decoration, and so forth……).

54) *Ibid.* p.33.

55) *Ibid.* p.25.

학문으로서 동양 재래의 목록학과 대등한 것"56)이라고 한다. 서지학이라는 학문명칭은 19세기 말기에 일본에 도입되어 20세기 초기부터 그 연구가 비롯하였으며, 우리나라에서도 서지학이라는 이름으로 통용되고 있으나 중국에서는 서지학이라는 용어 대신 目錄學 또는 文獻學이라는 용어가 사용되고 있다.

목록학이나 서지학은 본래 교육제도에 있어서의 독립된 교과로서의 학문을 이루지 못하고 보조과학적인 성격을 띠고 있었으나 현대의 도서관학 또는 문헌정보학에 포괄됨으로써 그것이 전문적인 교과목이 되고 있는 것이다. 그러나 목록학이나 서지학은 그 연구대상이 주로 근대 이전의 도서에 한정된다고 볼 수 있다.

G. 19세기 - 도서관학의 태동

1. Ebert

독일의 도서관의 사서로 있었던 Dresden Friedrich Adolf Ebert(1791~1843)는 1811년 그의 나이 20세에 「Über Öffen - tiche Biblio - theken besonders Deutsche Universitas - bibliotheken(공공도서관, 특히 독일의 대학도서관에 대하여)」57)이라는 논문을 발표하였다. 이것은 그 당시 독일의 공공도서관이나 대학도서관의 현상을 비판한 것이다. 당시 독일의 공공도서관은 시설·설비도 나쁘고 資料도 빈약했으며, 특히 대학도서관

---

56) 長澤規矩也, 書誌學序說, 東京, 吉川弘文館, 昭和 40(1965), p.7.
57) Frity Milhaw. *Handbuch der Bibliothe kwissenschaft*. 1952, vol.1, pp.1 - 117.

은 더욱 빈약하여 이용하는 사람도 극히 소수였다. 그것을 관리하고 있는 직원도 소수이며, 현재의 part time 형식으로 고용되고 있는 경우가 많고, 敎養과 자질이 낮은 사람들이었다. Ebert는 논문에서 이러한 현상은 급여가 낮기 때문에 우수한 인재가 도서관에 기용되지 못한다고 비판하였다. 이것은 당시로서는 용감하고 대담한 비판이었다.

도서관을 관리하는 직원은 우수한 재질과 봉사정신을 갖지 않으면 그 기능을 충분히 발휘할 수가 없다. 도서관 업무는 독자적인 것이기 때문에 부업이나 일반업무로 해서는 안 된다. 도서관을 중시하면 학술문화 활동이 바람직하게 된다. 그러기 위해서는 직원에 대한 급여를 충분히 보장해야 한다. 그리고 직원의 자질향상은 결국 전문적인 교육을 통해서 이룩할 수 있다는 것이다. 이러한 사상은 이미 Naude에 의해서 제창되었던 것이다.

Ebert가 Dresden 도서관 재직 중 1820년에 저술한 제2의 논문은 「Bildung des Bibliothekars(圖書館員의 敎育)」이다.[58] 이것은 그의 선행논문의 속편으로서 직원의 교육과 연수를 강조한 것이다. 도서관자료는 모든 학문 분야에 걸친 것이기 때문에 이를 취급하는 도서관 직원은 광범위한 知識을 가지고 각국어에 익숙할 필요가 있다. 또한 서지학, 문학사, 고문서, 서사본 등에 대해서도 풍부한 지식이 있어야 한다. 그러기 위해서는 직원은 도서관 업무에 필요한 교육을 받아야 하며, 이로써 도서관 독자의 전문직이 될 수 있다고 하였다. Ebert는 교육에 의해서 도서관의 바람직한 관리를 기대하고, 사상과 지식과 그 실천을 포함하는 일반적 체계를 구상할 것까지 생각하였다. 이것도 Naude의 사상에서

---

58) Cecil A. Piper. Training for lihbrarians in Gennany. In: *The Library world.*

이미 나타나 있는 것이다. 현재의 입장에서 보면 극히 일반적인 발상으로 신기한 것이 아니다. 그러나 당시에 있어서는 탁월한 사상이며, 도서관론으로서 현상비판에서부터 그 대책에 이르는 호소로서 높이 평가되는 것이다.

2. Schrettinger

19세기에 있어서도 역시 독일이 도서관 활동에 있어서 선도적인 위치에 있었다. 독일의 학자 Martin Schrettinger는 Ebert와 마찬가지로 도서관원의 교육을 강조하고 도서관학의 원리 추구를 시도하였다. 그는 1808년에 『도서관교육시론(Versuch eines Vollständigen Lehr−buchesder Bibliothekswissenschaft)』을 저술했으며, 1834년에는 그 간략판이라고 할 수 있는 『도서관편람(Handbuch der Biblioth−wissenschaft)』을 저술하였다.[59]

그는 이 저서를 통해서 도서관학의 개념에 대해서 도서관 활동에 보편 공통하는 원리를 탐구하는 것이라고 논하고, 기술적·실천적인 면을 파헤쳐서 순수한 최고원리를 수립할 수 있다고 했다. 그리하여 도서관이 유효적절하게 설비되고 또한 필요한 원리에 입각해서 체계적으로 형성되어야만 한다는 것이다. 그러한 근본적인 원리를 추구하고 해명해 감으로써 도서관학이 발전할 것이라고 주장하였다.

또한 도서관원 교육론에 있어서는 대체로 Ebert와 대등한 의견으로서, 관리나 실무의 조직적인 지식과 기술을 교육하는 전문교육의 필요성을 강조하고 있다. 그러나 도서관학이라고 하는 이론의 확립을

---

59) Fritz Milkau, *Handbuch der Bibliothekswissenschaft*, 1932, vol.2, pp.24−25. 小倉親雄, ドイツにおける圖書館學 思想の形成とその起源, 도서관계, 1971, vol.23, no.3, pp.84−100.

주장한 그의 교육론은 문헌정보학사상 특유한 존재라고 할 수 있다.
이러한 도서관에 대한 이론적 추구는 많은 논의를 일으키고 그 후에
문헌정보학에 크나큰 영향을 준 것이다.

3. Rullman

Ebert 및 Schrettinger의 도서관전문직원 양성론은 도서관계에 큰 반향
을 가져오게 하였다. 그러나 유감스럽게도 그들의 이론은 구체적인 방
법론이 없는 관념적인 것이었다. 이에 대해서 구체적인 교과과정을 제
안한 사람이 독일 Friburg 대학의 사서관 Friedrich Rullman(1846~1909)이
다. Rullman은 1874년에 「도서관 간의 기구에 공통하는 목적으로 편성
된 도서관정비학 및 독일대학에 있어서의 도서관에 관한 전문적 연구
에 대하여」라는 논문을 발표하였다.[60]

Rullman은 Schrettinger의 논설을 이어받아 구체적인 계획을 수립하
는 것이라고 스스로 인정하고 있다. 이 논문에서 그는 Schrettinger가
최초에 직원양성의 필요성을 주장했으나, 간단히 그 문제만 언급하고
있는 것으로, 이러한 교육은 국가의 주요한 도서관에서 실시할 것을
시사하고 있다.

그러나 직원양성은 도서관에서 실시하기보다는 독일 각 주의 대학
에서 연구하는 동시에 교육해야 한다고 주장하고, 전문교육을 받은
사람만을 도서관 직원으로 채용하지 않으면 도서관의 발전은 기대할
수 없다고 논급하고 있다.

---

60) American Bureau of Education, *Public libraries in the United States*, 1876, pp.23－25.

Rullman은 인류의 지식은 확대되어 그 질과 양이 증대하고 있기 때문에 도서관 직원도 과학 부문에 있어서의 종합적인 지식이 요구되고 있으므로, 대학에서 교육을 받을 필요가 있다고 주장하고 있다. 그리고 Rullman은 다음과 같은 도서관교육교과목을 제안하였다.

대학의 강의는 3년 과정으로 하되 인문계 중(고)학교(Gymnasium)를 졸업한 사람으로서 독일어뿐만 아니라 프랑스어, 이탈리아어의 숙달이 요망되므로 다음과 같은 과목을 이수할 필요가 있다고 하였다.

a. 강의실 이외에서 연구하는 것

독일어 · 불어 · Latin어 이외에 Hebrew어 · Italy어 · Spain어 등을 연구한다. 스스로 사전을 가지고 공부하며, 도서관의 기술적인 면에서 요망되는 지식을 가지고 그러한 나라의 원전을 읽을 수 있도록 노력해야 한다.

b. 강의를 받는 과목

1) 일반역사와 그 부속연구(외교사)
2) 과학의 연구, 특히 과학이 체계적으로 표현된 백과사전 연구
3) 학술적으로 기술된 문헌생산의 역사와 출판에 관한 연구
4) 書寫本知識
5) 인쇄기술사
6) 도서거래의 역사
7) 미술의 약사
8) 도서관사(도서관의 단계적 발전에 관한 입문)
9) 세계의 저명한 도서관에 관한 가장 관심 있는 과목
10) 도서관의 경영

11) 목록작업과 분류작업

12) 문서관의 경영

이러한 과정을 수료하면 학생은 담당교수로 구성되는 특별위원회에 의해서 시행되는 시험에 응시해야 하며, 합격자는 도서관 직원의 공직으로서 자격증을 받는다는 것이다.

Rullman의 구상은 당시에 있어서는 획기적이며 진보적인 사상이었다. 이 대담한 구상은 그 후에 설치되는 대학의 도서관학 강좌의 교과과정을 편성할 때 참고자료가 되었던 것이다. 그러나 당시에 Rullman이 제창한 바와 같은 교과과정을 실시하는 대학은 없었다.

4. Rullman 당시의 도서관계

Rullman이 제창한 교과과정은 본격적인 도서관학의 연구와 양성을 시도하는 계획(vision)이었으나, 이 당시 도서관 직원의 양성을 전연 실시하지 않은 것은 아니다. New York 공공도서관의 도서관학교의 교장이었던 Mary W. Plummer(1856~1916)에 의하면 독일에 있어서는 1861년 이전부터 도서관 직원은 서지에 대한 정규의 훈련을 받지 않으면 취임될 수 없게 되었다.

1861년부터 Born 대학에서는 Friedrich Ritschl(1800~1876)이 대학도서관의 능률을 높이기 위해서 관리와 운용에 노력하는 한편, 그 일환으로 도서관 직원을 지망하는 사람을 모집하여 연구와 훈련을 실시했다고 한다.61)

그 門下의 한 사람이 Karl Dziatzko이며, 그는 여기에서 Breslau 대학으

로 전근하고, 다시 1886년에 Göttingen 대학에 취임하여 여기에서 도서
관학강좌를 개설하게 된 것이다. France에서는 1869년부터 고전학교(후
출)가 도서관관계의 연수를 시작하였다. 또한 Italy에서도 1865년에 王
命에 의하여 도서관관계의 훈련을 시작했다고 보고되고 있다. 그러나
이러한 것은 일종의 강습 또는 徒弟의 양성이었다. Rullman은 이에 대
해서 대학에 있어서의 전문과정으로서, 체계적인 교과과정을 편성한
것으로서, 단순히 기술자로서의 직공이 되지 않도록 관련 과목을 많이
배정하고, 시야의 확대를 시도한 구상이라고 할 수 있다. Rullman의 구
상이 실현되어 대학의 전문과정이 이루어진 것은 1887년 Gottingen 대
학과 Columbia 대학의 강좌개설이나 학교의 창설부터라고 볼 수 있다.

Rullman의 구상은 당시에 경이적인 것으로 도서관 직원 육성을 위
한 교육의 지침으로서 전 Europe에 알려졌으며, 우선 미국에서도 직
원양성교육을 계획하는 데 중대한 자료가 되었던 것이다. 우선 미국
연방정부교육국은 일찍이 1876년, 이 논문의 전문을 번역하여 각 방
면에 배포하였다.

미국에서 이 보고서를 읽고 감격한 사람은 Melvil Dewey였다. Dewey
는 Rullman의 교과과정이 발표된 지 2년 후, 즉 1876년에 미국도서관
협회 주최의 도서관대회에서 직원양성의 긴급성을 역설하고, 그 교육
의 중대성과 필요성을 주장하였다. 그 결과 회원 전원의 찬성과 지지
를 얻어서 도서관학교 개설에 이바지하게 된 것이다. Dewey는 Rullman
의 구상을 이상적인 것으로 받아들인 것이라고 생각된다.

또한 Dewey의 업적 중에 가장 큰 업적은 저 유명한 듀이십진분류

---

61) Mary W. Plummer. *Traning for librarianship*. Chicago, 1932.

법(Dewey Decimal Classification＝DDC)의 창안이다. 그는 Amherst 대학 도서관의 보조사서로 근무하던 3학년 재학시절(1873) 십진분류법을 창안하고, 이 대학 이사회의 재가를 받아서 이것을 이 대학도서관에서 사용하게 하는 한편 1876년에 이를 출판하였다. 이 분류법은 현대 문헌분류법의 始祖라고 할 수 있고, 이것은 그 후 UDC와 기타의 수많은 십진식 분류법을 편찬하는 데 原典이 되는 동시에 DDC는 문헌분류법의 대명사가 되었으며, 현재 20판까지 개정되고 전 세계적으로 가장 많이 사용되고 있는 분류법이 되었다.

영국에 있어서도 1877년 왕실연합도서관협회의 도서처리기술에 관한 회의에서 도서관교육이 문제가 되어 고도의 훈련을 위한 학교를 설치할 것을 건의하였다.

이어서 영국 도서관계의 거두인 Henry Richard Tedder(1850~1949)가 1882년에 「전문직으로서의 도서관직(Librahanship as a profession)」을 제창하였다.[62] 그러나 Tedder의 주장은 도서관 직원의 독립성과 연수의 의무제를 강조한 것으로 교과과정 문제를 논한 것은 아니었다.

한편 대영박물관도서관의 사서였던 Anthony Panizzi는 「대영박물관도서관편목규칙」을 창안하여 1841년에 이를 출판하였다. 1837년 인쇄본책임자로 임명된 Panizzi는 일관성 있는 목록작성의 필요성을 절감하고 유럽 각국의 도서관에서 정보를 수집하여 직원들의 도움을 받아서 저 유명한 91조의 편목규칙을 작성한 것이다. 이 규칙은 당시로서는 매우 완벽한 편목규칙으로서 대영박물관도서관뿐만 아니라 Bodleian, Cambridge 등의 대학도서관의 목록편찬에도 많은 영향을 끼

---

62) John I. Thornton, *Classics of librarianship*, London, 1957, pp.92-104.

쳤고, 그 후에 편찬된 각국의 편목규칙에 많은 영향을 끼쳤다.

또한 미국에서는 Brown 대학도서관의 사서였던 Challes C. Jewett는 1843년 이 대학도서관의 목록을 위해서 탁월한 알파벳순 주제색인을 편찬했고, Smithsonian Institution의 관장이 된 이후 Smithsonian Institution을 미국의 국립도서관으로 할 것을 제안하는 동시에 이 도서관을 중심으로 미국 내의 각 도서관에서 한 책에 대해서 한 번만 목록을 작성하는 중앙집중식 목록작성법의 계획을 수립하고, 1853년에는 편목규칙을 편찬하여 간행하였다. Jewett의 계획은 실현되지 못했지만 그의 편목규칙은 미국에서 최초로 발행된 규칙이며, 하나의 도서관에 국한되지 않은 전국 도서관의 공통된 편목규칙이라는 점에서 그 의의는 자못 크다고 볼 수 있다.

이상에서 논급한 Panizzi와 Jewett의 편목규칙을 기초로 해서 그 후 Cutter의 사전체편목규칙, Anglo-American Code, ALA편목규칙, AACR 등으로 발전하고, 이것이 세계 각국의 편목규칙의 원전이 되고 또한 국제적인 편목규칙으로 발전하게 되었다.

5. France의 고전학교

France의 고전학교(Ecole des Chartes)는 도서관학 형성에 있어서 하나의 요소로 간과할 수 없다. 이 학교는 1663년에 콜베르의 감독하에 창립되었으며, Louis X세에 의해서 건립된 기념비의 碑銘文을 작성하기 위해서 學士院에 부설되었다가 1821년경에 역사연구를 위해서 왕립고문서관으로 이전되어 전문가의 양성을 위한 敎育을 시작하였다. 그 교육연한은 3년으로서 ① 역사, ② 역사적 방법과 고문서학, ③ France

철학, ④ 서지, ⑤ 외교문서, ⑥ 민간과 경전, ⑦ 서사본 목판본의 총괄적 해설 등을 가르치는 것이었다. 이것은 도서관 직원을 양성하기 위한 것이 아니라 고문서 학자의 양성을 목적으로 하는 것이었다. 그러나 도서관 직원 검정시험에는 이 학교 수료자에게 우선적인 특권을 주었다. 1830년에는 다시 왕립고문서관에서 왕립도서관으로 이전되고, 1846년에는 제도가 개혁되어 이때부터 학생을 모집해서 고문서학, 공문서학, 법률문, 고문서 및 도서의 분류, 정리, 고고학 등을 가르치게 되었다. 1897년에는 제도가 개혁되어 다시 왕립고문서관으로 이관되고, 사무소는 Sorbonne 대학의 기구에 편입되어, 여기에서는 고문서 학자를 양성하는 동시에 공립도서관의 전문직원의 양성을 목적으로 하였다. 그 후 1932년에는 검정제도가 개혁되어 이때부터는 ① 기술과 도서의 역사, ② 목록법, ③ 서지, ④ 도서관관리 등의 과목을 가르쳤다.

이 학교는 자료처리기술에 있어서 일찍이 그 탁월성이 전 Europe에 알려지고 분류, 목록, 서지작성, 자료의 보관 등 고전의 처리기술의 연구에 있어서 전 Europe의 본영이었다. 그리하여 세계 각국에서 많은 유학생이 집결하여 연구가 성하였다. 그 유학생들이 고국에 돌아가 이러한 기술을 보급한 것이다. 이 학교는 도서관 직원을 양성하는 것을 목적으로 한 것은 아니었으나 자료의 처리기술, 도서관학의 실천부문에서 절대적으로 필요한 것이었기 때문에 세계의 자료처리센터의 역할을 하게 되었던 것이다. 그러므로 이 古典學校가 자료처리기술의 보급과 향상에 世界的으로 공헌한 사실은 문헌정보학사상 높이 평가되어야 할 것이다.

Ⅲ. 도서관학의 성립

A. Gōttingen 대학의 도서관학 강좌개설

19세기 초기부터 Ebert, Schrettinger, Rullman 등이 도서관 전문직원
양성을 위한 교육론을 제창함으로써, 그 필요성과 중요성이 전 Europe
에 침투되었다. 또한 사회문화의 발전에 따른 자료생산의 증대, 그 내
용의 고도화, 이용의 증가와 요구의 전문화 등의 현상이 일어남으로
써 전문직원이 아니면 이러한 문제를 처리할 수 없는 사례가 증대하
여, 1850년 이후부터는 徒弟 형식으로 도서관 직원 양성이 시작된 것
이다. 이러한 사조가 고조되어 결국 1887년에 Gottingen 대학에 도서
관학 강좌가 개설되고, Columbia 大學에는 도서관학교(School of Library
Economy)가 창설된 것이다.

Gottingen 대학은 Hanover 국왕의 대학으로서 1737년 George Ⅱ세가
창설한 것이다. George Ⅱ세는 영국의 국왕을 겸하고 있었는데 대학
을 육성하기 위해서 스스로 대학총장이 되어 발전에 노력하였다. 이
대학은 도서관의 창립 당초부터, 자료의 내용을 충실히 하고 관리운
용에 근대적 방법을 채용하여 자료의 보존보다도 이용을 위주로 하

며, 학문발전에 공헌하고자 신중한 계획하에 시작되었다. 도서관장도 역대로 유능한 관장이 역임하여 Leibniz가 제창한 도서관의 원칙에 따라서 훌륭하게 발전시켰기 때문에 전 Europe에서 모범적인 대학도서관이 되었다.

1886년 언어학 교수 Karl Dziatzko가 Breslau 대학에서 Gottingen 대학으로 초청되는 동시에 도서관장에 취임하게 되었다. Dziatzko는 Born 대학 시절에 언어학 교수 Ritschl에게서 도서관학을 수학하고 Breslau 대학으로 전임했던 것이다. 그는 Breslau 대학의 재임 시에 종래의 장부식 목록과는 달리 ABC순 카드목록에 대한 모범적인 지침서를 저술한 바 있다. 그는 여기에서 Gottingen 대학으로 초청된 것이다.

당시 도서관원을 양성해야 한다는 사회적인 요청이 고조되어 이 대학에서 직원 양성을 위한 도서관학 강좌가 개강된 것이다. 이 대학의 강좌는 1903년 Dziatzko가 사망할 때까지 17년간 계속되었고, 그가 사망한 후 Pietschman 교수가 계승했으나 1904년 Berlin 대학에 흡수되어 歐洲에 있어서 명성을 떨쳤던 최초의 도서관학 강좌도 Gottingen 대학에서 사라지고 말았다. 제2차 세계대전 후 몇 개의 과목이 개강되어 명칭만을 유지하고 있다.

Göttingen 대학의 도서관학 강좌는 Dziatzko가 취임하자마자 1886년에 개강했으나 대학 당국으로부터 정식으로 인가된 것이 아니라 사적인 강습회와 같은 형식의 것이었다. 이것이 정식의 대학의 관리하에 실시된 것은 1887년이다. 그러나 이것도 개인의 연구시설과 같은 것이었다. 이것이 1891년에 대학의 정규과정에 편입되어 도서관학 강좌로 확립한 것이다.

Göttingen 대학의 도서관학 강좌는 어떠한 교과과정으로 시작하고

각각 누가 강의했는지 하는 것은 문헌정보학사상 중요한 과제이다. 그러나 현재 이것을 밝힐 수 있는 자료는 없다. 1904년 Berlin 대학에 이관되어, 현재 Göttingen 대학에는 전혀 남아 있는 것이 없다. 다만 Dziatzko 교수 시절에 매년 강의한 제목의 일람표만이 남아 있다. 이에 의하면 Dziatzko가 도서관학(Bibliothekswissenschaft)의 명칭으로 강의한 것은 1892년 전기와 후기의 2회뿐이다. 기타는 전부 '도서관보조학(Bibliothekshulfs wissenschaften)'이라는 명칭으로 강의를 했다. 그 내용에 대해서는 알 수 없으나 Schrettinger가 논급한 도서관학의 내용이 아직 순수과학으로서 형성되지 못했던 것이라고 볼 수 있다. 아마도 그것은 순수사학과 그 보조학과 같은 의미로 서지학, 분류법, 편목법 등의 기술적인 것이었을 것이라고 생각된다. 그것은 그의 도서관학의 계보가 Ritschl을 계승하고 있기 때문이다.

강좌개설 후 얼마 안 되어서 유학을 온 영국의 Cevil Piper[63]와 미국의 Seymour Thompson[64]의 보고에 의하면 다음과 같은 과목이 주요한 학과목이었다.

① 서지학 ② 서사 및 인쇄사 ③ 고문서학
④ 도서관관리법 ⑤ 기타 관련 과목

이를 보면 France의 고전학교의 교과목과 유사하다. 그 후 점차로 학과목이 증가한 것으로 생각된다.

---

63) Cevil Piper. Training for librarians in Germany. In: *The Library*. vol.5, no.18, 1914, pp.208－209.

64) Seymour Thompson. Library school requirement in Germany. In: *The library journal*. 1911, vol.36, p.349.

B. Columbia 대학의 도서관학교

Columbia 대학은 본래 1754년 영국의 George Ⅱ세의 勅訴에 의해서 창립된 New York의 King's College가 후에 Columbia 대학으로 개칭된 것이다. Columbia 대학도서관은 1763년에 영국의 Bristow의 기증서를 기반으로 하여 설치된 것으로, 후에 Oxford 대학과 귀족들의 기증에 의해서 육성되었다. 여기에서 Melvil Dewey(1851~1931)가 도서관학교를 개설함으로써 미국의 도서관학이 시작된 것이라고 볼 수 있다. 그러나 이것은 돌연히 출연한 것이 아니라 도서관 사상의 전통과 역사적 발전에 따라서 출현한 것이다. 이에 대해서는 당시의 배경과 전통을 살펴볼 필요가 있다.

당시 미국의 교육계나 사상계는 독일문화의 수입이 극히 번성했던 시대였다. 그 구체적인 현상으로서 미국의 각 대학은 독일의 대학제도를 도입했던 것이다. 즉 독일의 교과과정이나 교수법을 채용했다. 예를 들면, Virginia 대학에서는 1825년부터, Harvard 대학에서는 1830년부터, Michigan 대학에서는 1871년부터 독일의 seminar 제도를 채용하고 또한 Harvard 대학에서는 1873년부터 독일의 doctor 제도를 채용한 것이 그 현상이다.

이와 같이 미국 각 대학이 독일식으로 흐르게 됨으로써 당연히 필요한 교과서는 독일의 문헌을 주로 사용하게 되었다. 그와 동시에 교과서의 기초가 되는 독일의 학술문화의 자료가 대량으로 요구되어 빙대한 자료가 독일에서 수입됨으로써 내륙에 구입기관을 설치할 정도였다. 그 반면에 독일에서는 미국에 대한 불매동맹·수출금지 등의 사태까지 일어났다. 이에 따라서 미국에서는 이러한 자료를 관리하는 문제가 일어났다. 이로 인해서 독일의 대학도서관이나 유명한 도서관의 관리법을 도입해야만 할 상태에 이르렀다.[65]

한편 독일의 대학에 유학했던 사람들이 학계에서 활동하고 각각의 전문 분야에 있어서의 지도자가 되었다. 특히 구주대륙에서 명성이 높았던 Gottingen 대학의 졸업생으로 미국 도서관계에서 활동한 사람이 있다. 예를 들면 George Ticknor(1791~1871)[66]는 Harvard 대학의 교수가 되었으며, Boston 공공도서관 설치에 노력하고 그 운영위원으로 활동하였다. 또한 Jorn Boston(1844~1931)[67]은 Dewey의 모교인 Amherst 대학을 Dewey보다 3년 전에 졸업하고 Gottingen 대학에 유학했으며, 1873년에 귀국해서 모교의 교수가 되었다가 1876년에 Columbia 대학에 교수로 초청되었다. 그는 여기에서 독일식 연구방법과 고전연구를 강조하였다.

당시 Columbia 대학 도서관은 Gottingen 대학 도서관에 비하면 그 운영관리가 유치하고 빈약하였기 때문에 그는 이 도서관을 개선하기 위해서 Burges 스스로 관리와 운영을 맡았다. 그러나 교수와 몇 가지 일을 겸직했기 때문에 직무가 과중하여 專任者의 배치를 요구하였다. 1883년 그의 추천에 의해서 전임자로서 임명된 사람이 Dewey였다. 이것이 그 후에 이 대학에서 Dewey가 도서관학교를 개설하는 인연이 되었던 것이다.

한편 당초 미국에 있어서도 도서관에 대한 상당한 연구 활동이 있었다. 예를 들면 1876년에 Charles Ammi Cutter가 『인쇄된 사전체목록을

---

65) J. A. Waly. *German influence in American educationand culture*. Philadelphia, 1936.

66) Alfred Hessel. *A History of libraries*. 이춘희 역. 西洋圖書館史. 서울, 한국도서관협회, 1963, p.103.

67) Ray Trauman. *A History of the school of library service*. New York, Columbia Univ, 1954, pp.1-7.

위한 규칙(Rules for a printed dictionary catalogue)』을 편찬하였으며, 같은 해에 Melvil Dewey는 그의 『십진분류법(Dewey Decimal Classification)』의 초판을 발행하였다. 그리하여 Cutter의 '목록작성규칙'은 현대 편목규칙의 발전에 지대한 영향을 주었으며, Dewey의 '십진분류법'은 현재까지 세계적으로 가장 많이 이용되는 실용적인 분류법으로 발전하였다.

미국에 있어서 일찍이 도서관 전문교육의 필요성을 제시한 사람은 Boston 공공도서관장이었던 Justin Winsor이다. 그는 1869년의 年例報告書에서 "미국은 신속히 증가하고 있는 도서관장서의 구성을 안내할 수 있고, 거기에서 관리를 담당할 수 있는 서지적 또는 문헌학적(bibliothecal) 교육을 위한 학교가 없다"고 지적하였다.[68] 그 후 1876년의 ALA 대회에서 Dewey가 다시 도서관 전문직원 양성을 호소하고, 1879년에 ALA기관지인 『Library Journal』 5월호에서 도서관학의 연구와 전문직원 양성을 주장하였다.[69] Rullman이 전문직원 양성론을 발표한 것은 1874년이며, 미국 연방정부교육국이 Rullman의 보고서를 소개한 것은 1876년이므로, Dewey는 이 보고서에 의해서 감동하고 전문직원 양성을 강조한 것이며, Rullman의 구상을 계승한 것이라고 볼 수 있다. Dewey가 최초에 설정한 교과과정은 Rullman의 구상보다 좀 더 후퇴한 초보적인 것이다. 만약 Dewey가 Rullman의 구상을 그대로 실현시켰다면 미국의 도서관학은 아마도 현재보다 다른 것이 되었을 것이다.

Dewey의 사상이 Rullman의 사상을 이어받은 것이라면, 이것을 소급

---

68) Justin Winsor. A World to Startes of Libraries. In: *The Library Journal*. September 30, 1876, p.1.
69) Melvil Dewey. School of libraly economy at Columbia College. In: *The Library journal*, 1884, vol.9, no.7, pp.117 – 120.

적으로 고찰해서 Rullman의 사상은 Schrettinger나 Ebert의 사상을 이어 받았고, 이들은 Leibniz를 이어받았다고 볼 수 있다. 결국 Leibniz는 Dury 와 Naude의 사상을 이어받았으므로, Dewey도 또한 Dewey와 Naude에 소급한다고 볼 수 있을 것이다.

Dewey가 도서관학교를 개설한 것은 간단히 이루어진 것이 아니다. Dziatzko와 마찬가지로 개척자나 선구자에게서 볼 수 있는 격렬한 정 열과 강경한 자세로 대학 당국에 추진을 건의한 그의 열의에 의해서 결실된 것이다. 따라서 학교 당국과 이로 인한 마찰과 충돌이 있었던 것도 사실이다. 이 때문에 Dewey는 1889년 New York 주립도서관으로 옮기지 않을 수 없는 사태가 되었으며, 일단 주립대학의 관할에 들어 가게 되었다. 그러나 Dewey는 여기에서 성공을 이루고 명성을 떨쳤 다. 이것이 인연이 되어 1925년에 다시 Columbia 대학으로 귀임하게 되었던 것이다.

Dewey가 창설한 도서관학교에서는 어떠한 교과과정으로 각 과목 을 가르쳤느냐 하는 것은 문헌정보학사상 중요한 과제이나. 그러나 Dewey 개인의 문헌이나 Columbia 대학 도서관학교 등의 문헌에는 모 호하여 정확한 과목과 강의자의 성격을 알 수가 없다. 다만 1890년 Library Journal[70]에 의하면 다음과 같은 과목으로 밝혀져 있다. 이것은 New York 주립대학 시대의 교과과정으로서 개교 13년 후의 것이나, 가장 원형에 가까운 것이라고 볼 수 있다.

① 도서관경영 ② 보관 ③ 서지 ④ 분류법 ⑤ 강독·토의
⑥ 일반토의   ⑦ 지방도서관 ⑧ 편목법 ⑨ Reference ⑩ 어학

---

70) *The Library Jornal.* 1890. vol.19, no.11, p.308.

이를 Rullman이 제시한 교과과정과 비교해 보면 상당한 차이가 있다. Columbia 대학은 Dewey와 더불어 오늘날 도서관계의 명문대학으로 세계적으로 널리 알려져 있다.

C. Göttingen, Columbia 양 대학 도서관학강좌 평가

Göttingen 대학이나 Columbia 대학의 도서관학의 강좌내용을 보면 어느 편이나 도서관 직원이 도서관에서의 실천 활동에 필요한 지식과 기술을 가르치는 것을 목적으로 하고 있다. 그리하여 도서관 직원 양성에 필요한 과목을 총칭하여 도서관학이라고 하는 개념을 설정한 것이라고 생각된다. 따라서 이 양자의 교과과정은 다 같이 실천적, 기술적인 요소가 강하다. 이를 다른 순수한 과학과 비교해 보면 일관된 원리나 체계가 없으며, 스스로 '學'의 지위를 요구하는 의도는 없었던 것으로 생각된다.

Dziatzko는 도서관학 강좌라고 호칭했으나 '학'이라고 지칭하기에는 내용과 객관적인 이론이 없다는 것을 알았음인지 도서관학의 명칭으로 강의한 것은 최초의 겨우 1년간뿐이며, 그 후로는 전부 '도서관보조학'이라는 명칭으로 강의했다. 그 내용은 기술적인 것이었으리라고 생각된다. 또한 Columbia 대학에서도 '학'의 지위를 요구하고자 하는 것은 아니었던 것 같다. 그 명칭도 최초에는 도서관경영학교(The School of Library Economy)로서 도서관학(Library Science)이라고는 하지 않았다. 후에 Columbia 대학에 복귀해서도 도서관봉사학교(The School of Library Service)라고 개칭하여 현재에 이르고 있다. 양 대학 모두 그 출발은 도서관에서 활동할 직원양성을 목적으로 발족했기 때문이다. 영국에서 1919년에 창립된 London 대학에 있어서도 London 대학 도서관학교(The University of London, School of Library)로 호칭하고, science라는 말을 사용하지 않았다. 이것이 명실공히 도서관학으로서 Schrettinger가 이상으로 한 순수한 '과학'으로서의 지위를 차지하기에는 새로운 이론의 확립과 그 체계화가 요구되는 것이다.

D. 도서관학의 교과목 확대

초창기에는 현장에서 요구되는 실천 활동에 필요한 지식과 기술이 도서관학이라고 하는 개념으로 표현된 것이다. 그러므로 현실의 요구 때문에 얼마든지 교과목을 증가시킬 수가 있었을 것이다. 최초의 Göttingen, Columbia 양 대학의 과목을 보아도 현실적으로 요구되는 지식기능으로는 만족할 수가 없었던 것이다. 도서관의 발전에 적응하기 위해서는 아직 빈약한 것이었다. 이 때문에 양 대학에서는 점차로 교과목을 증가시켰다. 이와 같이 교과목을 증가시킬 수 있는 점에 도서관학의 특이한 성격이 있다. 다른 여러 학문에서는 발전하면 그 과학의 내용이 심화되고, 거기에서 분화하며, 새로운 학문이 성장하는 것이 보통이다.

그러나 도서관학에서는 내용의 발전이라는 것이 학과목의 증가라고 생각하게 되었다. 이것이 도서관학의 출현 당시의 현상이다. 그리고 도서관 자체의 발전에 수반하여 관종의 분화, 서비스 범위의 확대로 인해서, 실천에 있어서의 변화와 발전의 영향을 반영하여 현실적인 요구와 실천 활동에 필요한 지식과 기술에 관한 학과목을 증가시키고 확대시킨 것이다. 이러한 현상은 후일에 창설한 도서관학과가 있는 대학에서도 마찬가지였다.

예를 들면, New York 공공도서관의 도서관학교의 교장이었던 May W. Plummer(1856~1916)는 다음과 같은 학과목을 제시하였다.[71]

1. 관리
    A. 도서관관리
    C. 도서관법규
    E. 도서구입
    G. 학교에 대한 활동
    B. 도서관건축
    D. 도서관회계
    F. 아동에 대한 활동
    H. 특수도서관에서의 방법
2. 技術
    A. 목록
    C. 주제명표목
    E. 도서관경영
    B. 분류
    D. 제본
    F. 교정과 인쇄
3. 서지
    A. Reference(정부도서관포함)
    C. 인쇄사
    E. 국가적 서지
    B. 도서관사
    D. 서지업무
    F. 주제서지
4. 비판
    A. 도서선택과 평가의 주석
    B. 정기간행물
5. 기타
    A. 시사제목
    C. Typewriter
    E. 할당된 실천활동
    B. 도서관 분야의 조사
    D. 도서관방문

이상에서 보는 바와 같이 Plummer가 생각한 도서관학은 관리, 기술, 서지, 도서선택이 4대 지주를 이루고 있다. 한편 도서관학의 교과목은 초기에는 도서관 관리와 실무위주로 편성되고 있음을 알 수 있고, 제본 · 교정과 인쇄 · 시사제목 · Typewriter 등은 필요 이상의 것으

---

71) Mary W. Plummer, *Training for Librarianship*, chicago, 1923.

로서 현재의 교과목으로서는 부적절한 것임을 알 수 있다.

영국의 국가시험의 최종시험을 종합해 보면 ① 문헌사, ② 서지, ③ 선택, ④ 관리의 4부문이 대지주를 이루고 있다. 이러한 학과목의 배열에 대하여 체계적인 배열을 고려하게 되어, 학문으로서의 가치를 살리려고 하는 시도가 나타났다. 예를 들면, 독일의 Kirchner가 1931년에 저술한 『도서관』에는 다음과 같은 체계적인 도식이 나와 있다.[72] 그러나 이러한 과목은 관련 있는 것을 배열하고, 어느 하나의 개념으로 일괄해서 그것을 포함한 것으로, 배열한 과목은 관련 있는 것도 있으나 전연 이질적인 것도 있다. 이와 같이 해서 다시 역사철학적 연구와 실무 및 기술의 두 개념으로 일괄하여 그것이 도서관학을 포괄한다고 보고 있으나 이것은 학문의 체계가 아니며, 체계가 될 수 있는 필연적인 원리가 일관되어 있지 않다. 또한 과목과 과목 사이에는 내면적으로 필연적인 관련성을 가지는 紐帶的인 이론이 통해 있지 않다. 따라서 이것은 진실한 학문의 체계가 아니다. 편의상 과목의 배열을 통일하기 위하여 고안된 조립에 지나지 않는다. 그런 의미에서 이것은 도서관학의 체계가 아니다. 도서관경영에 필요한 지식과 기술이 도서관학이라고 생각한 전통적인 관념이 발생한 것이 아니다. 그래서 그가 말하는 도서관학은 자료의 역사적 연구와 서지의 연구, 경영조직의 연구로서 도서관의 본질은 규명되어 있지 않다.

---

72) Joachim Kirchner, *Bibliothekswissenschaft*, Heideiberg, 1951.

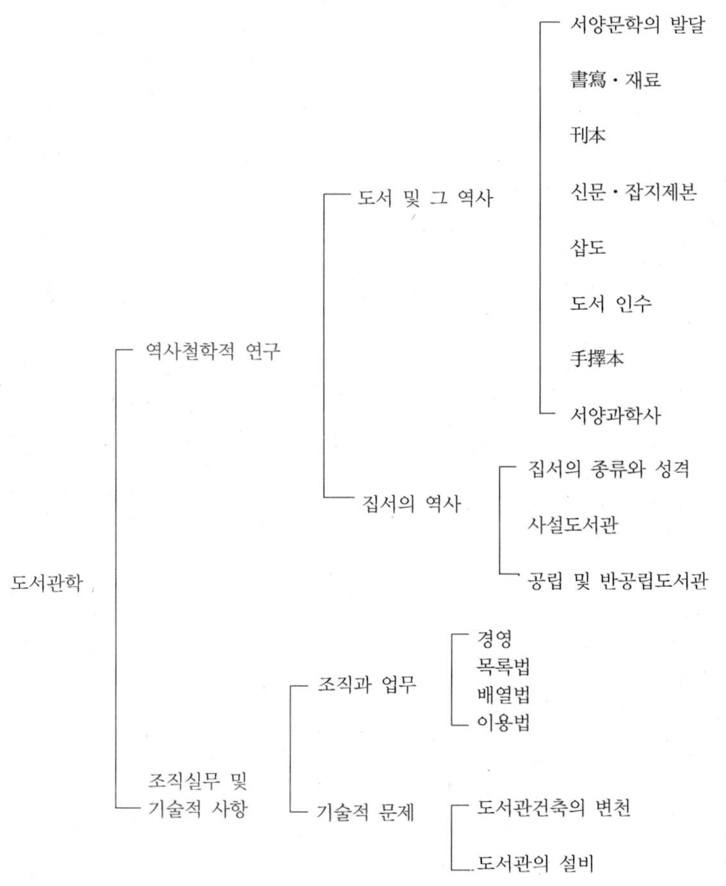

　　그것은 진실한 의미에서 과학으로서의 도서관학이라고는 말할 수 없는 것이다. 우리나라에서도 이러한 과목의 배열을 도서관학이라고 생각한 일이 있으나, 이것은 학문으로서의 의의를 가질 수가 없다. 소련이나 중국도 이와 마찬가지로 과거에 다음과 같은 교과목을 가르친 바 있다.

① 도서관 사업사　　　　　　　　② 도서관건축의 원리
③ 독서지도와 도서관선전　　　　④ 장서의 보충과 조직
⑤ 장서의 편목과 분류　　　　　　⑥ 도서관건축과 시설

  이와 같이 6대 지주를 배열하고, 관련학과의 연구교과목을 규정하고 있다. 다만 종래의 이러한 종류의 체계적 배열에 대해서 다른 것은 이들 과목 중에 하나의 이데올로기가 일관하고 있다는 것이다. 그것은 Marx · Lenin주의의 철학, 즉 변증법적 유물주의와 역사적 유물주의가 도서관의 방법론의 기초라고 하는 것이다.

  다만 변증법적 유물주의의 관점에 서서 정확한 도서관의 객관적 규율을 반영하고, 도서관사업에 대해서 과학적 분석을 창안하여 정확한 결론을 얻어서 실천의 지침으로 한다고 규정하며, 활발한 실천활동을 요구하고 있다. 이것은 도서관학의 방법론의 기초를 변증법적 유물론에서 얻으려고 한 것으로 너무나 정치적이며, 도서관을 사회생활 가운데서 또한 인간과의 관계에서 도서관의 작용을 정확히 양해할 것을 요청하고 있다. 이러한 입장에 서 있는 한 도서관학은 도서관의 실천활동을 지도하는 방법론이며, 도서관학 그 자체는 교수할 수 없는 것이다.

E. 도서관학에 대한 비판과 반성

  이상과 같은 현실의 요구에 적응한 실천활동에 필요한 지식과 기술로 인하여 과목이 점차 증가되고, 주로 대학을 포함한 양성기관이 증가하고, 졸업연한도 규정되고, 도서관학의 개념이 사회에 인식되어

사회적 통념이 된 것이다.

이러한 도서관학에 대해서 비판과 반성의 소리가 일어났다. 당시의 서구대륙은 제1차 세계대전이 끝난 후이며, 전승국이나 중립국이나 전쟁의 영향으로 국내 사태의 안정에 온 힘을 다하고 있었으나, 인심의 불안이 사회의 저류를 이루고 있고, 제2차 세계대전의 위기가 다가올 1920년부터 1930년대의 일이다.

그리하여 도서관학도 또한 이 영향과 관계가 있었던 것이다. 주로 America대륙을 그 중심으로 하여 도서관학에 대한 비판이 일어났던 것이다. 이제 그 비판과 반성의 주요한 것을 들면 다음과 같다.

1) 도서관학에 있어서 기술의 중요성을 부정하지 않는다. 도서관 직원이 가져야 할 교양 가운데 기술은 그 일부분이다. 기술은 직원의 실무에서 필요한 것이나, 그보다 더 중요한 것은 직원의 일반교양과 책에 대한 지식이다. 이것은 기술 중심 사상에 대한 비판이다.
2) 이에 대해서 기술의 수련이 직원에게는 더욱 필요하다고 하는 반론도 있었다.
3) 도서관기능을 형성하는 원리와 목적을 확립시킬 수 없다.
4) 사회에 대해서 도서관이 해야 할 역할이 무엇인가, 그것을 확립시키지 않으면 도서관학은 학문으로서의 가치가 없다.
5) 문화사적으로 도서관은 어떠한 지위를 점하고 있는가, 현재의 도서관학은 이것을 밝히고 있지 않다.
6) 이러한 학과목을 통일시키는 철학이 없다. 각 학과목을 종합해서 각 과목의 상호 관계를 맺어 주는 것이 무엇이냐? 결국 철학이 필요하다. 여기에서 말하는 철학은 도서관학이 학문적으로 체계화될 수 있는 객관적으로 타당한 이론체계를 말한다.
7) 학문이라고 칭하지만 그 학문은 어떠한 성격을 가지며 또한 학문은 일반적으로 본질적인 하나의 원리를 밝힌 것이라고 말할 수 있으나, 도서관학은 어떠한 본질적인 원리를 밝히고 있느냐? 이것이 명백하지 않다.

8) 도서관학의 과학적 방법이란 무엇이냐? 도서관학은 과학이지 철
   학이 아니다.
9) 이에 대해서 도서관학의 과학적 연구방법은 자연과학과 같은 연
   구방법이어서는 안 된다.

이러한 논의는 도서관계에 비상한 세력으로 확대해 갔다. Library science냐, 아니면 Librahanship이냐, Philosophy of librahanship이냐 하는 문제를 둘러싸고 토의로, 논문으로, 저서로 참으로 왕성한 것이 있었다. 이러한 비판과 반성은 현재와 같이 과학적인 발달이 아직 미진한 시대였으므로 무의미하고 불필요한 논의도 많았다.[73]

미국에서는 1930년부터 4년간 약 400편의 논문이 출현할 정도로 도서관에 대한 비판과 반성이 학계의 관심사였다.

F. 도큐멘테이션의 발생

1892년에 Belgium의 Paul Otlet와 Henri La Fontaine은 Brussels에 국제서지사무소(Office International de Bibliographie)를 설립하고, 도서와 정기간행물기사를 포함하는 모든 출판물을 수록할 世界書誌에 대한 하나의 分類索引을 편찬할 것을 계획하였다. 당시에 있어서도 과학기술 분야에서는 주로 최신의 정보자료가 Jounal에 우선 발표되기 때문에 과학기술자들에게는 최근 Jounal에 수록되는 개개의 논문이나 기사가 가장 중요한 정보자료이고 또한 단행본도서 중에서도 최근에 발행된 도서에 수록된 개개의 논문이나 기사를 찾아보는 것이 가장 중요하

---

73) Perlman J. Danton. Plea for philosophy of librarianship. In : Library Quarterly. vol.Ⅳ. no.4. 1934. p.538.

다. 그러나 종래의 도서관에서는 이와 같이 과학기술자들의 요구에 부응하는 개개의 논문이나 기사에 대한 검색도구를 마련하지 못했던 것이다. 그리하여 이들은 1895년에 제1차 국제서지회의(International Federation of Bibliography)를 소집하고 여기에서 그들의 계획을 설명하여 동의를 얻었으며 또한 이 자리에서 결의를 얻어서 국제서지학회 (Intemational Institdte of Bibliography＝IIB)가 설립되었다.

이와 같이 설립된 IIB는 이러한 세계서지에 대한 분류색인을 편찬하기 위해서 최초로 착수한 사업이 국제적으로 공통하는 세분된 분류표로서 UDC를 편찬하는 사업이었다.

한편 IIB는 세계중앙도서관을 설립하려고 하였으나 그 시도는 실현시키지는 못하고 다만 세계 여러 나라에 도큐멘테이션센터를 설립하게 하였고 또한 세계의 문헌에 대한 종합적 색인을 작성하려 하였던바 그 시도도 실현시키지는 못했으나 전 세계적으로 과학기술문헌에 대한 색인지와 초록지를 편찬하여 보급하게 하는 촉진제 역할을 했다고 볼 수가 있다.

이 시기에 미국에서는 Ralph R. Shaw가 래핏 셀렉터(Rapid selector)라고 하는 마이크로필름 검색기계를 발명하고, Mortimer Taube는 유니텀 시스템(Uniterm system)이라고 하는 문헌검색기법을 고안하고, Calvin N. Mooers는 자토 코딩 시스템(Zato coding system)이라고 하는 문헌검색기계를 개발하였다. 이들이 개발한 기계와 기법들은 그 후 도큐멘테이션 활동에 널리 활용되어 문헌검색에 있어서 효율을 현저하계 증진시켰을 뿐만 아니라 그 후에 정보검색시스템의 개발에 크게 공헌하였다.

Ⅳ. 도서관학 이론의 제기

A. Ranganathan의 도서관학

전장에서 설명한 바와 같이 이러한 논의가 왕성한 시대에 처음으로 도서관학의 명목을 세운 대표적인 논설을 들면, 우선 인도의 도서관학자 Shiyali Ramamrita Ranganathan(1892)이다. 그의 저서는 1931년에 출판된 『도서관학의 5법칙(*The Five laws of library science*)』[74]으로 Madras 도서관협회에서 발행한 것이다. 그의 학설을 요약하면 다음과 같다.

① 제1법칙

"책은 이용하기 위한 것이다(Books are for use)"라고 시작하여 도서관의 기술과 실무는 이 개념에 포괄되어 어떠한 도서관의 업무이든 이용자를 위해서 있는 것으로 특권계급을 위한 것이 아니다. 대중을 위해 개방되지 않으면 안 된다. 대중은 이용자이기 때문이다.

② 제2법칙

"책은 모든 사람을 위해서 존재하는 것이다(Books are for all)." 자료

---

74) Shiyali R. Ranganathan, *The Five Laws of library science*, Madras, 1931.

는 소수자·일부의 특권계층, 즉 왕후·부호·학자·사제를 위해 있
는 것이 아니라, 대중을 위한 것이다. 모든 인류를 위해서 존재한다.
모든 독자에게 책을 대여하여야 한다. 전문도서관, 연구도서관뿐만
아니라, 아동·부인·맹인·농촌·병원·교도소 등 모든 도서관이
필요하다.

③ 제3법칙

"모든 책은 독자에게(Every books its reader)." 이를 위해서는 도서선
택이나 개가제, 목록의 완비, reference, 관외활동, 도서관보의 발행·선
전 등도 도서관을 위한 것이 아니라, 모든 업무 service는 일체 독자를
위하여 해야 한다. 법규·관리·운영도 독자우선주의로 수립되고 시
행되어야 한다.

④ 제4법칙

"독자의 시간을 절약하라(Save the time of readers)." 독자가 책을 이
용하기 위해서 시간을 낭비해서는 안 된다. 이용할 필요가 있을 때는
빠른 속도로 제공하는 것이 필요하다. 이를 위해서는 서지의 편성, 목
록기술의 개선, 서고안내, 서지, reference service의 속도화, 건축의 개선
등이 필요하다.

⑤ 제5법칙

"도서관은 성장하는 유기체이다(A library is growing organism)." 도서
관은 유기적인 조직체이기 때문에 살아 있는 것이다. 그러므로 규모
가 성장하지 않으면 안 된다. 자료의 생산도 확대한다. 이에 대하여
복복실도 확장하고 분류법도 이에 적응하도록 해야 할 것이다. 건축
도 여기에 적응한 계획을 진전시키지 않으면 안 된다. 직원도 증원될
것이며, 이용자도 연년 증가해 가는 것이다. 도서관은 시대와 더불어

성장 발전하는 힘을 가지고 있는 것이라고 하는 것이 그의 주장이다.

그의 설은 당시 인도가 영국의 지배 밑에 있고 그의 국민은 억압을 받는 계급이며, 문화적 수준은 낮고 모든 것이 빈약한 시대였다. 이러한 인도의 시대를 배경으로 하고 조국의 독립을 염원하며, 도서관에 의하여 문화를 진흥시킨다고 하는 계몽적인 의미를 포함하고 있다. 그러나 이 계몽적인 설은 도서관의 선진국이라고 하는 나라에서도 도서관을 인식시키는 점에 있어서는 참으로 경청해야 할 점을 지니고 있다.

그의 도서관학은 계몽적으로 도서관의 목적·기능·효용을 설득시키고, 업무로부터 관리·운영·기술·세계사정 등 도서관의 전 문제에 걸쳐 개론한 것으로 일종의 도서관통론과 같은 성격을 가지고 있다. 그러나 그 문장에 흐르는 열정과 의기는 독자를 감격하게 하는 것이 있으나, 학문이라고 할 수는 없다. 후에 그가 고백한 바와 같이 그 저서가 출판된 후 그것은 학문이라고 자칭하지만 도서관에 대한 과학적 연구의 인식은 아니라는 비판을 받았다. 그가 이러한 비판에 답하여 출판한 것이 1957년의 『도서관의 5법칙』 제2판이다.

Ranganathan은 제2판에서 그의 논설이 과학적이라는 것을 입증하려고 한 것이다. 그러나 그의 도서관학 제1판과 제2판은 결과적으로 아무런 변화가 없다. 다만 그의 5법칙이 관념적인 생각이 아니라 과학적 연구법의 결과로 성립된 것이라는 것을 입증하기 위하여 이론을 전개한 것이라고 볼 수 있다.

B. Butler의 도서관학

Ranganathan보다 2년 후, 즉 1933년에 Chicago 대학의 도서관학 교수였던 Pierce Butler(1886~1953)가 Chicago 대학에서 『도서관학서설(An Introduction to library science)』을 출판하였다.[75] 이 책도 또한 도서관학 사상 중요한 의미를 가지는 것이다.

그 당시 미국에서는 도서관학의 교육상 비상한 문제가 많았다. Dewey가 Columbia 대학 도서관학교를 창립한 이래, 다른 각 대학에서도 많은 도서관학교와 강좌가 설치되었으나 교원의 자질도 낮고, 그 교육과정이나 수업연한도 일정하지 않으며 각 대학에 따라서 달랐다. 또한 대학의 기구와의 관계도 대학마다 다르고, 졸업생의 전문직으로서의 자격도 상이하였다. 이것이 문제가 되어 미국도서관협회의 양성위원회나 연방기준위원회 등의 조직을 두어 이를 검토하게 되었다.

그로 인하여 Carnegie 재단의 원조에 의하여 Columbia 대학 도서관학교로 하여금 조사를 하도록 의뢰하였다. 이 보고서가 발표된 것이 바로 1933년이었다.[76] 이로 인해서 각 대학이 내용을 정비하고 충실을 기도하게 되었다. Chicago 대학도 이로 인해서 도서관학교를 신설하게 된 것이다.

이러한 역사적 배경, 그것보다도 문제는 내부에 있었다. 도서관 직원의 양성에 대해서 기술 중점의 교육이냐, 교양중점의 교육이냐 하는 것이 중요한 문제였다. 기술자를 교육한다는 것은 간단하다. 그러나 선문식원의 자실은 기술만을 갖추는 것은 위험하다고 하는 비판

---

75) Pierce Butler. *An Introduction to library science.* Chicago, ALA. 1933.

76) Charles C. Williamson *Training for library service.* New York. 1933.

이 높아졌다. 또한 전문직원의 실천활동은 service에 있다. Service는 진실한 마음가짐과 사회에 대한 정밀한 교양을 갖지 못하면 service는 철저하지 못하다.

그러므로 법률을 배우는 학생에게는 법의 철학을 가르치는 것과 마찬가지로 도서관 직원은 사회문화의 발전과 법칙을 모르고 훌륭한 전문직을 얻을 수 없다. 또한 도서관학 고유의 활동에 대해서도 연구 조사할 필요가 있으며, 실천으로부터 법칙의 방향으로 진전해야 한다는 의견이 왕성해졌다.

또한 현직의 관장이나 관리자는 직원의 기술이 부족하므로 기술의 훈련을 철저히 할 것을 요망하였다. 이러한 기술이냐, 교양이냐 하는 모순된 교육의 시대를 배경으로 하고, 독자의 견해를 제시한 것이 Butler의 저서이다. 그 저서의 요지는 다음과 같다.

1. 서론

도서관은 인류의 기억을 현재의 인간의 의식 속에 옮겨 주는 사회적 장치(Social apparatus)이며, 도서관학은 사회과학의 어느 체계 가운데에서도 논할 수 없는 사회현상 중에 위치를 점하는 것이다.

도서관 직원은 논리적 연구에 무관심하고, 기술의 합리적 처리만 되면 만족하고 있으나 이를 지양해야 한다. 과학적 지식으로 이러한 복잡한 사회기관인 도서관을 설명하기 위해서 도서관학이 수립되어야 한다.

2. 제1장 과학적 문제

우선 과학의 의의와 연구방법을 논하고, 다만 객관적 사실과 본질을 설명하고 입증하는 지식에도 한계가 있으며, 가치의 세계는 지식 구성 이상의 세계라고 말하고 있다.

예를 들면 시학에 있어서 시의 형성 · 운율 · 음성학 · 수사학은 과학의 대상이 되지만, 精神美는 과학이 지식과 관계하는 것이기 때문에 도서관학은 특히 도서관의 기능의 근본적 현상, 즉 사회에 집적하는 경험을 도서라고 하는 매개체에 의해서 개인에게 전달한다고 하는 이론적인 면을 내포한다. 그러나 그 반면 그 전달에는 과학에 의하여 파악되지 않는 다른 면을 가지고 있다. 즉 자료에 포함된 내용이 인간에게 전달된 경우, 주관적 반응의 재생작용은 과학적으로 조사할 수 없다. 여기에 있어서 과학의 방법은 부차적 의미를 가지며, 유용한 도구로서 역할을 하는 데 지나지 않는다. 도서관학은 교육과 의료와 같이 그 주관적 성질의 모든 국면을 잘 파악하여 과학적으로 성립되기를 희망한다.

3. 제2장 사회학적 문제

사회에 집적된 지식의 전달은 문헌에 의하여 보급된다. 도서관은 이것을 교육적인 면에서 채용하여 독서를 분석하고 자료를 수집 · 보관하는 새로운 사회적 시설이다. 새로운 사회에는 그 도서관의 사회조직이 필요하다.

4. 제3장 심리학적 문제

독서가 심리에 미치는 영향을 논하고, 분석·연구의 필요성을 강조하며, 독서심리를 명백히 함과 동시에 독서의 효과가 큰 것을 설명한다. 그로 인하여 독자를 자극해서 흥미를 가지는 journalism을 비판하고 있다.

5. 제4장 역사적 문제

지식의 역사적 전달은 도서관을 통하여 전달된다. 도서관은 이렇게 역사적으로 전달된 양서를 독자에게 제공함으로써 사회의 복지를 위하여 공헌하는 것이다.

6. 제5장 실제적 문제

이러한 의미와 기능과 성격을 지니고 있는 도서관을 선숭하기 위하여 고유한 기술이 요청되는 것이다. 그 고유의 기술적 처리방법이 서지학인 것이다. 그러나 도서관 직원은 다만 이 서지작성으로 만족해서는 안 된다. 도서관 직원은 이러한 요약된 기술에 어떠한 의미가 있느냐에 대해서 명백한 역사적 의식을 가지지 않는 한 반드시 지역사회에 좋은 결과를 가지지 못할 것이다.

Butler는 이와 같이 사회적·과학적·심리적·역사적인 면에서 도서관이라고 하는 사회시설을 이해시키려고 하는 강령을 제시한 것이다. 그가 말하는 바와 같이 그의 저서는 도서관에 입문하여 학문적으로 종합하려고 하는 시도이며, 기술적인 면을 버리고 도서관이론

(Philosophy of librarianship)에 발을 디딘 최초의 논문이라고 할 수 있다. 그리고 기술의 면을 버린 경우가 science라고 하는 점을 지적하고 시사하고 있는 점으로 보아서 역사적으로 중대한 의미를 가지는 견해이다.

Butler의 도서관학은 도서관의 사회적 · 심리적으로 중요한 기능을 설명하고, 도서관의 목적을 명백히 하여 사회적인 효용성을 강조하며, 사회의 문화와 복지에 공헌하는 바를 논한 일종의 문명비평론이며 일종의 essay이다. 아무래도 당시의 philosophy of librarianship의 영역을 넘어선 것은 아니다. 그러나 그의 試論은 오래도록 큰 영향을 주어 후에 도서관학이라고 하는 논설은 대부분 이러한 문화적, 사상적으로 논하는 기풍이 세상에 나타나게 된 것이다. 그런 의미에서 이것은 도서관학이론의 원형이라고 볼 수 있는 것이다.

가령 그것이 science로서 많은 사람에게 납득이 가지 않는다 할지라도 그의 시론은 도서관계에 하나의 계기를 이루었다는 점에서 높이 평가되고, 그 업적은 영원히 불후의 것으로 남아야 할 것이다. 그러나 진실한 의미로 보면 도서관학, 즉 도서관의 과학적 연구라고는 할 수 없다는 것은 전술한 Ranganathan의 경우와 동일하다.

이와 같은 Ranganathan이나 Butler의 논설은 학문이라고 하기에는 미흡하다. 진실한 의미에서의 학문, 즉 과학은 특수한 개개의 사실을 기초로 하고, 이러한 사실 사이에 존재하는 관계를 구하며 혹은 이러한 모든 사실에 통하는 보편적인 원리나 법칙을 발견하고, 이에 의하여 특수한 개개의 것을 전체와의 관련에 있어서 이해하고 설명하는 원리와 법칙을 명백히 하는 것이다.

이러한 관점에서 본다면 Ranganathan과 Butler의 도서관학은 과학적으로 체계화된 학문은 아니다.

C. 도서관학의 단점

도서관학은 그 발생 초기부터 도서관의 기본적인 기능을 수행하는데 필요한 여러 가지 전문적인 지식과 기술을 연구하고 교육해 왔던 것이다. 도서관의 기본적인 기능이란 간단히 말하면, 정보자료를 선택하여 수집하고, 이를 편리하게 이용할 수 있도록 체계적으로 조직하기 위해서 분류 · 배열하고, 이용자들이 이를 효과적으로 검색할 수 있도록 목록 · 색인 등을 작성하며, 이용자들에게 도서관 및 정보자료의 이용법을 안내하고 지도하는 것이다. 이와 같이 복잡하고 전문적인 도서관에서의 실무내용에 필요한 지식이나 기술을 관계되는 분야별로 구분하여 여러 가지 교과목을 수립하고, 이를 교육하고 연구하는 여러 분야의 종합적인 명칭을 '도서관학'이라고 명명했던 것이다.

다시 말하면 종래의 '도서관학'은 그 시설이나 건물로서의 '도서관'을 연구대상으로 하는 학문이 아니라 '문헌의 인식, 수집, 정리, 운용에 관한 지식과 기술'을 연구하는 것이었기 때문에 본래 그 명칭 자체도 비논리적이며, 그 본질과 논리체계가 문제가 되어, 오랫동안 '도서관학'이 학문이냐 지식이냐 하는 논란과 비판이 지속되어 오던 중 인도의 Ranganathan과 미국의 Pierce Butler가 도서관학을 논리적으로 체계화하려고 시도하여 상당한 명목을 세운 바 있다.

그러나 Ranganathan의 도서관학은 계몽적으로 도서관의 목적 · 기능 · 효용을 설득시키고, 업무로부터 관리 · 운영 · 기술 등 모든 문제에 걸쳐 개괄적으로 논술한 것으로 일종의 도서관통론과 같은 성격을 가지고 있으나 그것이 학문의 논리체계를 제시한 것이라고는 볼 수가 없는 것이다.

또한 Butler의 도서관학은 도서관의 사회적ㆍ문화적인 복지의 발전
에 효과적으로 공헌하는 바를 논술한 것이며, 그것이 도서관학의 학
문적 논리체계를 제시한 것이라고는 볼 수 없다.

이와 같이 '도서관학'은 끝내 객관적으로 타당한 학문적 논리체계
를 수립하지 못한 것이다. 그 근본적인 원인은 이론의 빈약성과 방법
론의 비과학성 때문이었다고 볼 수 있다.

V. 정보학의 출현과 문헌정보학의 성립

정보학이 출현함으로써 산업을 비롯해서 모든 문화와 학문 분야에 대혁명을 가져왔다는 것은 주지의 사실이다. 더구나 이론의 빈약성과 방법론의 비과학성 때문에 위기에 처해 있던 도서관학에는 특히 그것이 생명의 활력소가 되었던 것이다.

정보학은 제2차 세계대전 직후의 전자계산기로부터 비롯하는데 그것이 곧 MIS(Management Information System)와 같은 경영관리적인 수단에도 사용할 수 있게 되고, 1960년대 초기에는 새로운 정보검색시스템의 설계에 응용되어 이것이 정보학이라고 하는 개념이 도출된 것이다.

정보학이 출현하게 된 기초이론은 Shannon과 Weaver의 수학적 통신이론[77]과 Weaver의 인공두뇌학(Cybemetics)[78]이다.

Shannon과 Weaver는 그들의 「수학적 통신이론」에서 '정보는 어떤 문제를 판단하고 결정하는 데 필요한 요소'라고 보고 정보전달에 관한 이론을 체계화한 것이다.

---

77) Claude E. Shannon and Watten Weaver. *The Mathematical theory of communication.* Urbana, Univ. of Illinois Press, 1949.

78) Nobert Wiener. *Cybernetics.* New York, Wiley, 1948.

Wiener는 Cybernetics에서 정보는 모든 조직이 활동하는 일체의 지령수단이라고 보고 또한 정보는 통신과 제어의 기술에 공통하는 것이라고 본 것이다.

이상의 두 가지 연구는 문헌정보 연구자들로 하여금 정보검색 분야에 있어서 그 작업의 신속성과 정확성을 혁신적으로 촉진시켰으며, 컴퓨터의 도움으로 도서관이 자동화되고, MARC가 출현하여 그것이 표준화되고, MARC가 online으로 연결되어 network가 형성되고, network가 국가적으로는 물론 국제적으로 조정될 수 있게 되었다. 따라서 모든 종류의 정보의 수집, 처리, 축적, 조작, 검색, 전달이 혁신적으로 개선되었다.

. 그리하여 문헌정보학은 정보이용자들로 하여금 가장 적절한 정보를 가장 효과적으로 수집·축적·검색·전달·이용할 수 있도록 하는 데 있어서 가장 과학적이며 경제적인 통합수단을 연구하는 것으로서 그 효율성과 경제성을 추구하는 것을 기본적인 과제로 하기 때문에 '정보경제학'이라고도 할 수 있는 것이다.

기록정보의 효과적인 이용을 위해서 이를 경제적으로 또한 과학적으로 통합하는 것은 결국 학술과 문화의 발전에 있어서의 최선의 조건을 조성한다는 것을 의미한다. 따라서 이미 제3편에서 논한 바와 같이 문헌정보학은 "학술과 문화의 효과적 발전을 위한 조건 조성의 원리 및 그 체계와 과학적 방법을 연구하는 학문"이라고 하는 논리가 정연하게 체계화될 수 있는 것이다.

또한 정보학에 있어서 정보의 처리방법과 그 연구방법은 이미 가장 치밀한 첨단적인 과학적 방법이라는 것이 입증된 바이다.

Ⅵ. 문헌정보학에 있어서 몇 가지 용어의 문제

圖書는 文獻으로

　동양에 있어서 역대의 기록 자료에 대한 명칭을 면밀히 조사해보니: 册, 典, 典册, 竹帛, 志, 記, 傳, 典籍, 書, 書册, 書策, 書籍, 文, 文籍, 圖籍, 文獻, 卷, 卷物, 書物, 文書 등이 있고, 圖書라는 명칭은 없었다. 그런데 1955-56년도에 편찬된 일본의 (諸橋轍次著) 大韓和辭典에서 보면 '圖書'는 '河圖洛書'를 약(略)한 것이라고 했다. 이를 미루어 보면 '圖書'라는 낱말은 20세기 초기에 새로 만들어진 낱말임을 알 수 있다.

　이상에서 보는 바와 같이 동양에 있어서 역대의 기록유의 통칭은 복잡하고 그 종류가 많으나, 이들을 기록유에 대한 象形的인 개념을 가지는 통칭과 知的인 의미를 表象하는 개념을 가지는 통칭으로 구분할 수 있다.

　전자에 속하는 것은 册, 典, 典册, 竹帛, 典籍, 書, 書册, 書策, 書籍, 文籍, 文物, 卷, 卷物, 書物 등이며, 후자에 속하는 것은 志, 記, 傳, 文, 文獻 등이라고 생각된다. 이들 가운데 특히 文獻은 기록유의 지적인 의미를 表象하는 동시에 기록유의 전반에 대한 포괄적인 개념을 나타낸다고 생각된다. 그러므로 '文獻'을 기록유의 汎稱으로 삼는 것이 가장 타당하다고 볼 수 있다.

圖書館은 文獻館으로

동양에 있어서의 역대의 圖書館의 명칭을 조사해 보니: 19세기 이전 까지는 '圖書館'이라는 명칭이 사용되지 않았다. 그리고 閣, 觀, 庫, 府, 悽, 殿, 館堂, 室, 齊, 跡, 架, 亭, 房, 軒 등의 어떤 물건이나 시설을 의미하는 문자 앞에 고유명사나 어떤 기록유를 상징하는 듯 한 추상적인 문자를 붙여서 개개의 도서관을 지칭하였다.

'圖書館'이라는 명칭은 19세기 말기나 20세기 초기부터 쓰이기 시작했는데, 이때가 바로 東洋에서 西洋의 문화를 도입하기 시작한 시기이다. 초기에는 주로 日本이 西洋의 문화를 도입하는 데 있어서 가장 먼저 西洋의 언어를 東洋의 언어로 해설하는 외국어 사전을 상당히 많이 출판하였다. 그러나 東洋諸國과 서양제국 간의 文物制度가 서로 다른 점이 많았기 때문에 낱말의 번역에 있어서 무리가 많았던 것으로 생각된다. 그 예는 우선 여기에서 말하고자 하는 Library와 Bibliothek를 번역하는 데서도 찾아볼 수 있다.

1871년에 日本에서 출판된 『和譯英辭林』에서는 Library를 '圖書를 모아 두는 곳'이라고 번역하였고, 역시 1871년에 출판된 『佛和辭典』에서는 Bibliotheque를 '書庫'라고 번역하였다. 한편 1873년에 출판된 『獨和字典』에서는 Bibliothek를 '書籍, 文庫'라고 번역하였고, 1887년에 출판된 『英和字葉』에서는 Library가 '書房, 書庫, 書籍館'이라고 번역되었으며, 1893년에 발행된 『佛和字彙』에서는 '典籍類聚, 書架, 文庫'라고 번역되었다. 또한 1904년에 출판된 『佛和大辭典』에서는 Bibliotheque가 ‘圖書館’이라고 번역되었고, 그 이후에 출판된 외국어사전에서는 모두 ‘圖書館’이라고 통일되었음을 발견할 수 있다.

이상과 같이 Library나 Bibliotheque를 번역하는 데 있어서 최초에는 ‘圖書를 모아두는 곳’에서 → ‘文庫’ → ‘書籍縱覽所’ → ‘書籍館’ → ‘圖書館’이라고 변천되었는데 그 이유는 이에 알맞은 낱말을 찾아내지 못했기 때문이라고 판단된다. 그러므로 이미 위에서 말한 바와 같이 ‘文獻’이라는 낱말을 앞에 붙여서 ‘文獻館’이라고 하는 것이 格에 알맞은 명칭이라고 생각된다.

司書는 文獻士로

현재까지 우리나라의 ‘圖書館’에서 文獻을 담당하는 직분을 司書라고 하는데 이 낱말은 朝鮮時代의 世子特講院에 두었던 정육품의 벼슬의 직분인데 이 직분이 언제부터 도서관의 文獻을 담당하는 식분의 명칭으로 사용되었는지 도서관에 종사하는 사람들 이외의 일반인들에게는 생소한 직분명이다. 그러므로 圖書館을 文獻館으로 변경한다면 文獻을 다루는 직분은 文獻士라고 하는 것이 합리적이라고 생각된다.

이상에서 말한 내용은 이미 40여 년 전인 1971년도에 저자가 圖書館學會誌에 「圖書館名稱의 변천에 대하여」라는 글에서 제시했는데 이것은 나의 소망이지만 아마도 도서관에 종사하는 모두의 소망일 것이다. 그러나 그 후 현재까지 아무런 반응이 없었기에 차제에 다시 제안하는 바이다.

부록

文獻情報學의 形成論理

서 론

圖書館學은 원래부터 그 本質과 체계가 문제가 되어, 오랜동안 도서관학이 學問이냐, 技術이냐, 知識이냐 하는 論議와 비판이 지속되어 왔다. 그러나 현재까지도 객관적으로 妥當한 도서관학의 體系를 수립하지 못하였다. 그 根本的인 원인은 理論의 빈곤과 方法論의 비과학성 때문이라고 생각된다.

그러나 도서관학은 近年에 급진적으로 발전한 情報科學에서 기본적인 理論과 과학적인 方法論을 도입할 수 있게 됨으로써 새로운 이론적 體系化의 가능성을 發見할 수 있게 된 것이다. 그러나 도서관학은 그 學問名稱도 비논리적이며, 더구나 情報科學의 도입에 의한 새로운 논리체계로 形成될 학문명칭을 위해서는 더욱 不合理한 것이다.

그리하여 本考는 이들 '文獻情報學'으로 改稱하고 그 名稱의 構成과 학문체계의 形成에 따르는 論理的 根據를 다음과 같이 追求하고자 하는 것이다.

첫째, '文獻情報學'의 명칭구성과 그 槪念形成의 근거를 찾기 위해서, 情報에 대한 공통의 槪念을 도출하고, 文獻에 대한 종래의 槪念을 검토함으로써 이에 대한 새로운 解釋을 시도한다.

둘째, 종래의 도서관학과 情報科學의 개요를 對比하고, 그의 共通性과 동질성을 찾아서 정보과학도입의 妥當性을 추구한다.

셋째, 실제적 社會的인 要求로서의 '문헌정보학' 形成을 위한 이론적 根據를 추구한다.

本考는 이러한 시도로써 '文獻情報學'의 形成과 그의 체계화에 一助하고자 하는 바이다.

I. 情報에 대한 共通概念

A. 情報概念의 諸說에 대한 再檢討

종래의 情報의 槪念에 대한 諸說을 筆者는 전통적 개념, 行動科學的 개념, 情報理論的 개념 등 세 가지 範疇로 구분하고, 이를 다음과 같이 分析한 바 있다. 즉 그것은, 첫째, 情報에 대한 전통적 개념은 "情報는 곧 知識이다"라는 말로 요약할 수 있다. 둘째, 行動科學的 개념은 "情報는 인간이나 생물체에게 주는 impulse이다"라는 論旨로 표현할 수 있다. 셋째, 情報理論 분야에서의 槪念은 "情報는 인간과 인간 사이에 전달되는 一切의 記號系列이다"라는 말로 집약할 수 있다는 것이다.[1]

이와 같이 情報라고 하는 用語의 개념은 일정한 통일적인 意味를 가지는 것이 아니라 情報와 관련된 領域에 따라서 상이한 槪念으로 通用되고 있다.

그러나 이상의 情報의 제 개념을 면밀히 檢討해 보면 모든 分野에 공통되는 一元化된 개념을 발현힐 수 있을 것으로 생각된나.

---

1) 鄭駬謨, 情報科學의 屬性과 文獻情報學, 圖書館學報, 第2輯, 서울, 中央大學校 出版局, 1973, pp.132-137.

첫째로 "情報는 곧 지식이다"라는 概念은 현대적인 관점에서 볼 때, 論理的으로 불합리하다. 엄밀히 말하면 '知識'이란 객관화된 認識이다. 이에 대해서 情報는 객관화되기 이전의 認識對象이다. 例를 들면 '해(太陽)는 동쪽에서 떠서 서쪽에서 진다'는 것은 누구나 잘 아는 知識이다. 그러나 어린이는 이 知識을 얻기 이전에, 해가 뜨는 것을 보고, 해가 지는 것을 보고, 東·西·南·北의 방위를 認識한 연후에야 이 知識이 성립된다. 다시 말하면 어린이가 해를 처음으로 보고 그것을 意識하는 순간 그것이 하나의 情報이며, 東·西·南·北의 方位를 의식하는 순간 그것이 또 하나의 情報인 것이다.

또 하나의 例를 들면 '地球는 太陽을 중심으로 그 주위를 約 365日만에 한 번씩 公轉하면서 約 24시간 만에 한 번씩 自轉을 한다'는 것이 일반적인 知識 또는 객관화된 認識이다. 中學生이 이러한 知識을 가지자면 그 이전에 그는 地球, 太陽, 지구와 태양과의 관계, 宇宙의 構成, 宇宙의 인력 관계, 恒星, 衛星, 惑星, 自轉, 公轉 등등에 대한 사항을 認識해야 한다. 이러한 사항을 처음으로 認識하는 과정에서 하나하나의 단편적인 인식대상이 情報인 것이다.

이와 같이 人間은 情報를 입수하면 이를 서로 관련시켜서 組織化하여 어떤 知識을 형성해 가는 것이다. 그러므로 情報와 知識을 동일한 概念으로 인식할 수는 없으며, 情報는 知識을 形成하는 要素 또는 要因이라고 볼 수 있을 것이다.

둘째로 行動科學的인 면에서 '情報는 人間이나 生物體에 주는 impulse'라고 하는 것은 타당한 概念이다. 그 이유는 어떠한 行爲나 행동을 中心으로 해서 생각해 볼 때, 人間의 知覺에 의한 자극과 五官을 통한 感覺的인 자극까지도 行爲나 행동의 原因이 되기 때문이다.

　그러나 여기에서 人間의 行爲現象이나 그 과정을 생각해 볼 때, 몇 가지 檢討해야 할 문제가 있다. 關英男이 말한 바와 같이 ‘人間의 행위나 동작을 制御(control)하는 중추사령원 또는 기억부는 大腦이다.’[2] 人間에게 주어지는 모든 impulse는 大腦의 司令에 따라서 行爲로 나타나는 것이다. 다시 말하면 모든 impulse는 大腦에 集中되며, 大腦의 司令에 따라서 行爲로 反映되므로 情報는 곧 人間의 大腦를 發動시키는 要因이 되는 것이다. 여기에서 ‘大腦를 발동시키는 要因’이란 大腦로 하여금 認識 또는 知覺 등의 思惟를 유발시키는 要因을 말한다.

　셋째로 情報理論에 있어서 “情報는 人間과 인간 사이에서 전달되는 一切의 기호 계열이다”라는 槪念은 미흡한 點이 있다. 그리하여 筆者는 文字나 기호 등의 media는 언제나 어떠한 의미를 內包한 것이며, 意味를 傳達하기 위한 手段으로 사용되고 있는 것이므로 ‘情報는 人間과 인간 사이에 傳達되는 일절의 意味’라고 해석하였다.[3]

　여기에서 한 걸음 더 追求한다면, 人間이 어떤 意味를 받아들이는, 다시 말하면 意味를 認識하는 中樞는 두뇌의 記憶部이다. 그러므로 좀 더 엄밀히 말하면 ‘情報는 人間의 두뇌와 두뇌 사이에 전달되는 意味 또는 認識의 요소’라고 볼 수 있을 것이다.

　情報理論에 있어서의 또 한 가지, ‘情報란 불확실성을 除去하거나 감소시키는 것’ 또는 ‘情報는 확실성을 增進시키는 것’이라고 하는 槪念規定은 엄밀히 검토해 보면 논리적 혼돈을 發見할 수 있다. ‘不確實性을 제거하거나 減少시키는’ 그 主體는 정보 자체가 아니라, 人間의 기억부 또는 司令源으로서의 頭腦이나. 人間은 情報의 入手와 농시에 頭腦의 판

---

2) 關英男, 情報科學と五次元世界, 東京, 日本放送出版協會, 1971, p.50.

3) 鄭駎謨說, *op.cit.* p.136.

단작용(decision making)에 의하여 '불확실성을 제거하거나 減少시키고'
또한 '確實性을 증진시킬 뿐만 아니라 모든 問題의 對象을 파악하는 것'
이다. 그러므로 '情報는 人間의 두뇌 또는 어떤 生體나 자동제어기계의
중추사령원에 어떤 判斷의 要因을 제공하는 것'이라고 볼 수 있다.

B. 情報의 共通槪念

情報에 대한 종래의 諸槪念을 이상과 같이 分析해 본다면 日本의 關英
男의 情報에 대한 定義가 모든 분야에 共通될 수 있는 論理的인 타당성
을 지니고 있다고 생각된다. 關英男에 의하면 "情報란 有效한 행동이나
동작을 制御하는 司令源으로서, 그들의 制御中樞에 있는 기억부에 어떤
새로운 寄與를 할 수 있는 原因이 되는 것[4]이다. 여기에서 '有效한 행
동'이란 人間 또는 社會를 想定한 말이며, 有效한 동작이란 自動機械 혹
은 automation系를 想定한 말이다. 이러한 것에는 세어중추가 있다. 여기
에서 나오는 司令에 따라서 有效한 행동 또는 動作을 하는 것이다. 물론
制御中樞에는 크든 작든 記憶部가 있어서 noise의 形式으로 情報를 축적
할 여지가 남아 있다. 그러나 이미 그 이전부터 축적되어 있는 情報도
있다. 경우에 따라서는 이미 蓄積된 情報만을 바탕으로 제어사령을 내
릴지도 모른다. 그러나 새로운 情報를 맞이하여 보다 나은 司令을 내리
는 경우도 생각된다. 그것은 어떤 새로운 寄與를 할 수 있는 原因이 될
것이다. 만약 이미 蓄積되어 있는 情報와 같은 內容의 것이 入手되었다

---

4) 關英勇, *op. cit.* p.50.

면, 그것은 하등의 寄與도 하지 않고 새로이 追加할 必要도 없으므로, 情報로 採用하지 않는 것이 된다. 그뿐만 아니라 이미 蓄積되어 있는 情報와는 다른 內容의 것이라 할지라도 문제가 되고 있는 系의 制御中樞로서는 하등의 쓸모가 없는 것 또는 흥미가 없는 것은 情報가 아니고 noise라고 하는 것이다."[5]

이상은 關英男의 情報의 정의에 대한 그 自身의 해설이다.

이와 같이 본다면 情報의 개념은 여러 가지 論理로 표현될 수 있으나 그 槪念이 일원화된 공통성과 妥當性을 가지게 된다고 생각된다. 結論的으로 말한다면 情報는 人間의 두뇌로 하여금 未知의 사실을 認識하게 하거나 새로운 發想 또는 創意를 유발시키는 要因인 것이다. 이러한 認識, 지각, 發想, 창의 등은 大腦의 작용으로서 이를 思考作用이라고 하며, 이러한 思考能力 또는 思考의 源泉을 知慧라고 한다. 그러므로 '情報는 知慧를 발동시키는 요인'이라고도 말할 수 있다.

人間이 문헌에서 情報를 얻는 경우만을 생각한다면, 人間은 文獻에 기록된 文字나 기호, 기타의 그림이나 圖表, 사진 등을 視覺을 통해서 그 文字나 記號 등이 지니는 意味를 인식하여 知識을 이루며 또는 여기에서 喜怒哀樂을 느끼기도 하는 것이다. 이러한 경우 未知의 사실을 認識하게 될 때는 認識의 度가 강해지며, 여기에서 새로운 發想이나 創意가 유발되는 경우도 있는 것이다. 그러므로 文獻은 기록된 잠재적인 情報라고 볼 수 있다. 人間의 이러한 知的 활동은 情報에 의한 知慧의 발동에 의해서 이루어지는 것이다.

人間은 情報의 입수와 동시에 知慧의 발동에 의하여 認識, 지각, 創

---

5) *loc. cit.*

意, 발상 등의 思考作用을 통해서 知識을 형성하며, 이 知識을 체계적
으로 조직화하여 科學(學問)을 발전시킨다고 말할 수 있다.

情報 ⟶ 頭腦(智慧) { 知覺, 認識 創意, 發想 } ⟶ 知識 ⟶ 科學(學問)

　이와 같이 본다면 情報는 또한 知識의 요인인 동시에 科學(學問)의
요인이라고도 말할 수 있다. 例를 들면 어떤 研究者가 선행의 研究文獻
에서 자기가 아직 알지 못했던 새로운 사실을 발견했을 때 그는 '좋
은 情報를 얻었다'고 기뻐한다. 學者들은 이러한 情報를 기초로 하여
自己의 學問을 발전시켜 나가는 것이다. 그러므로 요약해서 말한다면
情報는 間人의 모든 思考와 制御의 중추사령원인 頭腦(知慧)에 어떤 새
로운 思考와 制御活動의 요인을 제공하는 것이다.

Ⅱ. 文獻의 개념과 意義

A. 文獻의 語意

　'文獻'은 '文'과 '獻'의 합성어이다. '文'은 文句, 文章, 故文, 學問, 예술, 書册, 기록, 文字, 예악제도, 法律, 善, 美, 德, 德惠, 仁德, 무늬, 빛깔, 모양 등 다양한 의미를 가진다. 그리고 '文' 字의 構成은 象形과 指事에 속하는 것으로서, 筆劃이 서로 교착하여 類에 따라 여러 가지 형태를 象形하는 의미를 나타낸 文字이다. 類에 의한 점에서는 指事이며 형태를 象形한 점에서는 象形이다.[6]

　'獻'은 獻上한다, 진행시킨다, 바친다(捧), 音樂을 연주하며 제사를 지낸다, 王에게 물건을 바친다, 上奏하다, 王의 말을 받든다, 술을 손(客)에게 권한다, 나아간다(發), 제사를 지내는 物件, 맞이한다, 가깝다, 善, 賢人, 儀, 본보기 등의 여러 가지 의미를 가지고 있다.[7] 그러나 古代에는 '獻' 자가 '賢人'이라는 의미로 많이 사용된 듯하다. 『書經』에서 禹가 舜임금에게 말하는 가운데,

---

6) 諸橋轍次著, <u>大漢和辭典</u>, 東京, 大修館書店, 昭和 30-31(1955-1956) 卷5 pp.560-561.

7) *Ibid.* 卷7, pp.759-760.

임금님! 天下를 두루 밝게 하시여 海隅의 百姓들에게까지 이르도
록 하시면, 나라의 여러 어진 사람들이 모두 임금님의 臣下가 되려
고 할 것이니 임금님께서는 이들을 澄用하셔서 忠言을 널리 받아
들이고, 功을 百姓들에게 밝히고, 이를 수레(車)와 衣服같이 使用하
면 누가 감히 謙讓하지 않겠으며, 누가 감히 공경하고 따르지 않겠
습니까?8)

하는 句節이 있다. 여기에서 '萬邦黎獻'은 '나라의 여러 어진 사람',
즉 '賢人'을 의미한다.

이러한 '文'과 '獻'의 합성어인 文獻은 일반적으로 '문물제도의 典據
가 되는 기록', '학술연구에 資料가 되는 文書' 또는 '옛날의 文物과 제
도의 연구자료가 되는 冊' 등의 槪念으로 통용되고 있다. 그러나 본래
는 이것이 '典籍과 賢者'를 의미하는 것이었다. 일찍이 孔子가 아래와
같이 말한 바 있다.

夏의 禮法을 내가 能히 말할 수 있으나, (그 後孫의 나라인) 杞에
대해서는 실증할 만한 것이 없으며, 殷의 禮法도 내가 能히 말할
수 있으나, (그 後孫의 나라인) 宋에 대해서는 실증할 만한 것이 없
다. 이는 文獻이 부족한 탓이니 만약 文獻만 있다면 내가 能히 실
증할 수 있으리라.9)

여기에서 '文獻'은 典籍을 뜻하는 '文'과 賢者를 뜻하는 '獻'과의 等
位的 同心構造(coordinative endocentric construction)의 합성어인 것이다.
그리하여 '文獻'의 '文'은 기록정보(recorded information)를 가리키며 '獻'
은 口啤情報(oral information)를 의미하는 것이라고 볼 수 있다.10)

---

8) 書經 益稷(帝 光天之下 至于海隅蒼生 萬邦黎獻 共惟帝臣 惟帝時擧 敷納以言 明庶以功 車服以庸 誰敢不
讓 敢不敬應).

9) 論語, 八佾(夏禮吾能言之 杞不足徵也. 殷禮吾能言之 宋不足徵也 文獻不足故也 足則吾能徵之矣).

여기에서 '獻' 자가 지녔던 본래의 槪念은 점차 사라지고 현재는 '文'의 개념만이 남아서 '文獻' 하면 '일체의 기록된 情報'를 의미하게 된 듯하다.[11] 그런데 본래 '文獻'이 '典籍과 賢者'를 의미하는 等位的 同心構造의 合成語로 成立된 緣由와 그것이 現在에 와서 '獻' 자가 지녔던 本來의 槪念이 사라진 緣由를 다음과 같이 推定할 수 있을 것이다.

古代에 言語만이 發生하고 文字가 발명되기 이전에는 지역사회의 연로한 識者들은 그들이 기억할 만한 것은 모두 기억하여 그것을 口碑語로 傳授하였다. 다시 말하면 사람이 書籍의 역할을 하였던 것이다.[12] 古代의 日本에는 文字가 수입되기 이전에 官府에 '語部'라고 하는 전문적인 口碑傳授者가 있었다고 한다.[13] Iliad나 Odyssey도 본래 口碑語로 전승되었던 것을 文字가 발명된 후에 Horner가 文字로 기록한 것이라고 하는 것은 이미 잘 알려져 있는 사실이다. 이와 같이 전문적인 口碑傳授者 또는 전설이나 과거의 사실들을 잘 기억하고 있는 유식한 사람은 文字가 발명된 후에도 상당히 오랫동안 존속되었을 것이다. 현재도 우리는 口碑에 의한 傳說을 가끔 들을 수 있다. 다시 말하면 文字에 의한 기록과 口碑傳授者가 병존하고 있었던 것이다. 그리하여 옛날의 文物과 제도를 연구하는 데 있어서는 記錄된 정보와 口碑傳授者가 전하는 情報를 함께 참고로 했을 것이므로 여기에서 '記錄情報와 口碑情報'가 결합된 종합적인 情報라는 의미로 '文獻'이라는 용어가 形成되었다고 볼 수 있을 것이다. 그러나 현재는 口碑傳授되던 情報는 거의 모두 文字

---

10) 李載喆, 集賢殿의 機能에 대한 연구, <u>人文科學</u>, 第30輯, 延世大學校, 人文科學硏究所, 1973, p.130.

11) *loc. cit.*

12) Solomon, A. G. What is a Library. in Kaula, P. N.(ed) *Library science today*. New York, Asia Publishing House, 1965, vol.1, p.333.

13) 壓司淺水, <u>書物のはなし</u>, 東京, さえら書房, 1962, p.19.

로 기록되어 그것이 이미 記錄情報化되었으므로 □啤情報의 가치는 무
시될 수 있기 때문에 '文獻'은 '학술적인 가치가 있는 일체의 記錄情報'
를 의미하는 것으로 足할 것이다.

B. 文獻의 여러 가지 名稱

人間의 정보전달을 위한 수단과 方法의 발전을 일반적으로 情報革命
이라고 한다. 이러한 情報革命은 言語의 발생, 文字의 발명, 情報 기록
자료로서의 종이의 발명, 印刷術의 발명, radio TV의 발명, teletype의
발명, 錄音器의 발명, computer의 발명 등등으로 그 발전적인 革命을
거듭해 왔다. 이러한 情報革命 가운데 가장 뚜렷한 획기적인 革命은 文
字의 발명과 印刷術의 발명이라고 생각된다.

人間은 文字를 발명해서 이를 어떤 기록자료에 筆寫하여 情報를 전
달할 수 있게 됨으로써, □啤情報(oral information) 시대에서 記錄情報
(recorded information) 시대로 전환하게 된 것이다. □啤情報는 정보의
發信者와 수신자 또는 時間性과 공간성이 제한되어 있다. 그러나 文字
나 記號로 기록된 情報는 시간적으로 永久히 보존될 수 있고, 이를 自
由롭게로 운반해서 원거리까지도 미칠 수 있고, 이를 복사해서 어떠
한 장소에서나 많은 사람들에게 읽혀서 전달될 수 있게 된 것이다.
그러나 人間의 욕망은 여기에서 그치지 않는다. 이러한 記錄情報도 筆
寫에 의한 것으로서 그 生産에 있어서 시간과 노력과 非正確性 때문에,
보다 經濟的이고 발전적인 記錄情報의 대량생산수단을 강구하게 된
것이다. 이것이 바로 印刷術의 발명이다.

印刷術의 발명과 보급으로 인해서 古代로부터의 口啤情報와 필사 기록정보로서 傳授되었던 古典的인 정보들은 물론 새로운 文化의 창조적인 情報가 동시에 대량으로 生産되고, 그것이 널리 보급전달됨으로써 人類는 새로운 學術文化世界를 형성하게 되었으며, 인쇄기록정보는 人間의 사상, 감정, 情緒, 행동, 경험, 科學 등에 관한 거의 모든 情報를 전달하는 전통적인 媒介資料가 된 것이다. 그리고 필사기록정보이든 인쇄기록정보이든 그것이 學術的인 價値가 있는 것은 이를 총칭하여 일반적으로 文獻이라고 한다.

그러나 특히 東洋에 있어서 文獻은 그 기록재료에 따라서 또는 文獻의 형식이나 내용에 따라서 歷代로 여러 가지 名稱이 형성되었다. 古代에는 册, 典, 竹帛, 志, 記, 傳, 書 등이 기록정보자료의 通稱이었다.

'册'은 古代의 주된 필사자료였던 竹簡을 엮은 모양을 象形한 것이라고 하며, '典'은 책상 위에 册을 올려놓은 모양을 象形한 것이라고 한다.14)

'竹帛'도 古代의 기록류의 명칭인바, "竹은 竹簡을 말하고, 帛은 견직물을 뜻하며, 이는 衣服을 만들 수도 있고 글을 쓸 수도 있다. 다만 竹만을 말할 때에는 簡册을 말하는 것인지 알 수 없으므로 옛사람들은 竹帛 두 字를 합쳐서 말해 왔던 것이다."15)

'志'는 記錄을 의미한다. 古人들은 이것을 항상 도서의 통칭으로 써 왔다.16)

'記'는 志와 뜻이 통하므로 圖書는 志라고도 할 수 있으며, 記라고도 할 수 있다. '記'는 보통 도서를 지칭한다.17)

---

14) 層萬里, 昌彼得共著, 沈喁俊 譯, 圖書板本學要略, 서울, 中央大學校圖書館學科, 1975, p.15.

15) *loc. cit.*

16) *ibid.* p.16.

‘傳’은 經을 해석한 것을 의미하며, 行實을 기술한 글도 또한 傳이라 한다. 그러나 이것은 秦漢 이래의 개념이요, 그 이전에는 ‘傳’자로 圖書를 통칭하였다.[18]

‘書’도 기록류의 통칭인바, 최초의 書字의 뜻은 書寫한다는 데 있었고 그 후에는 竹帛에 쓴 것을 書라 하여, 動詞로부터 名詞로 변한 것이다. 그리고 書 자가 도서의 汎稱으로 된 것은 늦어도 戰國 초엽부터 시작된 것이다.[19]

이 외에도 記錄類의 통칭으로 된 것은 典籍, 書册, 書策, 書籍, 圖書, 文, 文籍, 卷, 卷物, 書物, 文物, 文書 등이 있는데 이들은 모두 春秋戰國 時代를 전후해서부터 사용된 듯하다.

C. 文獻의 意義

文獻 혹은 記錄情報가 어떠한 자료에 기록된 것이든 또는 어떠한 명칭으로 불리든 그것이 그다지 중요한 문제는 아닐 것이다. 그보다도 文獻이 우리 文化社會에 있어서 어떠한 의의를 가지는 것이냐 하는 것이 더욱 중요한 것이다.

日本의 植村長三郎은 文獻의 일종인 圖書에 대해서 “圖書란 筆寫 또는 인쇄된 論著 그리고 속간되는 것으로서 數枚의 紙葉이나 기타의 材料로 엮은 내용의 전체를 合綴한 것”[20]이라고 정의하였다. 그러나 이

---

17) *ibid.* p.17.

18) *loc. cit.*

19) *ibid.* pp.15－18.

것은 文獻에 대한 外形的 또는 象形的인 정의에 불과한 것이다. 文獻을 이와 같이 象形的인 관점에서만 생각한다는 것은 무의미한 것이며, 文獻의 존재의의를 발현할 수 없는 것이다.

文獻의 본질적인 의의는 그것이 지니는 知的인 내용 또는 情報에 있는 것이다. 人類가 최초에 文字를 발명한 것도 人間의 사상이나 감정, 정서, 행동, 경험 등 모든 情報를 타인에게 전달하기 위한 手段으로 발명한 것이며, 현대의 모든 文獻도 문자나 기호 등을 통해서 보다 많은 사람에게 情報를 전달하는 데 그 意義가 있는 것이다. 文獻에서 거기에 수록된 文字나 기호가 지니는 情報를 제거하면 그 文獻은 전연 무의미한 물체에 부과한 것이다. 다시 말하면 文獻이란 종이나 기타의 자료에 文字나 기호 등의 공통의 Symbol을 통해서 어떤 情報(意味)를 지니게 하여 他人이 그 情報를 해득하게 하는 데 의의가 있는 것이다.

Thomas Carlyle은 文獻에 관해서 "人類가 이룩하고 생각하고 收得하고 보존해 온 모든 것, 그것은 册의 면면에 신기하게 보전되어 실려 있다"[21]고 했으며, Helen E. Haines는 "도서는 知性의 그릇이다. ……몇 세기에 걸친 思考와 努力을 통해서 우리들을 위해서 마련된 영속적인 知識의 자료가 우리에게 유용하도록 書籍 속에 저장되어 있다"[22]고 하였다. 여기에서 Carlyle이 말한 '…… 모든 것 ……' 그리고 Haines가 말한 '知識의 資料……'는 모두 情報를 의미하는 것이다. 다시 말하면

---

20) 植村長三朗, 書誌學辭典, 京都, 敎育圖書株式會社, 昭和 17(1942), p.378.

21) Carlyle, Thomas. *On heroes, hero-worship and the heroic in history*(The world's classics, no.62). London, Oxford Univ. Press, 1904, p.210(All that mankind has done, thought, gained or been: it lying as in magic preservation in the pages of books).

22) Haines, Helen E. *Living with Books: the art of book selection*. 2nd ed. New York, Columbia Univ. Press, 1950, pp.3-4.
(Books are the instruments of intelligence. ……the enduring materials of knowledge, prepared for us through centuries of thought and labor, are stored for our use in books).

文獻은 인류가 代代로 이룩하고 생각하고 경험한 人間의 모든 情報가 文字나 기호 등의 공통의 symbol을 媒介로 면밀히 기록되어 누구에게나 전달되도록 그리고 그 情報가 有用하게 활용되도록 하기 위해서 마련된 것이다. 그러므로 文獻과 情報와의 관계는 마치 文獻이 음식물이라면 情報는 음식물 속에 包含된 영양소와 같은 것이다.

우리 人類는 이 文獻을 통해서 우리 직전까지의 文化를 물려받고 또 다시 새로운 創造를 가하고 文化를 더욱 확충해서 추가 축적하여 當代 또는 후대에 계승하게 되는 것이다. 이러한 知的 정보활동의 傳達과 발전, 즉 情報循環(cycle of information)의 연속이 현대와 같은 文明社會를 이룩한 것이며 앞으로의 무한한 발전이 예기되는 것이다.

Ⅲ. 文獻情報學의 形成

A. 文獻情報學의 名稱構成

전술한 바와 같이 '情報'는 인간의 모든 思考와 制御의 중추사령원인 頭腦(知慧)에 어떤 새로운 思考와 제어활동의 要因을 제공하는 것으로서, 知識의 요소인 동시에 科學(學問)의 요인이 되는 것이며, 文獻은 기록정보를 收錄하고 있는 자료이다. 그러므로 일반적인 낱말 구조방식으로 본다면 '文獻情報'라는 용어는 '기록정보의 情報'라는 개념이 된다. 그러나 여기에서 '文獻情報'는 형식적으로는 '文獻'과 '情報'를 복합하여 조성한 말이라 할지라도 사실에 있어서는 '文獻情報學'은 종래의 이른바 도서관학과 현대에 급진적으로 발전한 情報科學을 결합시키는 개념으로 造成된 학문명칭이다.

그러면 여기에서 우선 종래의 圖書館學을 왜 '文獻'이라고 하는 말로 대치했느냐 하는 것이 문제가 될 것이며, 다음으로 도서관학과 정보괴학을 왜 결힙시키아만 하느냐 하는 섯이 문제가 될 것이다.

첫째, 도서관학을 '文獻'이라는 용어로 代置시킨 이유는, 圖書館學은 도서관을 연구대상으로 하는 것이 아니라 文獻에 관계된 모든 문제,

즉 '文獻의 인식, 蒐集, 정리, 조직, 운용'에 관한 문제를 연구하는 科學으로서 본래 도서관학이라고 하는 명칭 자체가 비논리적이며, '圖書館學'이라는 용어와 '情報科學'이라는 용어를 그대로 結合시킬 경우 명칭이 길어지기 때문이다.

둘째, 圖書館學과 情報科學을 결합시켜야 할 이유에 대해서는 우선 도서관학과 정보과학의 本質과 그 槪要 및 상호 관계가 설명되지 않으면 이를 밝힐 수가 없다. 그러므로 다음에 도서관학과 情報科學의 개요를 설명하고 이들의 상호 관계와 融合의 必然性을 논술하고자 한다.

B. 圖書館學의 槪念과 範圍

ALA의 『도서관용어집』에 의하면 "圖書館學이란 인쇄 또는 서사된 기록류의 認識, 수집, 組織, 이용에 관한 知識 및 技術"23)이라고 한다. 다시 말하면 여기에서 '圖書館學은 도서관의 사료를 中心으로 한 그 認識 수집, 組織, 이용에 관한 도서관에서의 실무활동에 필요한 知識 및 技術'이라고 규정한 것이다. 이것은 그 '지식 및 기술'을 學問이라고 규정할 수 없는 한 論理的인 모순이며, 圖書館學이 체계적인 科學이 아니라는 것을 자처한 것이다. 이것은 이미 30여 년 전에 規定한 것으로 그 定義만을 가지고 도서관학의 學問으로서의 성립 여부를 論할 것이 아니라, 도서관학을 學問이나 科學으로 자부하는 한, 이 定義는 修正되어야만 할 것이다.

---

23) *ALA Glossary of Library Terms*. Chicage. ALA. 1943.

한편 우리나라에 있어서는 "도서관학은 인쇄 또는 手書된 文獻을 인식하고 蒐集, 정리, 組織, 운용하는 知識 및 技術"24)이라고 정의하고 있다. 이것은 ALA의 정의를 그대로 답습한 것이다. 다만 ALA의 定義에서 기록류라는 말을 '文獻'이라는 용어로 代用했고, '이용에 관한'이라는 말을 '運用하는'이라는 말로 대용했을 뿐이다.

이 외에도 도서관학에 대한 定義가 여러 가지로 표현되고 있으나 거의 이와 유사하다. 그리하여 이상의 두 定義를 科學으로서의 論理가 성립할 수 있도록 수정하면, '도서관학은 文獻을 認識하고 蒐集, 정리, 組織, 운용하는 方法을 연구하는 科學'이라고 定義할 수 있을 것이다. 그러나 이것은 실제적인 또는 현상논적인 定義라고 볼 수 있다.

한편 본질론적인 立場에서 볼 때는 "도서관학은 敎育과 조사연구에 있어서 가장 효과적인 結果를 가져올 수 있게 하는 최선의 條件을 造成하는 방법을 연구하는 科學"25)이라고 할 수 있다. 또한 '敎育과 조사연구'의 궁극의 目的은 學術과 文化의 효과적인 발전에 있으므로, 目的論的인 입장에서는 "도서관학은 學術과 文化의 효과적인 발전을 위한 條件造成의 原理와 方法을 연구하는 科學"26)이라고도 할 수 있다.

그리하여 실제적인 面에서 도서관학의 내용을 살펴보면 도서관학에서는 첫째, '文獻을 인식하기 위한 方法'과 관련해서 '도서 및 도서관사', 書誌學, 인문사회과학이나 과학기술 분야 등의 主題別書誌 또는 參考文獻 등을 연구하고 있으며, 둘째로, '文獻을 수집하는 방법'과 관련해서 '典籍'의 이해나 '書評' 또는 '圖書選擇'을 연구하고 있다. 셋째

---

24) 韓國圖書館協會編, 圖書館用語集, 서울, 圖協會, 1966.
25) 鄭弼謨, 圖書館學의 새로운 體系, 中央大學校論文集, 第14輯, 서울, 中央大學校, 1969, pp.78-79.
26) *ibid*. p.79.

로, '文獻을 정리 조직하는 方法'과 관련해서 '分類法', '目錄法', '古書編目法' 또는 '資料組織論'을 연구하고 있으며, 넷째로는 '文獻의 효과적인 운용방법'과 관련해서 '도서관조직관리론' 또는 '도서관운영론'을 연구하고 있는 것이다. 이러한 諸科學을 종합하여 '圖書館學'이라고 하는 名稱으로 표현하고 있는 것이다.

이와 같이 이른바 '圖書館學'은 그 내용이나 성격으로 보아 시설이나 기관으로서의 '圖書館'을 주된 연구대상으로 하는 것이 아니라, 그 주된 내용은 '文獻의 認識, 蒐集, 整理, 組織 및 文獻의 운용방법'을 연구하는 과학이므로, 본래 '圖書館學'이라고 하는 名稱은 불합리하게 命名된 것이다.

C. 情報科學의 概念과 範圍

미국의 情報科學會 회장인 Robert S. Taylor에 의하면 "情報科學은 情報의 본질(property)과 행태(behavior), 情報의 유통을 制御하는 요인 및 최적의 접근성과 이용성을 가지도록 情報를 가공처리(processing) 하는 수단을 연구하는 學問"[27]이라고 한다. 그리고 Taylor는 "情報科學은 정보의 발생, 蒐集, 조직, 檢索, 해석, 傳達, 변환 및 이용에 관련된 지식의 總體를 다룬다"[28]고 한다. H. Borko도 Taylor의 理論에 따르고 있다.[29]

---

27) Taylor, R. S. Professional Aspects of Information science and Technology. in C. A. Cuanda(ed.). *Annual Review of Information science and Technology*. vol.1, New York, John Wiley & Sons. 1966 (Information science is that discipline that investigates the properties and behavior of information, the forces governing the flow of information, and the means of processing information for optimum accessibility and usability).

28) *loc. cit.*

또한 北川敏男을 비롯한 日本의 정보과학자들은 "情報科學은 기계, 生體, 인간사회에 있어서의 情報의 발생, 傳達, 수집, 蓄積, 처리에 관한 일반적 원리를 究明하는 새로운 학문 분야"[30]라고 한다.

이상에서 보는 바와 같이 美國의 Taylor와 Borko의 情報科學에 대한 定義와 北川을 비롯한 日本學者들의 定義는 그 표현방법이 다르다. 그리고 이 兩者의 定義는 근본적으로는 內容上의 차이점은 없으나 觀點에 있어서 약간의 混純이 있다고 생각된다.

Taylor 등의 情報科學의 정의를 檢討해 보면, 情報의 본질을 구명하기 위해서는 그 本質을 이룰 수 있는 屬性이 문제가 되며, 情報의 行態를 구명하기 위해서는 情報의 現象이 문제가 된다. 그리고 '最適의 접근성과 이용성을 가지도록 情報를 가공처리(processing)하는 手段'을 연구하는 데 있어서 그 구체적인 事項이 '情報의 蒐集, 조직, 檢索, 해석, 傳達, 변환 및 이용'에 관련된 문제이며, 이러한 수단이 결국 '情報의 유통을 제어하는' 수단이 되는 것이다. 그러므로 이것은 중복된 표현이라고 볼 수 있다.

한편 北川 등의 定義를 검토해 보면, '情報의 발생문제', 즉 情報가 어떻게 발생하느냐 하는 문제를 究明하기 위해서는 情報의 속성과 본질이 무엇이냐를 究明하는 것이 前提가 되며, '情報의 傳達' 문제는 情報의 현상과 행태가 어떠한 것인가를 究明하는 것이 前提가 될 것이다.

(Information science is concerned with that body of knowledge relating to the origination, collection, organization, storage, retrieal, interpretation, transmission transformation, and utilization of information.)

29) Borko, H. Information science: What is it? in *Keypapers in Information science*. Washington, D.C. ASIS. 1971, p.1(Reprint from *American Documentation*. January. 1968, pp.3 − 5).

30) 北川敏男, <u>情報科學の視座</u>, 東京, 共立出版株式會社, 1970, p.3, 4.
　　<u>情報化社會事典</u>, 東京, 每日新聞社, 1971, p.6, 57.
　　大泉充郎, <u>情報科學の期待</u>, 東京, 計測制御學會, 1965, 10, v.4, no.10, pp.653 − 4.

그리고 정보과학에서는 情報의 수집, 축적, 처리에 관한 일반적인 原理뿐만 아니라, Taylor가 말한 바와 같이 組織, 검색, 解釋, 전달, 변환 및 이용에 관한 모든 문제가 그 연구대상이 되며, 그 목적은 情報의 효과적인 이용을 위한 것이다. 그러므로 情報科學은 '정보의 효과적인 생산과 전달 및 효용을 위한 手段을 연구하는 것'이라고 볼 수 있다.

이상을 정리해 보면 '情報科學은 情報의 속성과 本質, 그 現象과 行態 및 情報의 流通을 제어하는 手段을 연구하는 학문'이다. 그리고 보다 실제적인 표현으로는 情報科學은 '情報의 효과적인 生産과 傳達 및 그 效用을 위한 蒐集, 蓄積, 처리수단을 연구하는 것'이며, 그 대전제는 情報를 善用함으로써 學術과 文化의 효과적인 발전을 促進시키기 위한 것이다.

D. 情報科學 導入의 必要性

전술한 圖書館學과 情報科學의 개요를 대비해 본다면 圖書館學에 있어서의 '文獻(기록정보)의 蒐集, 정리, 조직, 運用'에 대한 연구 분야는 情報科學에 있어서의 '情報의 수집, 축적, 처리'에 대한 연구 분야와 실제에 있어서 대등한 것이라고 볼 수 있다. 따라서 情報科學은 '情報의 발생과 전달' 또는 情報의 本質이나 속성 등의 源泉的인 분야까지 그 연구범위에 포함된다는 것이 圖書館學의 범위와의 차이점이라고 볼 수 있을 것이다. 다시 말하면 정보과학은 도서관학보다 연구범위가 넓다고 볼 수 있다.

도서관학과 情報科學과의 根本的인 차이점은 '文獻(또는 情報)의 認

識, 수집, 蓄積, 처리'에 있어서, 도서관학은 이미 체계화된 일반적인 圖書에 관련된 문제를 주요한 硏究對象으로 하는 반면에, '情報科學'에서는 주로 최신의 學術的인 그리고 단편적인 情報資料에 관한 문제를 대상으로 했다는 점일 것이다. 또한 圖書館學은 주로 手動的인 방법론이라고 볼 수 있는 반면에, '情報科學'은 주로 과학적·기계적인 方法論이라고 볼 수 있다는 점이다.

다시 말하면 '圖書館學'은 일반적 대중적인 정보문제를 대상으로 한 手動的인 方法論이며, '情報科學'은 최신의 학술적이고 단편적인 情報問題를 대상으로 한 과학적·기계적인 方法論이라고 볼 수 있다. 이와 같이 본다면, 이 兩者는 어떠한 情報이든 情報에 관한 문제를 대상으로 한다는 면에서는 共通하므로 결과적으로는 각각 연구범위와 方法論이 다르다. 그러나 目的論的인 입장에서 볼 때 兩者 共히 "學術과 文化의 효과적인 발전을 위한 條件을 조성하기 위한 學問"이라는 점에서 目的이 일치하는 것이다.

이와 같이 본다면, 동일한 本質과 동일한 目的을 가지고 있으면서 方法論을 달리하는 두 가지 체계의 學問은 상호의 융화가 바람직한 것이다. 특히 '圖書館學'의 경우는 본래 理論의 貧困과 科學性의 빈약 때문에 '情報科學'의 이론과 方法論을 도입하지 않을 수 없는 것이다.

그리하여 美國에서는 "기존의 圖書館學 과정을 그대로 두고 그곳에 몇몇 情報科學 과정을 추가하거나", "情報科學의 원리가 전통적인 圖書館學科目에 관련이 있으면 편입하고 또한 새로운 科目을 신설하여 圖書館學의 전 과징을 재편성하고 있는 섯이다."[31]

---

31) Asheim, L. E, 專門職敎育 및 人事交流問題. 近代化過程에 있어서의 圖書館의 投割(亞細亞太平洋地域 圖書館國際會義報告書), 韓國圖書館協會, 1969, p.61.

우리나라에 있어서도 이러한 추세에 並行하여 이와 동일한 方法을 채용하고 있다는 것을 延世·梨花·中央·成均館의 4개 대학 문헌정보학과 교과과정에서 엿볼 수 있다. 한편 日本의 유일한 學部 4年制 도서관학과가 있는 慶應大學에서도 우리나라의 경우와 대등한 방법으로 敎科課程을 재편성하고 학과명칭도 '圖書館·情報學科'로 개칭하였다.

上述한 바와 같이 종래의 '圖書館學'은 근년에 이르러 '情報科學'과 融化一路에 있으며, 그 학문명칭도 이와 複合된 개념으로 나타내고자 하는 名稱으로 改稱되고 있는 것이다.

한편 R. C. Swank는 "情報科學은 도서관학의 한 확장"[32]이라고 했으나, 情報科學은 본래 도서관의 정보처리를 위해서 발생한 것이 아니라 科學技術分野에서 군사적 목적을 위해서 개발된 것이다. 그러나 그 原理와 方法의 적용범위가 다양하기 때문에 도서관의 情報處理에도 응용될 수 있는 것이며, J. H. Shera가 지적한 바와 같이 "情報科學은 도서관업무의 실제를 위한 理論的 根據가 되는 것"[33]으로 도서관학에서 이를 導入하는 것이다.

또한 '情報科學'의 이론과 방법론의 도입이 곧 도서관학의 확장이 아니라 情報科學의 이론을 근거로 한 새로운 體系化와 발전을 의미하는 것이다. 그리하여 다음에 '文獻情報學'의 形成을 위한 試論을 제시하고자 한다.

---

32) Swank, Raynard C. Documentation and Information Science in the Core Library School Curriculum. in *Special Libraries*. January, 1967, p.41.

33) Shera, Jesse H. Of Librarianship, Documentation and Information Science. in *Unesco Bulletin for Libraries*, vol.12, 1968, p.65.

E. 情報의 單位와 媒體

　現代를 일컬어 情報의 홍수 시대, 情報의 폭발 시대 또는 情報化社會
라고 한다. 이것은 現代에 있어서는 情報의 생산량이 너무나 방대하다
는 것을 의미한다. 물론 情報는 본질적으로는 形體가 없는 것이기 때
문에 그것을 數量的으로 표현할 수는 없는 것이다. 그러나 現代에 들
어와서 情報의 量을 측정하는 方便으로서 bit라고 하는 情報의 最小單
位를 개발하여, 專門的으로는 이 bit에 의해서 情報量이 측정될 수 있
다. 이 情報單位는 1928年에 Hartley가 개발한 것으로, 通信理論에 있어
서 送信하고자 하는 情報를 표현하는 通信文의 자수와 실제로 信號로
送信해야 할 부호의 symbol 數와의 관계를 나타내는 量으로서, 이 量은
通信文의 내용이 기쁜 것이건 슬픈 것이건 일절 무관하며, 다만 文章
에 나타난 文字의 統計에만 관계한다. 그리고 平均情報量은 情報의 의
미와는 관계가 없는 것이다.[34] 한편 情報는 반드시 어떤 media에 의해
서 傳達되며 또한 그 media를 收錄하는 매개체에 의해서 傳達되기 때
문에 이러한 매개체에 의해서 數量化할 수 있다.

　情報의 기본적인 media는 우선 音聲이나 言語, 文字나 기호 또는 圖
形이나 색채 등이며, 이러한 media를 수록하여 媒介하는 資料는 실로
다양하다. 古代에는 甲骨, 石版, 竹簡, 木版, 樹皮, 粘土板, 棕梠葉, 獸皮,
papyrus, 象牙, 陶器, 綿布, 絹布, 金屬版 등을 사용해서 여기에, 情報로서
의 文字나 기호 등을 筆寫하거나 印刻하여 전달하였다. 그 후 AD 105
年에 종이(紙)가 발명되어 그것이 널리 世界的으로 보급되자 수백 년

---

34) 關英男, <u>情報科學と次元世界</u>, 東京, 日本放送出版協會, 1971, p.37.

동안 이것이 거의 유일한 情報의 필사자료가 되었으며, 印刷術이 발명되자 거의 대부분의 주요한 情報는 인쇄된 記錄物로 전달되었다. 그러나 現代에 들어와서는 化學紙, 전신기계, 전화, radio, television, 磁性tape, teletype, computer 등의 발명으로, 모든 情報는 음성이나, 文字, 기호, 映像, 녹화 등에 의해서 자유자재로 傳達될 수 있게 되었다.

F. 情報의 발생량과 流通量

한편 人類의 歷史 이래 주요한 情報는 무한히 기하급수적으로 증가하면서 生産되어, 上述한 바와 같은 다양한 媒介資料에 의해서 전달되고 그것이 누적되어 왔으며, 현대에는 그것이 더욱 폭발적인 現狀으로 나타나고 있다. 古代부터 현재까지 생산된 情報資料의 量은 천문학적인 數量으로서 현실적으로는 정확히 把握할 수 없으나, 현재 情報가 生産되어 유통되는 量은 어느 정도 그 윤곽을 파악할 수 있을 것이나. 물론 일반적인 개인생활에 있어서의 대화나 學校教育에 있어서의 강의 등에 의한 情報 전달량은 거의 측정할 수 없으나, radio나 television의 放送에 의해서 전달되는 情報量은 1분간에 300文字(announcer가 말하는 標準速度)를 기준으로 계산될 수 있다.

그러나 radio나 television에 의한 情報는 事業上에 있어서나, 人間의 지식을 形成하는 데 있어서나 學問上의 가치는 거의 없는[35] 것이므로, 여기에서는 印刷物에 의해서 전달되는 주요한 情報量만을 살펴보기로 한다.

---

35) 額田巖, 成田寅彦, <u>知識産業社會</u>, 東京, 産生能率短期大學出版部, 1971, p.23.

그리하여 世界的으로 생산되는 신문과 잡지 및 1년간에 生産되는 書籍의 公認된 종수를 살펴보면 다음 表와 같다.

	1965年度 基準	1968年度 基準
書籍	430,000種	460,000種
新聞(日刊)	7,855種[36]	8,495種[37]
雜誌		50,000種[38]

한편 日本의 공학박사 額田 등은 全 世界의 신문, 잡지, 서적에 수록되는 1년간의 情報量을 約 4,200兆 字로 추산하고, 이와 같이 발산되는 情報量 가운데 444兆 字만을 讀者들이 입수하는 것으로 나타내고 있다. 그러므로 발산하는 情報量의 約 10%만이 入受되고 있다는 것을 알 수 있다. 이 入受된 情報 가운데 실제로 이용되는 情報量의 比率을 10%로 가정하면 發散되고 있는 情報量에 대해서 이용되는 情報量은 1%에 불과하다고 한다.[39]

G. 情報의 價値

人間과 동물을 本質的인 면에서 비교해 볼 때, 人間이 動物과 다른 점은 動物은 물질적인 energy의 充足만으로 生을 향유할 수 있는 데 比

---

36) 國際連合世界統計年鑑(日本語版), 東京, 原書房, 1967, pp.756 – 764.

37) *ibid.*, 1970, pp.783 – 795.

38) *Ulrich's International Periodicals Directory*(14th ed.) New York; 1971(年刊 및 不定期刊行物은 包含되지 않음).

39) 額田巖, 成田寅彦, *op.cit.* pp.24 – 25.

하여, 人間은 물질적인 energy의 充足만으로는 生을 享有할 수 없으며,
이보다 더욱 중요한 것은 精神的인 energy의 充足과 그 活用에 있다. 人
間의 물질적인 energy는 動物의 경우와 마찬가지로 飮食物 가운데의
영양소를 섭취함으로써 形成되며, 精神的인 energy는 주로 人間의 사고
활동과 敎育과 연구개발 등에 의해서 생산된 情報를 입수함으로써 形
成된다고 볼 수 있다. 人間은 이러한 情報를 얻어서 知識과 지혜를 形
成하는 동시에 여기에서 보다 향상된 知慧를 끊임없이 발전시키고,
이를 체계화하여 科學(學問)을 발전시켜 왔으며, 이를 人間에게 유용하
게 活用함으로써 個人의 생활을 향유하고, 社會的으로는 文化나 文明을
발전시켜 왔다는 것을 부인할 수는 없을 것이다. 人間의 생활양식이
나 風習의 개선, 社會制度나 환경의 개선, 日常生活에 편리하게 이용되
는 電氣나 radio, television, 자동차나 기차, 비행기, computer 등 모든 文
明의 이기는 情報에 의해서 形成된 人間知慧의 소산이다. 그러므로 물
질적인 energy가 人間의 第1次元的인 energy라고 한다면 情報는 인간의
第2次元的인 energy라고 볼 수 있다.

　이와 같이 人間의 第2次元的인 energy로서의 情報의 가치 또는 情報
에 의해서 形成된 지식이나 기술 또는 知慧의 가치가 인정되고 그것
이 重視됨으로써, 현대에는 이러한 敎育活動이나 情報活動 또는 연구활
동의 분야를 知識産業 또는 情報産業이라고 하는 用語로 표현하게 된
것이라고 생각된다. 그리하여 美國의 경제학자 Kenneth E. Boulding은
情報나 지식 기술 등 人間의 모든 知慧를 고차원적인 財貨로 보아야 하
고, 이를 경제학적인 연구대상으로 삼아야 할 중요하고 새로운 개척
분야라고 主張하고 있으며,40) 日本의 額田巖 등도 "현대의 商品은 형태
가 있는 물적인 財에서 형태를 가지지 않는 無形의 財에로 점차 중점

을 이양해 가고 있다"[41]고 한다. 여기에서 '形態를 가지지 않는 無形의 財'란 情報나 지식 또는 人間의 知慧를 의미하는 것이다.

例를 들면 우리가 신문이나 雜誌나 도서 등의 文獻을 구입하는 경우 新聞이나 잡지나 도서 그 자체의 물질적인 상품가치로 因해서 그것을 購入하는 것이 아니라, 本質的으로는 그러한 資料 속에 담긴 情報나 知識을 입수하기 위해서 구입하는 것이다. 또한 日本의 關英男이 말한 바와 같이 "敎育은 인간의 두뇌에 情報를 조직적으로 전수하는 手段"[42]이라고 본다면 敎育者에게 지불되는 報酬는 그들의 勞動의 대가로서가 아니라, 그들이 傳授하는 情報에 대한 代價로 지불되는 것이다. 마찬가지로 産業스파이가 生産을 위한 技術情報를 고가로 매매하는 것이나, 特許所有權者가 特許를 매매하는 것은 情報의 매매이므로 情報가 상품가치도 가지는 것이라고 認定하지 않을 수 없다.

H. 情報의 選擇과 效用

그러나 모든 情報가 人間 누구에게나 가치가 있고 필요하고 유익한 것은 아니다. 日本의 額田巖이 말한 바와 같이 "情報 가운데에는 ① 有益하고 필요한 情報가 있는 반면에, ② 무의미하고 무가치한 情報도 있으며, ③ 불필요하고 有害한 情報도 있다. 무책임한 情報의 발산은 우리 人間事를 저해하고 또한 情報過多에 의한 impact는 노이로제 유발

---

40) Kenneth E. Boulding, Economics as a Moral Science, in *The American Economic Review*, vol.59, no.1(1969), pp.1-12.

41) 額田巖, 成田寅彦, <u>知識産業社會</u>, 東京, 産業能率短期大學出版部, 1971, 序文.

42) 關英男, <u>情報科學と五次元世界</u>, 東京, 日本放送出版協會, 1971, p.101.

의 原因이 된다."[43] 그러므로 人間의 사회적 활동에 있어서는 유익하고 필요한 情報만을 선택하여 이를 活用해야 한다는 것이 지극히 중요하다는 것을 再三 명확하게 認識하지 않을 수 없다.

이와 같은 관점에서 본다면 人間 지혜의 尺度는 '有益하고 필요한 情報'만을 신속하고 정확하게 入受하여, 이를 효과적으로 活用할 수 있는 능력에 있다고 볼 수 있다. 또한 文化의 발전이나 文明의 발전 또는 社會의 발전이나 國家의 발전도 情報의 效用 여하에 따라서 左右된다고 볼 수 있다.

한편 前項에서 밝힌 바와 같이 현재 세계적으로 新聞, 잡지, 서적에만 수록되는 일 년간의 情報量이 약 4,200兆 字로서, 이 가운데 444兆 字만을 讀者들이 입수하고, 이 입수된 情報 가운데 실제로 이용되는 情報量은 그 1%인 약 44兆 字에 불과하다면, 이 비능률적인 情報의 管理에 대해서는 이제 情報의 발생 가공자 측에서나 또한 情報의 이용자 측에서 어떠한 대책을 講究하지 않으면 안 된다. 이를 그대로 방치한다면 情報公害로 발전할 수밖에 없다. 情報公害를 방지하기 위해서는 부익한 情報는 규세하고 玉石混淆 가운데 필요한 情報만을 선별해 내는 技術의 개발 등이 요망된다.[44]

I. 圖書館學과 그 缺陷

그리하여 人間은 일찍이 잠재적인 情報로서의 文獻을 수집해서 이

---

43) 額田巖, 成田寅彦, *op.cit.* p.26.

44) 額田巖, 成田寅彦, *op.cit.* pp.24－25.

를 學問的인 체계나 주제에 따라서 분류·배열하고, 이에 따라 目錄을 작성하여 이용자로 하여금 많은 文獻 가운데 자기가 필요로 하는 情報를 효과적으로 이용할 수 있도록 하는 方法을 강구해 왔다. 이러한 事業을 위주로 전담해 온 기관이 현재의 圖書館이며, 이러한 手段과 方法을 발전시켜 온 學問이 이른바 '圖書館學'이라고 볼 수 있다. 그러나 圖書館이나 도서관학에서는 주로 종래의 전통적인 文獻으로서의 圖書의 효용을 위주로 하고 비전문적인 일반이용자를 위한 情報와 교육적인 면에 관한 情報에 관심을 기울여 왔으며, 특수한 전문 분야의 學者나 기술자들의 첨단적인 연구개발을 위한 情報效用에 대한 관심은 부족했던 것이라고 생각된다.

특히 19세기 말기 科學技術과 學問은 계속적으로 발전하여 分化하고 專門化하였으며, 이와 같이 전문화됨에 따라서 專門分野에서 상호 간에 傳達을 필요로 하는 文獻들이 급속도로 生産되고 확대되어 갔다. 전문적인 學者나 技術者들이 연구개발을 위해서 필요로 하는 情報는 이미 체계화된 대중적인 文獻이나 교육적인 文獻보다도 주로 특수한 전문적인 文獻과 당해 主題分野의 최신의 先行 硏究文獻으로서, 단편적인 情報를 요구하는 경우가 많기 때문에, 도서관의 일반적인 分類方法이나 目錄에 의해서는 그 요구가 充足될 수 없었던 것이다. 도서관학은 본래 그 명칭 자체도 비논리적이었으며, 그 큰 결함은 上述한 바와 같이 특수한 전문 분야의 學者나 기술자들의 情報效用에 관한 문제를 注視하지 못한 점에 있다고 볼 수 있다.

그리하여 특히 科學技術 분야나 醫學 분야에서는 각각 자기 분야에 있어서의 유익하고 필요한 情報를 상호 간에 효과적으로 活用할 수 있도록 하기 위해서, 일찍이 당해 주제 분야의 文獻 가운데 주로 學術的

인 논문집이나 전문적인 研究誌(journal) 또는 特許文獻 가운데 수록된 필요한 情報를 신속하고 정확하게 檢索하기 위한 索引法을 발전시켜 왔으며, 近年에는 computer에 의한 情報의 수집, 축적, 처리 및 檢索方法을 개발하여, 대부분의 情報效用活動을 computer에 의존하게 되었다. 그리고 이러한 연구 분야를 情報科學이라고 지칭하고 있는 것이다.

한편 現代의 대규모의 圖書館에서는 종래의 도서관학적인 측면과 근년에 급속히 發展한 이른바 情報科學的인 측면을 동시에 활용하지 않을 수 없게 되었다. 美國의 많은 전문적인 도서관들이 일반적인 圖書에 비해서는 종래의 分類法이나 目錄法에 의해서 文獻을 정리하는 한편 전문적인 journal이나 특허문헌 등에 대해서는 computer에 의해서 情報를 수집, 축적, 처리하고 檢索하는 system을 사용하는 것이 그 현실적인 사례라고 볼 수 있다.

J. 文獻情報學의 교과목

본질적인 論理에서 생각할 때 文獻은 그것이 圖書의 형태를 갖춘 것이든 journal이든 또한 어떠한 形態로 생산된 또는 어떠한 目的을 위해서 생산된 文獻이든, 그것이 잠재적인 情報를 지니고 있다는 점에서는 추호도 다를 수가 없다. 그러므로 이러한 모든 종류의 文獻에 수록된 情報를 가장 효과적으로 활용하도록 하기 위한 手段과 方法을 연구하는 分野는 동일한 範疇 內에서 또는 동일한 體系下에서 다루어져야 할 것이다. 그리하여 이러한 연구 분야를 包括하고, 이를 대표하는 學問의 명칭을 '文獻情報學'이라고 하는 것이 論理的이라고 생각하는 것이다.

따라서 文獻情報學은 종래의 도서관학에서 다음과 같이 그 성격과 內容이 변환되어야 하리라고 생각된다.

첫째, 文獻情報學은 도서나 기타의 記錄資料에 대한 물질적인 개념을 벗어나서 情報라고 하는 그 本質을 중시하고 그 效用을 目標로 하는 관점으로 전환해야 할 것이다.

둘째, 文獻情報學은 정보이론을 기초로 한 새로운 理論體系와 方法論을 수립해야 할 것이다.

셋째, 종래의 '圖書 및 圖書館史'는 '情報傳達手段의 發展史'를 포괄해서 보다 광범하게 硏究開發되어야 할 것이다.

넷째, 종래의 '參考業務'와 '主題別書誌'는 '情報調査論' 또는 '主題情報調査論'이라고 하는 관점에서 調査硏究되어야 할 것이다.

다섯째, 종래의 '圖書選擇'은 '情報資料選擇'이라는 관점에서 보다 광범하게 調査硏究되어야 할 것이다.

여섯째, 分類法이나 目錄法 또는 자료조직론 분야는 情報檢索論이 추가로 연구되어야 할 것이다.

일곱째, 종래의 '圖書館運營'은 도서관이 '情報 system'이라는 관점에서 硏究되어야 할 것이다.

그리하여 '文獻情報學'은 知識이나 科學의 요인으로서의 情報의 효과적인 利用과 이로 인한 발전적인 새로운 情報의 생산을 위해서, 이미 발생된 情報資料를 인식하고 蒐集, 조직, 蓄積, 운용하는 데 관한 효과적인 手段과 方法을 연구하는 科學이라고 할 수 있다.

結 論

전술한 結果를 요약하면 다음과 같다.

1. 情報의 공통개념은 人間의 모든 思考와 行動의 중추사령원인 頭腦
   에 어떤 새로운 知覺과 思考의 원인을 제공하는 것으로서, 知識의
   요소인 동시에 科學(學問)의 요인이 되는 것이다.

2. '文獻'은 본래 '典籍과 賢者'라는 의미로 사용되었던바 이를 현대
   적인 概念으로 해석한다면 '典籍'은 記錄情報이며, '賢者'는 口啤情
   報로서 이는 송합적인 情報를 의미한다. 그러나 現代에는 이깃에시
   '口啤情報'라는 개념은 사라지고 '記錄情報'의 槪念만이 남아 있다.

3. 현대의 폭발적인 情報生産量 가운데의 最良의 情報를 最適의 多數
   에게 효과적으로 이용하게 함으로써 情報의 공해를 예방하는 동
   시에 다시 발전적인 最良의 情報를 생산하도록 하기 위한 효과적
   인 手段과 方法을 研究하는 것이 필연적인 요구이다. '文獻情報學'
   은 이러한 요구에 대응하는 學問體系이다.

4. '文獻情報學'은 종래의 도서관학에서 情報科學의 이론과 方法論을
   도입함으로써, 새로운 學問體系를 形成하는 것을 의미한다.

5. '文獻情報學'은 知識이나 科學의 요인으로서의 情報의 효과적인

이용과 이로 인한 발전적인 새로운 情報의 生産을 위해서, 이미 발생된 情報資料를 認識하고 蒐集, 조직, 蓄積, 운용하는 데 관한 효과적인 手段과 方法을 연구하는 學問이라고 규정한다.

참고문헌

　여기에서 소개하는 참고문헌은 문헌정보학에 있어서 기초적이며 일반적인 문헌이다. 부분적으로 참고한 문헌과 각 분과학의 전문적인 문헌은 이 책 전반에 걸친 각주에서 열거한 문헌을 참고하기 바란다.

〈단행본〉

Butler, Pierce. *An Introduction to Library Science*. Chicago, University of Chicago Press, 1944.

Gates, Jean Key. *Introduction to Librarianship*. 2nd ed. New York, McGraw–Hill, 1976(McGraw–Hill Series in Library Education).

Gates, Jean Key. *Guide to the Use of Books and Libraries*. 3rd ed. New York, McGraw–Hill, 1974.

Langanathan, Shigali Ramamrita. *The Five Library Computer Systems*. Bombay, Asia Publishing House, 1963.

Liekleider. J. C. *Libraries of the Future*. Cambridge, Mass.: MIT Press, 1965.

Paimer, Richard P. *Case Studies in Library Computer Systems*. New York: R. R. Bowker, 1973.

Saracevi, Tefko, comp. Introduction to information science. New York: R. R. Bowker, 1970.

Shera, Jesse H. *The Foundations of Education of Librarianship*. New York: Wiley, 1972.

Shera, Jesse H, *Introduction to Library Science; Basic Elements of Library Service*. Lyttleton, Libraries Unlimited. 1976.

Trautman, Ray. *History of the School of Library Service*. Columbia University. New York:

Columbia University Press, 1954.

White, Carl M. *A Historical Introduction to Library Education; Problems and Progress to 1951*. Menschen, N.J.: Scarecrow Press, 1976.

White, Carl M(ed). *Bases of Modern Librarianship*. New York, The Macmillan, 1964.

椎名六郎, 新圖書館學槪論, 東京, 學藝圖書株式會社, 昭和 48(1973).

草野正名, 圖書館學原論(增補改訂版), 東京, 內田老鶴團新社, 昭和 42(1967).

石埃正成, 圖書館通論, 東京, 明治書院, 1966(圖書館學シリズ).

武田虎之助, 圖書館學槪論, 東京, 理想社, 昭和 51(1976).

정영미, 도서관정보전산화론, 서울, 구미무역(주), 1982.

崔成眞, 情報學原論, 서울, 亞細亞文化社, 1976.

〈문헌정보학관계 정기간행물〉

國會圖書館報, 국회도서관, 1962(월간).

도서관, 국립중앙도서관, 1962(월간).

圖書館學, 한국도서관학회, 1970(연간)(1989년부터 연 2회 발행).

도협월보, 한국도서관협회, 1960(월간).

文獻情報學硏究, 서울, 한국도서관협회, 1978. vol. Ⅰ, no.1~vol. Ⅰ, no.4(종간).

ALA Bulletin. Chicago, American Library Association, 1907 – 1972, Monthly(미국도서관협회의 기관지).

American Libraries. Chicago, American Library Association, 1973 – Monthly(Changed title from ALA Bulletin)(미국도서관협회의 기관지).

California Librarian. Berkeley, California Library Association, 1939 – Quarterly.

Catholic Library World. Villanova, Pa; Villanova University, 1929 – Monthly, October – May (가톨릭도서관협회의 기관지).

College and Research Libraries. Chicago, American Library Association, 1929, Bimonthly (대학 및 연구도서관협회의 기관지).

Florida Libraries. Miami, Florida Library Association, 1919 – Quarterly. *Huntington Library Quarterly*. San Marino, Calif.: Huntington Library and Art Gallery, 1937 – Quarterly.

Illinois Libraries. Spring Field, Ill.: Illinois State Library 1919 – Monthly, September – June.

Journal of Education for Librarianship. Urbana, Ill.: University of Illinois, 1960 – Quarterly

(미국도서관학교협회의 기관지).

Kansas Library Bulletin. Topeka, Kansas Traveling Libraries Commission, 1932 – Quarterly.

Library and Information Science. Mito Society for Library and Information Science(東京, 三田圖書館・情報學會).

Library Association Record. London, Library Association, 1889 – Monthly(영국도서관협회 기관지).

Library Literature. New York, H. W. Wilson, 1921 – Quarterly(문헌정보학 분야의 색인지).

Library Quarterly. Chicago, University of Chicago Press, 1930. Sponsored by the Graduate Library School of the University of Chicago.

Library Resources and Technical Service. Chicago, American Library Association, 1957 – Quarterly.

Library Science Abstracts. London Library Association, 1950 – Quarterly(수록범위가 국제적인 것으로 125종의 정기간행물 기사를 초록한다).

Library Trends. Urbana, Ill.: University of Illinois Graduate School of Library Science, 1952 – Quarterly.

New York Public Library Bulletin. New York, New York Public Library. 1867 – Semimonthly.

RQ. Chicago, American Library Association, 1952 – Quarterly(미국도서관협회의 참고봉사국 기관지).

Special Libraries. New York, Special Libraries Association, 1910 – Monthly, September – April; Bimonthly, May – August(미국전문도서관협회 기관지).

Top of the News. Chicago, American Library Association, 1942 – Quarterly(미국도서관협회 아동 및 성년봉사국 기관지).

Wilson Library Bulletin. New York, H. W. Wilson, 1914 – Monthly.

정필모 박사

중앙대학교 영어영문학과 졸업
중앙대학교 대학원 문학석사
연세대학교 대학원 도서관학석사, 문학박사
중앙대학교 문헌정보학과 교수, 중앙도서관장, 인문과학연구소장
중앙대학교 문리과대학장, 부총장
(현) 중앙대학교 명예교수

『文獻分類法』
『文獻分類論』
『國際百進分類法硏究』 Ⅰ, Ⅱ, Ⅲ
『目錄組織論』 Ⅰ
『目錄組織論(改訂增補版)』 Ⅱ
『高麗佛典目錄硏究』
『文獻情報學原論』 Ⅰ
『文獻情報學原論(改訂版)』 Ⅱ
『文獻情報學原論(第3改訂版)』 Ⅲ
『文獻情報學原論(第4改訂版)』 Ⅳ
『文獻情報學原論(第5改訂版)』
『情報經濟學原論』
『圖書館 및 文獻利用法』
『一般參考文獻槪說』
『學術情報媒體의 標準化指針』
『學術論文作成指針』
『主要 論文選』 Ⅰ, Ⅱ, Ⅲ
『韓國文獻記號表(改訂版)』
『동의보감에 나타난 암치료 처방전』
『圖書分類法槪論』
『국제백진분류법』 Ⅰ, Ⅱ, Ⅲ, Ⅳ

淸浪 鄭弼謨 博士著作全集 ㊽

文獻情報學原論

초판인쇄 | 2011년 3월 10일
초판발행 | 2011년 3월 10일

지 은 이 | 정필모
펴 낸 이 | 채종준
펴 낸 곳 | 한국학술정보㈜
주　　소 | 경기도 파주시 교하읍 문발리 파주출판문화정보산업단지 513-5
전　　화 | 031) 908-3181(대표)
팩　　스 | 031) 908-3189
홈페이지 | http://ebook.kstudy.com
E-mail | 출판사업부　publish@kstudy.com
등　　록 | 제일산-115호(2000. 6. 19)

ISBN　　978-89-268-1888-6 94020 (Paper Book)
　　　　　978-89-268-1889-3 98020 (e-Book)